Für meine liebe Freundin Gabi Oest,

Th. Redl

07.04.2015

THORSTEN REDLIN
03852079771
EISBLUME08@ARCOR.DE

Herzsprung
Verlag

Impressum:

Personen und Handlungen sind frei erfunden.
Ähnlichkeiten mit lebenden oder verstorbenen Personen sind
zufällig und nicht beabsichtigt.

Besuchen Sie uns im Internet:
www.herzsprung-verlag.eu

© 2015 – Herzsprung Verlag
Tostner Burgweg 21c, A- 6800 Feldkirch
Telefon: 0043 5522 82151
info@herzsprung-verlag.eu
Alle Rechte vorbehalten.
Erstauflage 2015

Lektorat: Raphael Milker
Satz: Lisa Neumeier
Titelbild und Innenillustrationen: Thorsten Redlin
Druck: Booksfactory, Stettin
Gedruckt in der EU
ISBN: 978-3-99051-001-8 – Taschenbuch
ISBN: 978-3-99051-005-6 – eBook

Das Leben ist bunt, grausam und schön 2

Weitere Texte mit Herz, Verstand und Fantasie

von

Thorsten Redlin

Inhalt

Der Mensch	7
Am Pfaffenteich in Schwerin	8
Der Abwasch	15
Der Fotoapparat	16
Blind	21
Der grüne Engel	22
Gott	32
Ein Schatten hinter der Sonne	33
Der Mensch neben dir	40
Der Pechhut	45
Die geheimnisvolle Falltür	54
Die Falle	61
Der Sommerurlaub	62
Buddha	73
Florentine Schmetterling	74
Verständnis	78
Nur ein Spaziergang	79
Einsamkeit	82
Fluchtversuch	83
Der Traum vom Baum	89
Tiefe Einblicke	90
Bei den Weiden	104
Der Karton	105
Schwule	114
Eine harte Probe	115
Scheiß auf ...	126
Im Namen der Ehre?	129
Ein Gedankenaustausch	130
Der kleine Frosch Willi ...	156
Logisch!	159
Der Atem	164
Winter-Weihnachtshofflohmarkt	165

Psychologie	172
Der Optiker	173
Silvester	181
Der Glaube, was ist das?	193
Kaum zu fassen	198
Der Maler	202
Die Strafe folgt auf dem Fuße?	207
Frühling	211
Energie des Universums?	212
Unfassbar und doch Realität?	218
Das gibt es nicht?	224
Ein Besuch im Schlossparkcenter	228
Der Clown	233
Ein Wunder?	234
Wer hätte das geahnt	249
Es kann nicht sein, was nicht sein darf!	256
Der Kuss	266
Eine überaus unangenehme Frage!	267
Warum Suizid?	274
Laudatio für einen Menschen	279
Ein wahrer, natürlicher Freund	283

Frage:
Was ist der Sinn des Lebens, wenn ich tot im Sarg liege?

Antwort:
Das Leben ist bunt, grausam und schön,
solange wir *vor* dem Sarg stehen!

Der Mensch

Er ist doch sehr schlau,
so stellt er sich selber gern zur Schau.

Er ist der Peiniger der Erde,
auf dass er endlich klüger werde.

Er ist ein Wesen dieser Welt,
die er für die seine hält.

Er ist von der Natur geschaffen,
genau genommen von den Affen.

Er ist die Grausamkeit auf Erden,
wird dabei noch schlimmer werden.

Er ist, das ist ihm nur nicht klar,
in Zukunft wohl bald nicht mehr da.

Er wird die Welt zerstören,
ich möchte euch beschwören.

Ihr könnt das Ganze noch verhindern,
macht es bewusst den Menschenkindern.

Am Pfaffenteich in Schwerin

Es ist einer dieser Sommertage, die so nass und kalt beginnen und ausgesprochen unfreundlich sein können. An diesem Sonntag zieht es mich dennoch nach dem Frühstück hinaus. Am Himmel schweben dicke, schwere Wolken vorüber. Der Wind macht Geräusche, als würde er das Stöhnen der sich aneinander reibenden Wasserdampfansammlungen in die Welt hinausposaunen. Jemand scheint sie auszudrücken, denn eine kleine Menge der Feuchtigkeit verlässt ihren himmlischen Platz und fällt auf die Erde herunter. Die großen Regentropfen platschen auf Schirm und Boden. Sie zerplatzen in winzige Tröpfchen, von denen sich ein kleiner Teil an meiner Hose festhält. Trotzdem, ich brauche jetzt einfach frische Luft. Damit will ich mich etwas ablenken, denn zu viele Gedanken toben in meinem Kopf wild durcheinander.

Ich laufe durch die nassen Straßen und versuche nicht zu denken. Der Regenschirm schützt mich am Kopf vor dem herabfallenden Wasser. Die Hose fühlt sich dennoch immer kälter und schwerer an. Meine Gedanken kann ich jetzt tatsächlich beiseiteschieben.

Die Stadt zieht langsam an mir vorbei. Seit vielen Jahren kenne ich sie schon, und doch scheint sie mir ständig eine neue zu sein. Die Füße tragen mich durch diese kleine Welt, in der ich mich gerade frei und relativ zufrieden fühle. Es entsteht in mir der Eindruck, ich würde mir einen Film ansehen.

Ich spüre den Regen nicht mehr und mir ist warm. Die Häuser, Bäume und die wenigen Menschen, die zu dieser Zeit unterwegs sind, spielen mir das Leben an einem verregneten Sonntagmorgen in Schwerin vor. An einem dieser Tage, die so nass und kalt beginnen und ausgesprochen unfreundlich sein können.

Das Kreischen der Möwen lässt mich wieder bewusst an diesem Leben teilhaben. Schon stehe ich an der großen Treppe, am Südufer des Pfaffenteiches. Links scheucht ein Hund das Federvieh auf. In der Mitte füttert ein kleines Mädchen mit seinen Eltern die Enten und Blesshühner. Rechts trommeln die Regentropfen auf die bronzene Statue der „Schirmkinder". Heute verspüre ich sogar eine gewisse Verbindung mit dieser Skulptur. Der Regen vereint uns an diesem Sonntagmorgen.

Während ich noch meinen Gedanken folge, wird es plötzlich heller. Es hört auf zu regnen und die Sonne bricht sich langsam ihren Weg durch die Wolken. Diese scheinen sich durch Wind und Wärme gemächlich aufzulösen. Klärchen macht diesem Sonntag nun wohl doch noch alle Ehre und trocknet schnell die Straßen, die Laternen und auch die „Schirmkinder".

Es ist immer wieder faszinierend, wie sich die winzigen Wassertröpfchen zu einer starken Gemeinschaft zusammenschließen und, wie in diesem Augenblick, in Dampf verwandelt als solcher wieder zum Himmel hinaufsteigen.

Erst jetzt, wo die Feuchtigkeit im Begriff ist, sich den vorüberziehenden Wolken anzuschließen, und erste kleine Flächen abgetrocknet sind, setze ich mich neben der Statue auf die Bank. Die Sonne wärmt mich, ich strecke die Beine aus. Der warme Sommerwind, zu einem lauen Lüftchen abgebremst, umspielt mein Gesicht.

Ich schließe die Augen. Meine ganze Konzentration liegt darin, die Wärme der Sonne, die Weichheit des Windes, die vielen Geräusche um mich herum wahrzunehmen und in mir wirken zu lassen.

So sitze ich eine Weile und habe dabei die Zeit vergessen. Es ist, als kuschelte ich mich in die wundervollen Sonnenstrahlen ein, deren Wärme mir der weiche Sommerwind an jede Stelle meiner Haut trägt. Leicht geschaukelt vom Luftstrom, was sich anfühlt wie das sanfte Wiegen durch die geschmeidigen Wellen des Wassers, wenn ich von einer Luftmatratze getragen werde, lasse ich mich in einen Traum hineinführen.

Erst ein lauter werdendes Kindergeschrei holt mich wieder in die Realität zurück. Beinahe etwas verärgert öffne ich die Augen, um nach den kleinen Störenfrieden zu sehen. Die Sonne blendet.

Ich kneife die Sehorgane wieder zu und versuche, mit den Ohren zu sehen. Nach kurzer Zeit wage ich es doch, meine Pupillen an die Lichtverhältnisse zu gewöhnen. Jetzt kann ich auch wieder beobachten, was um mich herum geschieht.

Der Morgen hat sich längst verabschiedet und der Tag schickt sich an, doch noch ein ganz schöner Sommersonntag zu werden.Die Menschen zieht vermutlich dieses schöne Wetter aus den Häusern.

Viele Kinder freuen sich darüber, endlich herumtollen zu dürfen.

„Mama, Mama, ein Hund, ein großer Hund. Der will mich fangen", ruft ein kleines Mädchen.

Ich schaue mich um und sehe einen schwarz-braunen Schäferhund. Der kommt mir irgendwie bekannt vor. Ja, jetzt fällt es mir wieder ein. Ich begegnete ihm vor nicht allzu langer Zeit auf dem alten Friedhof. Brix, so heißt der Hund, schaut mich mit seinen treuen Augen und den wuscheligen Ohren an, als würde auch er mich wiedererkennen. Heute setzt sich die Besitzerin neben mich auf die Bank.

Etwas weiter im Hintergrund fällt mir ein Paar auf, das sich irgendwie anders verhält. Ich kann nicht sagen, was genau so ungewöhnlich ist, nur dass es meine Aufmerksamkeit auf sich zieht. Da bemerke ich einen kleinen weißen Stock in ihrer Hand. Sie schaut gar nicht zu dem Federvieh, welches lautstark um Futter bettelt. Ihr Begleiter allerdings richtet seinen Blick nach jedem Kreischen, jedem Tier, das dort herumflattert und lärmt.

„Sie ist blind", geht es mir durch den Kopf.

Es berührt mich, auch wenn ich diese Leute gar nicht kenne. Irgendwie schnürt mich etwas ein, löst Schuldgefühle und Mitgefühl in mir aus. Es ist meine eigene tief sitzende Unsicherheit, die auf einen Schlag so beängstigend präsent ist. Es ist genau einer dieser Gedanken, mit denen ich mich vorhin so ernsthaft beschäftigte und denen ich mich mit diesem Spaziergang entziehen wollte.

In einem Beitrag im Fernsehen wurde über ein ähnliches Paar gesprochen. Auch darin waren die Frau blind und der Mann sehend. Die Diskussion hatte mich sehr bewegt und zum Nachdenken angeregt.

Wie gehen die Menschen mit Leuten um, die nicht in ihr Bild vom gesunden „So sein dürfen" passen? Schnell wird eine nichtsehende Frau als Krüppel abgestempelt oder doch wenigstens zu etwas Minderwertigem. Der Mann hingegen ist entweder ein Idiot oder ein sehr armer Mensch. Unverständnis für den sehenden Partner kann zu Mitleid, Spott oder Überheblichkeit führen. Warum nicht zu großem Respekt und Verständnis? Warum ist es so schwierig, Gefühle anderer zu akzeptieren? Einige Leute würden, wenn sie es denn könnten, jegliche Erscheinung des „Andersseins" ausradieren und vernichten. Sollte es tatsächlich Leute geben, die eine Person mit einer solch starken Sehbehinderung so verabscheuen, sogar töten könnten? Dabei ist es doch sehr fraglich, ob diese „Behinderten", die „anders Fühlenden" eine Gefahr für die Menschheit sind oder sein könnten. Wenn ich richtig liege, dann müssten die Gläubigen sie sogar als Geschöpfe Gottes annehmen und sie mit ebensolchem Respekt behandeln wie die sogenannten „Normalbürger".

Die Psychologie wird vermutlich die Frage nach dem Sinn, nach der Aufgabe stellen, die uns in solchen Menschen begegnet. Wenn nichts zufällig ist, wie diese Fachleute sagen, dann brauchen wir alle diese natürlichen Variablen, aber wir müssen auch bereit sein, es zu erkennen. Ich denke sofort an Achtung, Toleranz und Menschlichkeit, im positiven Sinn natürlich, vergesse dabei auch nicht, dass ich selber schnell in eine ähnliche Situation kommen könnte.

Die Sonne scheint mit einer Kraft, als wollte sie den verregneten Morgen wiedergutmachen. Es fällt mir schwer, etwas in ihrem gleißenden Licht zu sehen. So schließe ich erneut meine Augen. Ich genieße die eintretende Erleichterung und spüre die Wärme wieder deutlicher. Verfolge sie, wie sie durch meinen Körper fließt.

Da bemerke ich, dass ich die Geräusche um mich herum viel differenzierter wahrnehme. In dem eben noch gefühlten Durcheinander kann ich eine gewisse Ordnung ausmachen. Die Motoren der vorbeifahrenden Fahrzeuge kann ich viel besser auseinanderhalten. Auch glaube ich zu bemerken, dass sich aus den menschlichen Stimmen sehr unterschiedliche Gefühlszustände heraushören lassen. Der Hund meiner Nachbarin steht auf und sucht sich einen anderen Platz. Dies habe ich bemerkt, ohne es gesehen zu haben.

Meine Aufmerksamkeit ist wesentlich größer, als wenn ich meine Augen geöffnet halte. Schon die kleinste Bewegung des Vierbeiners nehme ich wahr. Ich höre das leise Kratzen seiner Krallen auf den Steinen, als er sich im Schatten hinter der Bank wieder hinlegt. Schritte nähern sich und auch die Geräuschentwicklung eines vorbeifliegenden Vogels bleibt mir nicht verborgen. Es gelingt mir erstaunlich gut, die verschiedenen Laute des hinter mir flatternden Federviehs zu trennen.

Plötzlich wird mir kalt. Eine Wolkenformation hat sich vor die Sonne geschoben. Das Gesicht noch in der Richtung gehalten, öffne ich vorsichtig die Augen. Mein Blick greift sich die winzige Spitze des sich hinter den Häusern versteckenden Doms. Er ist abgetaucht in die Tiefe der Stadt, von wo aus er alles überschauen kann. Es ist aber auch der mächtige Dom, den ich zumindest nicht hören, nicht spüren kann, nur sehen. In dieser Hinsicht habe ich, vermeintlich, einen kleinen Vorteil gegenüber den Blinden. Es erschreckt mich etwas, wie nahe sich doch diese „Behinderten" und ich sind. Sie nehmen ihre Umwelt in einer mir nur unzureichend bekannten Weise wahr, die ihnen eine Sicht gewährt, die ich wohl niemals ausreichend nachvollziehen kann. Ich dagegen kann mit meinen Augen in einer Welt leben, die den Nichtsehenden ganz verschlossen bleiben wird.

Wie mag es sich anfühlen, wenn ein Mensch, der einmal sehend war, plötzlich oder langsam in die Dunkelheit hineingleitet? Wird auch er seine großen Möglichkeiten erkennen und erkennen wollen? Wie leicht könnte jemand diesen Umstand für betrügerische Zwecke missbrauchen? Ich selbst empfinde es als etwas unsagbar Trauriges, dass ein blindgeborenes Wesen niemals diese fantastische Welt kennenlernen kann, die sich mir täglich offenbart. Vermutlich wird es ihm nicht wirklich fehlen, auch wenn es sich sicher an manchen Tagen fragen wird, wie sie wohl sein mag, die Welt der Sehenden. Dabei wird es auch Zeiten geben, in denen ein Nichtsehender seine Vorteile gegenüber denen, die sehen können, in vollen Zügen genießen wird. Wie stolpere ich in meiner Wohnung herum, wenn es draußen dunkel ist und der Strom ausfällt, der das Licht mit sich nimmt? Ein blinder Mensch bemerkt es gar nicht, es sei denn, das eingeschaltete Radio schweigt auf einmal. Er könnte es auch bemerken, wenn er feststellt, wie unbeholfen ich mich plötzlich im Raum bewegte. Vielleicht würde er sich sogar köstlich amüsieren, wenn er meine Hilflosigkeit bemerkte.

Das Paar steht noch immer auf der großen, breiten Treppe. Sie hat sich in seinen Arm eingehängt, so benötigt sie den Stock nicht. Der Partner bietet Sicherheit, sie vertraut ihm. Ich spüre Neid in mir aufkommen. Sie vertraut ihm. Vielleicht hängt von diesem Vertrauen nicht ihr Leben ab, aber ganz sicher doch ein großes Stück Lebensqualität. Sie ergänzen sich hervorragend. Sicher ist deren Leben viel reichhaltiger, vielseitiger, gefühlvoller als das der meisten Leute. Wie intensiv mag wohl ein Nichtsehender die vielen Düfte der unzähligen Blumen aufnehmen? Ich kann mir gut vorstellen, dass sie sich sehr viel sensibler begegnen, als ich es in einer Beziehung könnte. Wie mögen sie einen Kuss empfinden? Ich lasse mich auf die Vorstellung ein, wie gewaltig und stark sie doch den Austausch von Gefühlen, von Körperlichkeit erleben würden. Gut möglich, das sich diese beiden nicht so leicht beeinflussen lassen, wie ich es vermutlich tue. Allein die Frage, was ist schön, beantworten die zwei sicher auf ihre ganz eigene Weise. Ob sie Hose oder Rock trägt, wird sie wohl nur nach ihrem körperlichen Empfinden entscheiden. Farben spielen für sie wahrscheinlich nur eine untergeordnete Rolle und ihre äußere Erscheinung hat sicher viel mit seinem Geschmack zu tun.

Die Wolken verziehen sich wieder und überlassen erneut der Sonne die Macht. Das Paar geht ganz normal auf den Stufen entlang. Kein Stolpern, kein vorsichtiges Ertasten, was für ein Vertrauen, das die beiden erleben und leben können. Das erinnert mich daran, dass ich selbst einmal den Versuch unternommen und mir für kurze Zeit die Augen verbunden hatte. Einfach so, in meiner gewohnten Umgebung, meiner Wohnung. Obwohl ich seit Jahren darin lebe, fühlte ich mich dann doch sehr hilflos. Schon als ich aus dem Sessel aufstand, stieß ich gegen den Tisch. Ein Schreck fuhr mir durch die Glieder. Mein erster Gedanke war: „Ich habe bestimmt etwas umgeworfen." Doch ich nahm die Augenbinde nicht ab, konzentrierte mich nur auf das, was ich gehört hatte. Nein, es war Gott sei Dank nichts umgefallen. Natürlich wusste ich, dass etwa zwei bis drei Schritte neben mir der Wohnzimmerschrank stand, doch ich konnte die Entfernung nicht mehr einschätzen. Meine Arme fuchtelten hilflos in der Luft herum. Die Füße schob ich ganz langsam über den Teppich, nur nicht den Kontakt verlieren und stürzen. Da streifte ein Finger plötzlich die Anbauwand. Endlich hatte ich nun etwas, das mir eine gewisse Sicherheit gab und an das ich mich klammern konnte. Der Weg in die Küche, das Schlafzimmer und durch den Flur wurde zu einer anstrengenden und langen Reise. Eine Leiste, die mir damals zufällig in die Hände fiel, ersetzte mir den weißen Stock. Ich wurde so ein klein wenig sicherer und schneller auf dem Weg durch meine mir ach so bekannte Wohnung. Plötzlich stieß ich mit dem Kopf an einen Gegenstand. Natürlich wusste ich, in welchem Raum ich mich befand, jedoch galt meine ganze Aufmerksamkeit dem Boden und den Wänden. Die Konzentration lag im unteren Teil, dass es auch noch etwas in der oberen Hälfte geben würde, hatte ich dabei schon ganz vergessen.

Nach etwa einer halben Stunde erlöste ich mich von meinem mir selbst auferlegten Handicap. Deutlich konnte ich die Erleichterung spüren, endlich wieder in meiner gewohnten Welt zu sein.

Ein Kind trommelt mit zwei kleinen Stöckchen auf den „Schirmkindern" herum. Die Sonne hat alles kräftig aufgeheizt, ich erhebe mich und ziehe meine Jacke aus. Der Schäferhund setzt sich neugierig auf. Ich folge seinem Blick und sehe einen älteren Herrn, der mit seinem noch älter erscheinenden Spitzmischling um den Pfaffenteich von Schwerin schlendert. Ich schaue hinüber zum Norduder und dann wieder auf das Pärchen, welches immer noch sichtlich vergnügt auf den Stufen hin und her läuft. Als ich die Plastik erneut betrachte, fällt mir der kurze Schatten meiner Person auf, den die Sonne vor mir auf die Erde wirft. Da vernehme ich ein unbekanntes Geräusch. Die Zeit ist verflogen und auch mein Magen spricht bereits eine deutliche Sprache. Es ist der Moment gekommen, mich um mein Mittagessen zu kümmern. Ich werde auf meine Kochkünste verzichten und heute einmal in einer Gaststätte speisen.

Der Abwasch

Heißes Wasser in das Becken fließt,
die Wärme deine Hand umschließt.

Der Schaum, er glitzert, weiß wie Schnee,
dass nur die Arbeit niemand seh.

Mit Vorsicht spülst du das Besteck,
dass Schmerz und Wunden bleiben weg.

Wie zart du diese Gläser wäschst,
hältst sie sicher und auch fest.

Deine Hände spülen mit Genuss,
der Schaum berührt sie wie ein Kuss.

Welche Erotik, ich´s nicht fasse,
umschmeichelt meine Hand die Tasse.

Gern würd´st du dich verwöhnen lassen,
genauso wie die Teller und die Tassen.

Es ist so gut für Leib und Seele,
dass mir die Tätigkeit nie fehle.

Du wirst dabei deine Hände pflegen,
oh Abwasch, welch ein Segen.

Der Fotoapparat

Neulich war ich wieder einmal zu Besuch bei meiner besten Freundin in Schwerin. Ich hatte mir einige Tage freigenommen, was ja nicht so oft klappt. Es gab so viel zu erzählen und nicht alles war erfreulich. Wir haben uns in den Armen gelegen und miteinander gelacht und geweint. Doch wir haben auch viel unternommen, es gab ja auch viel zu sehen, so kurz vor der Buga 2009 in Schwerin. Auf einem unserer Stadtbummel ist mir dann etwas Seltsames passiert.

Wir erreichten den Pfaffenteich und ich staunte nicht schlecht, was sich in den letzten Jahren dort verändert hatte. Die Skulptur „Schirmkinder", die früher auf der linken Seite gestanden hatte, faszinierte mich immer wieder. Meine neue Digitalkamera machte tolle Bilder und so legte ich auch auf diese Plastik an. Die Sonne stand sehr tief, der Schatten der Häuser erreichte fast die schöne Arbeit von Stefan Horota, der diese Statue 1973 geschaffen hatte. Ich kniete mich auf den Boden und schaute durch den Sucher.

Der kleine Junge schob seine Hände unter dem Schirm hervor, um einige Regentropfen aufzufangen. Seine Schwester machte einen kleinen Schritt nach hinten, sodass ihrem Bruder das Wasser ins Gesicht platschte. Bei dem Regen sah alles aus, als würde es unter einem depressiven Schleier liegen. Die Leute zogen ihre Kragen hoch und liefen hastig durch das kühle Nass. Die beiden Kinder aber störte das Wasser nicht. Sie tobten durch die Pfützen und der Schirm hatte für den Augenblick schon längst seinen eigentlichen Sinn verloren. Die beiden kletterten über den niedrigen Zaun, der die große Wiese umschloss. Plötzlich wurde es heller und die Sonne kam heraus. Ich spürte, wie sie meinen Rücken wärmte. Da erst stutzte ich, denn es schien doch schon den ganzen Tag die Sonne und warum war dort, wo das Wasser hätte sein sollen, nun eine Wiese?

Etwas durcheinandergeraten hob ich meinen Blick über die Kamera hinweg. Die kleinen Wellen ließen das Wasser wie eine sich kräuselnde Folie erscheinen. Da hörte ich auch wieder die Möwen,

Enten und Blesshühner. Ich stand auf und schaute meine Freundin völlig verdutzt an. Sie hingegen fragte nur: „Ist irgendwas?" Sollte ich ihr diesen Unsinn erzählen, den ich soeben erlebt hatte? Nein, ich musste mich erst davon überzeugen, dass ich nur fantasiert hatte. Erneut kniete ich mich vor den „Schirmkindern" auf die Steine und schaute durch den Sucher.

Die Sonne hatte alles getrocknet. Oder hatte es gar nicht geregnet? Die Wiese war knochentrocken und die beiden Kinder nutzten den Regenschirm, um sich vor der Sonne zu schützen. Etwa in der Mitte der grünen Graslandschaft befanden sich einige junge Leute. Es wurde Ball gespielt und gelesen. Ein anderer Teil saß im Kreis und sang Lieder. Dazu spielten zwei junge Männer Gitarre. Sie schienen alle zusammen den wundervollen Frühlingstag zu genießen.

Da kam ein Typ in Tarnklamotten auf die Wiese. Er sah aus wie ein Wanderer, der all das mit sich zu tragen schien, was er zum Leben brauchte. Zwei große Taschen in den Händen und einen prallgefüllten Rucksack auf dem Rücken, setzte er sich nicht weit entfernt von mir nieder. Er schaute zu den jungen Leuten hinüber und ich dachte, er würde gleich zu ihnen gehen, um sich ihnen anzuschließen. Doch dann stellte er ein Zelt auf, welches seinem Aussehen nach aus einem alten Armeezelt hergestellt worden war. Das machte er sicher nicht zum ersten Mal, denn es ging zügig vonstatten. Daraufhin verschwand er mit seinem Gepäck in der olivgrünen Konstruktion. Ich dachte nur: „Wehe, wenn jetzt das Ordnungsamt vorbeikommt." Dabei fiel mir ein, wie konnte der Typ dort überhaupt zelten?

Erschreckt senkte ich die Kamera. Wieder erschien mir die Welt so, wie ich sie erwartete.

Die Wasseroberfläche, von den Vögeln zerrissen, die gierig nach dem Futter jagten, welches ihnen von einigen Menschen hingeworfen wurde, schien förmlich aufzuschreien. Doch es verlor sich in den heftigen Kämpfen der gefiederten Freunde um jeden Bissen.

Ich schaute mich um, alles schien in bester Ordnung zu sein. Ein Pärchen, so Anfang, Mitte vierzig, betrat die große Treppe. Etwas war ungewöhnlich an ihnen. Sie hielt einen kleinen, weißen Stock in ihrer rechten Hand. Mit der anderen hatte sie sich bei ihrem

Partner eingehängt. Die Sonnenbrille wäre nicht aufgefallen, aber dass diese Frau nur starr in eine Richtung schaute, bemerkte ich doch. Sie war vermutlich blind und vertraute scheinbar ganz ihrem sehenden Mann. Meine Freundin lächelte mir ins Gesicht. Dabei spürte ich genau, dass sie bemerkt hatte, etwas stimmte mit mir nicht. Ich hingegen wollte es nicht wagen, über mein seltsames Erlebnis zu reden, denn ich konnte es selber nicht verstehen.

Plötzlich hörte ich einen Schuss. Sofort schaute ich in die Richtung, aus der ich den Knall vermutete. Nichts war zu sehen und auch die Leute reagierten nicht auf dieses Geräusch. Sollte ich es am Ende nur ganz allein vernommen haben? Fragend und verunsichert ließ ich meinen Blick im Kreis wandern, aber nichts Ungewöhnliches fiel mir auf. Und wieder vernahm ich einen ohrenbetäubenden Lärm, wie ich ihn schon einmal auf einem Schießstand wahrgenommen hatte. Da wurde ich von einem Gedankenblitz erfasst und wusste, dass ich noch einmal durch den Sucher meiner Kamera schauen sollte.

Die Kinder hatten den Regenschirm geöffnet in das Gras gelegt und sich dahinter versteckt. Ich hörte die jungen Leute schreien und sah, wie sie völlig verängstigt durcheinanderliefen. Wieder ein Schuss, einer der beiden Gitarrenspieler brach zusammen. Mir war noch immer nicht klar, woher die Schüsse kamen. Aber gerade in dem Moment, als ich zum Zelt des vermeintlichen Wanderers schaute, fiel der nächste und ich bemerkte einen Feuerstoß, der dort aus der olivgrünen Konstruktion herauskam. Völlig erstarrt kniete ich auf den Steinen und schaute zu, was sich vor meinen Augen ereignete. Der junge Mann in Tarnklamotten verließ kurz darauf seine Stoffbehausung. Ein Gewehr im Anschlag, eines über der Schulter hängend und eine Pistole im Gürtel, ging er langsam auf die Gruppe der jungen Leute zu. Dabei schoss er immer wieder auf die völlig wehrlosen und verwirrten Menschen. Einige versuchten zu fliehen, aber sehr sicher traf der Schütze seine Ziele. Dann warf er auf einmal das eine Gewehr auf den Boden und benutzte das andere. Dieses Mal feuerte er zügiger und wahllos in die Menge. Als scheinbar auch dieses Magazin leer war, zog er die Pistole aus dem Gürtel und legte auf Verletzte an. Plötzlich ließ er die Waffe fallen, stand regungslos da und brach dann einfach zusammen.

Vor lauter Aufregung hatte ich die Sirenen der herannahenden Polizeifahrzeuge nicht bemerkt. Ein Scharfschütze des Sondereinsatzkommandos setzte den finalen, absolut tödlichen Schuss. Schnell färbte sich die gerade noch grüne Wiese in Blutrot. Kurz danach wimmelte es auf ihr von schwarz gekleideten Polizisten und Rettungskräften. Rettungssanitäter kümmerten sich um die Verletzten. Die am Boden liegenden jungen Menschen, die diesen traurigen Akt nicht überlebt hatten, deckten sie schlicht mit einem Tuch ab.

Die Kinder mit ihrem Schirm waren verschwunden. Ich schaltete entsetzt und voller Angst die Kamera aus.

Die Sonne schien mit aller Kraft und das Federvieh schnappte immer noch gierig nach dem Futter und nach den ebenso kämpfenden Konkurrenten. Meine Freundin schaute mich erneut neugierig und verunsichert an. Tränen liefen mir über mein Gesicht, denn ich konnte die Welt nicht mehr verstehen. Sie setzte sich zu mir auf die Steine und nahm mich in ihre Arme. Was hatte ich da gesehen, entsprang das etwa alles nur meiner Fantasie? In diesem Moment schien die Realität eine völlig andere, eine friedliche zu sein. Doch diese seltsame Erfahrung hatte mich noch voll im Griff, ich fühlte mich schlecht und sehr schwach. Um mich noch einmal zu überprüfen, schaltete ich den Fotoapparat wieder ein, hielt ihn in Richtung des Pärchens, welches noch immer da stand und die Vögel fütterte. Dann schaute ich erfüllt von Angst und Unsicherheit durch den Sucher. Das Bild jedoch deckte sich mit dem, was ich als die Realität betrachtete. Also war das doch alles nur meine Einbildung gewesen?

Auf dem Heimweg erzählte ich meiner Freundin dann von meinem seltsamen Erlebnis. Sie schaute mich ziemlich misstrauisch an. Doch sie wusste auch, dass mir etwas Schlimmes widerfahren sein musste, da es mich so extrem mitgenommen hatte. Ich räumte mir selber schon ein, dass ich nur einem Tagtraum aufgesessen war. Plötzlich fiel mir ein, dass es etwas Ähnliches schon früher in meiner Familie gegeben hatte. Einige meiner Vorfahren beschrieben solche Erfahrungen und sahen Dinge, Geschehnisse voraus und manchmal hatten sie diese auch gegenüber anderen erwähnt. Leider stimmten die Ereignisse zeitlich nicht immer mit den Visionen überein, wofür sie oft ausgelacht und als Spinner oder als Verrückte abgestempelt wurden. Immer aber konnten diese Eingebungen mit den Geschichten in Zusammenhang gebracht werden. Für mich war dies meine erste Erfahrung mit jener Art von unglaublichen Erscheinungen. Was also konnte mein Erlebnis für eine Bedeutung haben?

Ziemlich erschöpft kamen wir bei meiner Freundin zu Hause an. Als sie das Radio einschaltete, um uns mit ein wenig Musik abzulenken, wollten wir unseren Ohren nicht trauen. Ein Amokläufer hatte in Winnenden und Umgebung 15 Menschen erschossen und sich dann selbst gerichtet.

Es war der 11. März 2009.

Blind

Blind kann man geboren werden,
blind werden kann ebenfalls jeder.
Blind sein, reine Bequemlichkeit?
Blind kann sein, wer nicht sehen will.
Blind ist, wer nicht mit den Augen sehen kann.
Blind ist nur ein anderes Problem.
Blind sein wollen, heißt wegzulaufen.
Weglaufen ist ganz sicher falsch!
Lieber blind sein, als nicht hinzusehen!
Blind sein kann mehr Einsicht bedeuten.

Lieber hinschauen, als blind zu sein!

Der grüne Engel

Es war schon Mitte Dezember, als ich wieder einmal auf unserem schönen alten Friedhof spazieren ging. Ich schlenderte durch diesen Park der Trauer und des Abschieds, aber auch der Künste und der Ruhe. Das Wetter war trübe und kalt, wie ich es nicht anders erwartet hatte. Wenigstens hielt sich der Wind zurück. Die Wolken drohten ihre Wassermassen auf die Erde zu werfen, aber sie drohten eben nur. Außer einer älteren Dame, die ich schon öfter während eines Spazierganges zwischen den Gräbern beobachtet hatte, schien sich niemand an diesem Tag auf den Friedhof getraut zu haben. Es war ja auch sehr ungemütlich, aber ich brauchte einfach ein wenig frische Luft. Da bemerkte ich zwischen einigen Sträuchern eine hell aufleuchtende Erscheinung.

Der Himmel beobachtete mich vermutlich, denn als wollte er mir den Moment attraktiver gestalten, verzogen sich die dicken Wolken. Mir war, als wollte die Sonne jeden Augenblick ihren wundervollen, wärmenden Strahlenteppich auf diesem Fleckchen Erde ausbreiten.

Aber ihr Zögern ließ diese Erscheinung heller leuchten, als würde sie mich drängen, genauer hinzuschauen.

Da stand eine Frau zwischen zwei Ruhestätten, eingehüllt in ein goldenes Licht und schaute mich mit einem liebevollen Lächeln an. Ich war verwirrt und näherte mich ihr, denn sie stand dort, nur in einem dünnen, langärmeligen, grünen, leicht transparenten, langen Kleid, das bis auf den feuchten Boden reichte. Der weiße Kragen, der ihren Kopf zu tragen schien, war, wie alle Ränder des Kleides auch, mit filigraner weißer Spitze besetzt. Ihr goldschimmerndes, langes Haar fiel locker und wellig bis weit über ihre Schultern hinunter. Ich war fasziniert und gleichzeitig etwas erschrocken. Mein Blick haftete an ihr wie eine Klette am Pullover. Was für ein märchenhaftes Bild bot sich meinen Augen, es war wie in einem Traum.

Das Bellen eines kleinen Hundes, der mit seinem Frauchen ebenfalls auf dem Friedhof unterwegs war, riss mich aus meiner Gefangenschaft des Momentes. Missmutig drehte ich mich um. Die

Dame, die sich am anderen Ende der Leine befand, änderte sofort die Richtung und zog ihren kleinen Kläffer hinter sich her. Ich schaute ihnen nach, um sicher zu sein, dass sie nicht gleich wieder stören würden. Sie verschwanden hinter einem kleinen Hügel, auf dem man ein Kreuz aufgestellt hatte. Es war eine Darstellung des gekreuzigten Jesus Christus, wie ich sie aus Film und Fernsehen, aber auch aus Kirchen kannte, in die ich dann und wann schon einmal hineinschaute. Das Bellen wurde immer leiser und mein Blick blieb an dem Kreuz hängen. Ich dachte an Gott und was ich über ihn wusste oder eben nicht zu wissen glaubte. Schnell führten mich meine Gedanken zu Jesus und seinen Freunden, aber auch zu den Engeln, von denen immer wieder gesprochen wurde. Schon erinnerte ich mich an die seltsame Erscheinung und wollte mich ihr wieder zuwenden, aber sie war verschwunden. So plötzlich, wie sie erschien, hatte sie sich im Nichts verloren. Es erfüllte mich nun ein Gefühl der Unsicherheit. Alles, was ich noch beobachten konnte, war ein schwacher Nebelschleier, dort, wo ich sie noch kurz zuvor gesehen hatte, der jetzt dabei war, sich langsam aufzulösen.

Zu Hause angekommen, brühte ich mir einen starken Kaffee und schaltete, um mich vom Erlebten abzulenken, den Fernseher ein. Doch die erste Sendung, die sich mir bot, befasste sich ausgerechnet mit dem Göttlichen. In der Vorweihnachtszeit war dies auch nicht ungewöhnlich, aber für mich schien es heute ein Zeichen zu sein. An diesem Tag konnte es wohl kaum einen solchen Zufall geben. Allerdings wollte ich mich in dem Moment nicht damit auseinandersetzen. Ich drückte die Programme durch. Nachdem ich keinen Sender finden konnte, welcher für mich etwas Interessantes anbot, blieb mir nur, den Abschaltknopf zu drücken. Dann lehnte ich mich in meinem bequemen Sessel zurück.

Es wurde, wie es in dieser Zeit üblich ist, früh dunkel. Die Bäume vor dem Fenster entwickelten sich zu seltsam anmutenden Gestalten. Wie Skelette oder unwirklich erscheinende Wesen, die nach allem und jedem greifen würden, so sahen sie aus. In der Ferne erhoben sich einige Bäume über die vielen anderen. Im Restlicht des zur Neige gehenden Tages muteten sie an wie ein entstehendes Korallenriff. Wunderschön und zur gleichen Zeit auch gespenstisch, wie die Natur nun einmal sein kann, bot sich mir ein märchenhaftes Bild. Ich verharrte in der Faszination des Augenblicks. Erst eine vorüberziehende Sternschnuppe zog meine ganze Aufmerksamkeit auf sich und führte meine Gedanken zu der seltsamen Begebenheit vom Nachmittag zurück.

War alles nur meiner Fantasie entsprungen, so wie ich mich gerade beim Blick aus dem Fenster in diese fallen ließ? Was mag ich dort wohl gesehen haben? War das ein Engel? Weshalb ist die Dame mit ihrem Hund sofort in eine andere Richtung gelaufen? Hatte sie meinen finsteren Blick bemerkt oder sogar gesehen, was ich gesehen hatte? Ist sie zufällig oder absichtlich hinter den kleinen Hügel gelaufen, damit ich meinen Blick auf das Kreuz lenkte? Nichts ist zufällig, also sollte alles so sein. Wenn diese Erscheinung ein Engel gewesen war, dann würde es auch einen Gott geben können. Was ist Gott dann aber, ein Mensch? Er soll ja Adam aus der Erde nach seinem Vorbild und Eva aus einer Rippe Adams geschaffen haben, so muss auch er menschenähnlich sein. Dann sind Adam und Eva ein Körper, dem das Leben, die Seele Gottes eingehaucht wurde? Ich weiß einfach zu wenig über die Bibel, das Christentum und die vielen anderen Religionen. Dennoch geht es fast überall um einen Gott, oder auch die Götter, um Achtung und Respekt und um die Liebe. Liegt das Leben der Menschen also in Gottes Verantwortung?

Ach du heilige Mutter Gottes, wenn er die Menschen nach seinem Ebenbild erschuf, dann müsste es auch eine Göttin an seiner Seite geben, von der aber nie die Rede ist, zumindest heute nicht mehr. Wenn dem so wäre, dann frage ich mich, weshalb er seine Kinder auf diese Weise erschuf.

Adam und Eva sollen seine kreierten Kinder gewesen sein, wozu hat er sie erschaffen, wenn nicht zur Vermehrung? Die Schlange dann als die Schuldige, als das Sinnbild des Teufels hinzustellen, das kann ja wohl nicht richtig sein. Dies würde bedeuten, Gott wäre gar nicht so vollkommen, wie es immer wieder dargestellt wird. Er hätte Menschen in die Welt gesetzt, die dann in ihrer Unvollkommenheit Inzucht begangen haben müssten. Dann wäre die Menschheit eine Folge der sich daraus entwickelnden Geschwisterliebe, der ersten Vereinigung zweier menschlicher Wesen? Gott hat diese Inzucht geduldet und ist somit einer Straftat in menschlicher Hinsicht schuldig, oder etwa nicht? Weshalb hat er in eine scheinbar wundervoll funktionierende Welt solche unvollkommenen Geschöpfe gestellt? Er hätte doch wissen müssen, dass diese nicht fehlerfrei waren und seiner Hilfe bedurften. Wollte er nur mit ihnen spielen und es ist ihm dann über den Kopf gewachsen? Reichte seine allumfassende Macht nicht aus, die Menschen auf den rechten Weg zu führen, seiner Verantwortung gerecht zu werden? Oder sind wir Menschen eben doch nur Spielfiguren? Spielt er gar gegen seine Frau und es entstanden deshalb weibliche und männliche Akteure? Was machen dann die Engel in dem Spiel? Sollen sie eine Art Hilfeportal darstellen?

Diese Gedanken gingen mir zu weit und ich versuchte, mich wieder auf den Boden der Tatsachen zu holen. Alles nur Fantasiegeschichten und nichts, das man festhalten konnte.

„Also lebe und denke so, wie du es von deinen Eltern gelernt hast", dachte ich mir und ging schließlich ins Bett.

Die Nacht wurde eine von diesen schweren, in denen man nicht schlafen kann, weil man keine Ruhe findet. Ich wälzte mich hin und her und in meinem Kopf tobten die Gedanken weiter. Engel, Götter, was sind das für Gestalten? Weihnachten steht vor der Tür, das Fest der Liebe, nein, der Geburtstag von Jesus Christus. Man sagt, er sei der Sohn Gottes.

Ich glaubte bisher immer, er sei das Kind von Maria und Josef. Dabei stellt sich mir die Frage nach Adam und Eva. Waren sie nicht die ersten menschlichen Geschöpfe, die ersten Kinder Gottes? Warum sind sie nicht schon mit der Aufgabe betraut worden, die Jesus schließlich übernehmen musste, in dieser unzureichend entwickelten Welt? Sicher gab es zu dem Zeitpunkt, als Adam und Eva entstanden waren, noch keine zwingende Notwendigkeit für solch eine Aufgabe.

Dann haben sich die Kinder Gottes in ihrer Entwicklung nicht nach den Vorstellungen ihres Vaters gerichtet? Wenn wir Menschen aber nach seinem Vorbild entstanden sein sollten, dann musste dieser Gott sich und seine Unvollkommenheit wie in einem Spiegel betrachten. Hat er viel zu lange gewartet oder gar nicht bemerkt, dass sich seine Kreaturen immer weiter weg von Liebe und Mitgefühl entwickelten? Jesus musste also für die Fehler der Menschheit büßen, die sein Vater einmal verursacht hatte? Bestrafung für die Fehler des Gottes, der den Anspruch erhebt, sein ihn liebender Vater zu sein? Das deutet für mich daraufhin, dass dieser Gott weder vollkommen sein kann noch eine solche Macht hat, oder nicht den Mut, um seine eigenen Fehler einzugestehen und zu revidieren. Das bestärkt mich besonders deshalb, weil er keinen anderen Weg gefunden hat, als die Sünder einfach aus dem Paradies zu verbannen. War Gott nicht in der Lage, einen anderen Weg zu finden? Musste die Strafe wirklich so hart sein, um Adam und Eva in eine unvollkommene und fehlerhafte Welt zu stecken? Wo bleibt da die Liebe? Hätte Gott die verheerende Entwicklung der Menschheit verhindern können?

Eine andere Version, die mir gerade durch den Kopf ging, machte mir Angst. Konnte es sein, dass Gott sich über sich selbst ärgerte und uns Menschen, seine eigene Kreation, mit all dem Bösen bestraft, das wir heute in unserer Welt kennen? Sind die Menschen dann überhaupt in der Lage, sich selbst von allem Übel zu befreien? Sollten die menschlichen Fähigkeiten größer als die Macht Gottes sein? Baut er uns in seiner eigenen Hilflosigkeit nur Brücken, die uns darauf hinweisen sollen, dass seine Macht nicht allumfassend ist und sein ursprüngliches Ziel ein ganz anderes war? Dann sollen die vielen Religionen nur eine Ansammlung von möglichen Brücken sein, um die Menschen dazu zu bringen, einander zu achten, zu respektieren und zu lieben? Dann ist Weihnachten in meiner kleinen Welt, in der ich lebe, nur eine dieser Möglichkeiten, auf den rechten Weg zurückzukehren?

Wie ich es in jedem Jahr tat, schlenderte ich auch dieses Mal über den Weihnachtsmarkt meiner Heimatstadt Schwerin. Irgendwie fand ich ihn viel schöner als die anderen Jahre. Eine größere Anzahl von Lichtern und die großzügige Nutzung von Holz, verbunden mit einer neuen Variante des Zusammenstellens der Verkaufsbuden, ließ mich gern dort sein. Die Temperaturen luden mich ein, an die Getränkebude zu gehen, um einen Grog zu trinken. An einem der Stehtische, auf denen Blechdosen standen, die ein kleines Feuer im Zaum hielten, schaute ich den vorüberziehenden Leuten zu und lauschte der weihnachtlich-christlichen Musik.

Der Grog war wirklich sehr heiß und ich verbrannte mir schon beim ersten Versuch, von ihm zu kosten, den Mund. Da bemerkte ich, wie über der Flamme des kleinen Feuers auf meinem Tisch eine winzige Figur schwebte. Zu meiner Überraschung sah diese genauso aus, wie ich die wundersame Erscheinung vom Friedhof in Erinnerung hatte. Sie schaute in jenem Moment aber nicht liebevoll, sondern sehr ernst. Ich blickte mich um, ob nicht auch jemand anderes diese Figur bemerkt haben würde. Doch niemand schien sie sehen zu können oder nahm Notiz von ihr. Schon vergaß ich die vielen Menschen um mich herum und schaute dieses seltsame Wesen an. Ich dachte sogleich wieder an Gott und die Engel. Dieses kleine grüne Fräulein drohte mir mit dem Zeigefinger und schüttelte den Kopf, als ich mich erneut meinem Grog zuwenden wollte. Trotzig schlürfte ich von meinem heißen, alkoholischen Getränk. Und wieder verschwand die Erscheinung, so plötzlich, wie sie aufgetaucht war. Warum auch immer, mir schmeckte der wärmende Trank jetzt nicht mehr, so ging ich lieber nach Hause.

Nur noch wenige Tage trennten mich vom Weihnachtsfest. Ich machte mich auf, in einer der vielen Weihnachtsbaumplantagen einen schönen Christbaum zu schlagen. Schnell wurde ich fündig, denn ich suchte nicht den schönsten, sondern einen, den die anderen Leute nicht haben wollten. Es war doch auch ein Baum, der gepflanzt wurde, um einmal zum Fest einen Raum zu schmücken. In diesem Jahr schlug ich den Baum, auf dem ich glaubte, erneut den kleinen grünen Engel zu erkennen. Danach betrat ich die einfache Hütte, in der es warmes Essen und heiße Getränke gab.

Eine wohltuende Wärme breitete sich in mir aus. Viele Menschen standen dort und redeten miteinander. Kaum hatte ich mich mit allem versorgt, wurde ich auch schon angesprochen. Dieses ungewohnte, freundliche Miteinander, welches mir an dem Tag richtig guttat, ließ mich mit mir völlig fremden Menschen sprechen und dabei die Zeit vergessen. Erst auf der Rückfahrt verband ich dieses Zusammensein als eine Folge des weihnachtlichen Gedankens, der trotz allem tief in den Herzen der Leute sitzt. Der grüne Baum versammelt, fern des Alltags, viele Menschen um sich. Ein Christbaum macht möglich, was sonst unmöglich zu sein scheint, und das, wo vermutlich die wenigsten Anwesenden an die Weihnachtsgeschichte oder an Gott glauben würden.

Es kam der Heiligabend und ich fasste den Entschluss, zum ersten Mal in meinem Leben an diesem Tag in die Kirche zu gehen. Es soll, so haben es mir schon viele Bekannte berichtet, immer wieder sehr, sehr schön gewesen sein. So betrat ich den ehrwürdigen Ort und suchte mir in der zunehmenden Menge einen Platz, von dem aus ich möglichst viel sehen konnte. Schnell wurde es enger und ich flüchtete mich auf den hohen Sockel einer Figur, die in einer kleinen Nische genau gegenüber des Altars stand. Immer mehr Menschen strömten in den Kirchenraum. Dann wurde gepredigt und gesungen und die Leute klatschten und sangen zum Teil mit. Ich muss zugeben, die Atmosphäre dort war auch für mich etwas Besonderes.

Sollten das alles Gläubige sein, die sich an jenem Abend dort eingefunden hatten?

Was suchten die Menschen in der Kirche? Etwas musste doch die einzelnen Kreaturen miteinander verbinden. Wenn dies in der Masse nicht der Glaube gewesen war, wovon ich überzeugt bin, dann konnte es nur etwas in ihren Herzen sein. Plötzlich, ich schaute gerade vom glanzvollen Altar auf die Besucher, die sich vor ihm zusammendrängten, dachte ich daran, es wären Tausende kleine Fische, welche in einem Netz aneinander gepresst wurden und die keinen Ausweg aus ihrer schwierigen Situation gefunden hatten.

Da es meiner Meinung nach nicht der Glaube an Gott gewesen sein konnte, der diese Menschen zusammenführte, so war es möglicherweise doch die Weihnachtsgeschichte, welche der Grund für diese Zusammenkunft gewesen sein könnte. Ein ursprünglich rein kirchliches Fest brachte nun all diese Suchenden dazu, sich in ihrer Hilflosigkeit und mit ihren tiefsten Wünschen und Sehnsüchten zu öffnen. Es konnte also nur die empfundene mangelnde Herzlichkeit und Liebe des Alltags sein, die jene Menschen dorthin führten und die sie dort zu finden glaubten oder es zumindest hofften.

Ihre inneren Bedürfnisse, über die sie in ihrem Leben meist schweigen und meinten schweigen zu müssen, die unerträgliche Hoffnungslosigkeit, brachte sie am Heiligen Abend zusammen. Das machte auch den Zauber aus, den ich in jener Stunde wahrzunehmen glaubte.

Die Leute, die sich nicht kannten und die sich sonst niemals so nah waren, suchten und fanden in dem Moment ein klein wenig von ihren großen Träumen. Die Besucher verschmolzen zu einer großen weichen und warmen Masse, in der es keinerlei Spannungen zu geben schien. Respekt, Achtung, Mitgefühl und Liebe machten, so wollte ich es glauben, diese Menschen ein wenig glücklicher in der Geborgenheit des Augenblicks. Ob sie sich vielleicht doch wie die Fische in einem Netz fühlten, kann ich nicht sagen.

Am Ende des Abends, als sich die großen Gefühle aus den Türen schoben und in kleinste Krümel zerbröselten, ging ich noch einmal zum Altar. Es war weniger die Geschichte, die dort dargestellt wurde, mehr das kunstvoll gearbeitete Gesamtbild, das mich faszinierte. Auf dem Weg zum Ausgang fiel mein Blick auf den wunderschön geschmückten Tannenbaum, der mir bis dahin nicht wirklich aufgefallen war. Gleich unter der filigranen Spitze hing eine kleine hölzerne Figur. Eine blonde, weibliche Schönheit, in einem wunderschönen grünen Kleid, mein kleiner grüner Engel?

Die Ruhe der Weihnachtszeit verlor sich danach in hektischem Trubel. Ich hatte mich aufgemacht, einen letzten heißen Grog auf dem Verkaufsmarkt nach dem Fest zu trinken. Als ich so am Tisch stand und darauf wartete, dass sich das heiße Getränk langsam abkühlte, dachte ich daran, was die Leute dort eigentlich taten. Geschenke erreichten nicht immer das, was sie sollten. So wurden sie in die Läden zurückgetragen und gegen andere, hoffentlich annehmbarere Varianten ausgetauscht. Es war vermutlich die Oberflächlichkeit, mit der viele darangegangen waren und dem Zwang folgten, etwas verschenken zu müssen. Ich fand es traurig und schade, dass man sich so wenig um seine Mitmenschen bemühte und so zum Teil große Enttäuschung in das Fest der Liebe trug.

Etwas verwirrt von den Erlebnissen der letzten Zeit wollte ich dann den Silvesterabend allein verbringen. Nach dem Abendspaziergang holte ich mir eine Flasche Bier aus dem Keller. Das Fernsehprogramm beeindruckte mich in keiner Weise, sodass ich es kurzerhand wieder ausstellte. Die Flasche stand noch ungeöffnet auf dem Tisch. Die Lichter des Christbaumes, den ich zum Thema des Tages etwas umgeschmückt hatte, hüllten mein Wohnzimmer in einen gemütlichen und warmen Schein.

Voller genüsslicher Erwartung griff ich den Öffner und setzte ihn an die Flasche. Da bemerkte ich im Bücherregal auf einem quer liegenden Wälzer eine Figur. Sie hätte gar nicht dort sein dürfen, denn ich hatte solche kitschigen Sachen eigentlich nicht in meinem Haushalt. Beim genaueren Hinsehen bemerkte ich, es war wieder diese Erscheinung, die ich in den letzten Tagen und Wochen schon öfter gesehen hatte, nur leuchtete sie dieses Mal nicht. Was war das für eine Gestalt, die mich irgendwie zu verfolgen schien? Sie bewegte ihre Lippen, aber kein Laut drang an mein Ohr.

„Wer bist du? Was willst du von mir?", platzte es aus mir heraus. Sie schaute mich an, erstrahlte wieder in hellem Licht und zeigte mit ihren Händen auf die Bücher. Ich verstand nicht, was das bedeuten sollte. So ließ ich mich in meinen Sessel gleiten und genoss endlich das Bier. Ihm folgten dann noch einige weitere und mit lauten Böllern und vielen Tausend Lichtern am Himmel startete dann das neue Jahr. Mein kleiner grüner Engel aber ließ mich nicht allein und schaute auf dem Buch sitzend mit mir gemeinsam dem Treiben zu.

Nach dem ersten Frühstück des neuen Jahres brauchte ich frische Luft. Überall knallte es noch dann und wann, so zog es mich wieder auf den altehrwürdigen Friedhof.

Das Wetter war trübe und kalt, wie ich es nicht anders erwartet hatte. Wenigstens hielt sich der Wind zurück. Die Wolken drohten ihre Wassermassen auf die Erde zu werfen, aber sie drohten wieder einmal nur. Außer der älteren Dame, die ich schon öfter während eines Spazierganges zwischen den Gräbern gesehen hatte, schien sich niemand an jenem Tag dort aufzuhalten. Eigentlich war es auch sehr ungemütlich, aber ich brauchte einfach ein wenig frische Luft, so ein Silvesterabend fordert eben seinen Tribut.

Da bemerkte ich zwischen zwei Ruhestätten eine hell aufleuchtende Erscheinung, die mir nun doch schon sehr bekannt vorkam. Sie schwebte in ihrem zauberhaften grünen, langen Kleid über dem feuchten Boden. Dann deutete sie mit ihrer Hand auf den Grabstein rechts neben ihr. Ich staunte nicht schlecht, denn der stellte ein geöffnetes Buch dar, was mich an den vergangenen Abend und ihren Hinweis auf die Bücher im Regal erinnerte. Ich konnte noch immer nicht verstehen, was sie mir zu sagen versuchte, und zuckte nur mit den Schultern. Sie schaute mich mit diesem liebevollen Lächeln an und bedeutete mit ihren Händen, dass ich etwas aufschreiben sollte. Unsere Blicke verharrten ineinander, bis das laute Bellen eines kleinen Hundes die Stille durchbrach. Ich starrte sie an, wollte nicht wieder wegschauen, aber dieses wunderschöne, zauberhafte Wesen löste sich vor meinen Augen einfach auf und es blieb nichts als ein schwacher Nebelschleier zurück, der sich in der kalten Luft des Neujahrtages langsam auflöste.

Nach einigen Tagen, in denen ich versucht hatte, die Deutungen des grünen Engels zu verstehen, kam mir der entscheidende Gedanke. Ich sollte all meine Gedanken aufschreiben, um sie anderen mitzuteilen. So machte ich mich an die Arbeit und schrieb, so schnell ich konnte, alles auf. Das Jahr der Buga 2009 war angebrochen und mit ihm von ganzem Herzen auch die Hoffnung, dass die Veranstaltung mit all ihren leidenschaftlichen Vorbereitungen ein Erfolg werden möge.

Sie begann mit einem Tag der offenen Tür. Die vielen bunten Blüten und die beeindruckenden Arrangements wurden zu einem fantastischen Erlebnis. Mit dem ersten zarten Grün des Frühlings, kurz vor der Eröffnung, kam auch mein erstes Buch heraus. Ich hatte geglaubt, es schreiben zu müssen, weil ich versuchen wollte, Hoffnung in die Herzen der Menschen zu bringen. Da sah ich den lieblichen, kleinen grünen Engel zum letzten Mal. In mir blühte die Hoffnung auf, dass die Leute eines Tages in Liebe miteinander verschmelzen und alles Böse damit verschwunden sein würde. Ich glaube fest daran und ich gebe mich der Hoffnung hin, dass der kleine grüne Engel auch der Stadt Schwerin und seiner Buga zum Erfolg verhelfen konnte.

Gott

Keiner kennt ihn, hat ihn je gesehen.
Was ist in seinem Namen schon geschehen.
Er hat uns Menschen nach seinem Ebenbild erschaffen,
stammen wir denn nicht von den Affen?

Doch wer an ihn glaubt, dem hilft er.
Wer nicht glauben kann, ist angeschissen.
Wer an den Himmel glaubt, ist fein raus.
Wer nicht an ihn glaubt, dem macht man den Garaus.

Wer glaubt schon an Götter, die er nicht sieht,
an solche, die uns scheinbar nicht lieben?
Mit einem Gott, wie er auch immer heißt,
man lediglich die Menschen bescheißt.

Der Strohhalm Glaube kann Leben retten.
Glücklicher ist, wer glauben kann.
Wer oder was ist also Gott,
glauben?

Ein Schatten hinter der Sonne

Sie sitzt mir gegenüber, ihr freundliches Lächeln erreichte auch mich. Wir sind ins Gespräch gekommen, als ich mich zu ihr an den Tisch in die Sonne drängte.

Sie berichtete mir von ihrem täglichen Schaffen, als wäre es eigentlich nicht der Rede wert. Erfolgreich hatte sie alle bisherigen Prüfungen ihres Lebens bestanden. Ich empfand diese Frau als eine energiegeladene Person, die sich um alles und jeden zu kümmern schien. Ihre Sorge um die sie umgebenden Menschen beeindruckte mich. Als sie sich zufrieden über die Entwicklung ihrer Kinder äußerte, konnte ich den Stolz in ihren Augen sehen. Krankheiten und Probleme im Berufsleben konnten ihr nicht wirklich etwas anhaben.

Und doch sitzt diese Frau hier und ich habe keineswegs den Eindruck, dass sie zufrieden und glücklich ist. Es ist nur ein Gefühl, aber das ist stark.

Der Ober bringt mir erneut ein Bier und die nette, reife Frau auf der anderen Seite meines Tisches bestellt sich noch ein Wasser. Dann entschuldigt sie sich, um sich ein wenig frisch zu machen.

„Was für ein Zufall, dass mir solch eine schöne Frau begegnet", denke ich, als sie zurückkehrt.

Mein Blick wandert über ihren reizvollen Körper. Eine sehr weibliche Erscheinung, mit einer fraulichen Figur, einer attraktiven Oberweite, gepaart mit zauberhaften dicken, langen, locker wellig fallenden, kastanienbraunen Haaren, schön geformten, schlanken Beinen und einer Größe von etwa 1,75 m, eingepackt in ein aufregendes Sommerkleid und unterstützt durch ein dezent geschminktes Gesicht, sitzt mir nun wieder gegenüber. Ich schaue in zwei blaue Augen, die, selbst wenn sie lächelt, in ihrer Tiefe traurig scheinen.

Deutlich registriere ich etwas, das diese Frau ausstrahlt. Etwas, das ich noch nicht genau beschreiben kann, das mir aber wehtut. Seit wir miteinander ins Gespräch gekommen sind, reagiere ich immer sensibler auf diese Wahrnehmung. Dieses Wesen versucht stark zu sein, dennoch habe ich das Gefühl, es schreit laut um Hilfe.

Der zarte Sommerwind bringt uns den wundervollen Duft der Blumen, die überall blühen. Die Frau erzählt von ihren Eltern und der wechselvollen Kindheit. Dass wenig Zeit blieb für ihre eigenen Wünsche und wie gut sie gelernt hatte zu funktionieren. Sie berichtet davon, dass sie der Stolz ihrer Eltern war, weil sie sich nach deren Vorstellungen entwickelte. Immer stark sein und niemals Schwäche zeigen, ein Grundsatz, nach dem sie bis dahin lebte.

In einigen Punkten ihrer Geschichte finde ich mich selber wieder. So habe ich zumindest eine Vorstellung von dem, was in ihr vorgehen könnte. Ich meine, es fällt mir nicht schwer, ihre Situation zu verstehen und nachzuvollziehen.

Meine Gedanken treiben ein wenig ab. Als plötzlich meine Frau darin auftaucht, stutze ich. In meiner Flucht vor mir selbst richte ich den Blick lieber auf die Hände meines Gegenübers. Da sehe ich einen Ehering. Jedoch habe ich noch kein Wort über ihren Mann gehört. Diese wunderschöne Frau sitzt hier und redet mit mir, als wollte sie all ihren Kummer loswerden? Ich schweige und höre zu.

Sie hat wohl meine Abwesenheit bemerkt und schweigt nun ebenfalls. Ihr gesenkter Blick verliert sich in der Tiefe ihres Wasserglases.

Die anfangs aufrecht sitzende, stark wirkende Frau sinkt langsam immer mehr in sich zusammen. Traurig, mutlos, hilflos und sehr einsam scheint mir dieser Mensch zu sein. Ich kann ihre Verzweiflung spüren, ohne dass sie mir von größeren Problemen berichtet hatte, vermutlich deshalb, weil ich dieses Gefühl aus meiner eigenen Erfahrung gut kenne. In mir wird der Wunsch immer größer, ihr helfen zu wollen. Jedoch weiß ich nicht genug über sie, als dass ich Worte finden würde, von denen ich überzeugt wäre, dass sie wirklich helfen könnten.

Wir schweigen und starren in unsere Gläser, als würde sich an ihrem Grund eine Lösung finden lassen.

Der Ober tritt an unseren Tisch heran und fragt nach, ob er uns noch etwas bringen darf. Ich schaue ihn an, als hätte ich ihn nicht verstanden. Da wiederholt er seine Frage.

„Ja", platzt es aus mir heraus, doch ich weiß nicht, was ich bestellen soll. Nur kein Bier mehr, das ist mir klar. Dann sage ich: „Bringen Sie mir bitte ein stilles Wasser und einen Pott Kaffee."

Die Frau schaut mich an, dann bestellt sie sich ein Wasser und einen doppelten Cognac. Der Ober verlässt uns und wir wenden uns wieder unseren Gläsern zu.

Erneut erfasst der Blick aus meinem Augenwinkel ihren Ehering. Seit anderthalb Stunden erzählt sie mir von ihrer Arbeit und ihren Kindern, aber kein Wort über ihren Mann. Das macht mich sehr neugierig.

„Was macht eigentlich Ihr Mann, wenn ich so indiskret fragen darf?"

Ohne den Blick zu heben oder eine andere Reaktion, sagt sie: „Der sitzt vermutlich zu Hause." Die Art, wie sie dies sagt, und der Ton machen mir Angst. Eine rein gefühlte Angst, die mich tief in meinem Herzen trifft. Auf einmal scheinen die Puzzleteile zusammenzupassen.

„Da sitzt mir eine Frau gegenüber, die im Begriff ist, ihr Leben zu beenden. Sie wollte gar nicht ihren Kummer loswerden, nein, sie konnte über alles reden, weil es für sie ohnehin nicht mehr von Bedeutung sein würde", denke ich mir. Jetzt verstehe ich auch, warum sie bislang keine emotionalen Regungen zeigte. Dieses Verhalten kenne ich recht gut und ich weiß auch, wie schwierig es ist, mit einer solchen Situation umzugehen. In mir geht es drunter und drüber. „Was ist jetzt richtig? Was muss ich, was darf ich nicht tun? Wie kann ich ihre Gedanken auf einen anderen Weg bringen? Geht mich das etwas an?" Es toben rasend schnell Gedankenkonstrukte durch meinen Kopf. Ich spüre, dass ich gebraucht werde und dieser Frau unbedingt helfen muss. Ich krame in meinen Erinnerungen und suche nach einem hilfreichen Ansatz.

Der Ober erscheint wieder und bringt unsere Bestellungen. Als er den Cognac auf den Tisch stellt, ergreift die Frau das Glas und leert es in einem Zug. Noch ehe sich der Kellner entfernen kann, bestellt sie sich ein zweites Glas. Der Ober, sichtlich überrascht, nickt und verschwindet. Ich spüre ihre Not und dass mir nicht mehr viel Zeit bleiben wird, sie von ihrem traurigen, hilflosen, von Verzweiflung bestimmten Weg abzubringen. Unter diesem Druck versuche ich das Gespräch erneut in Gang zu bringen.

„Wie lange sind Sie schon verheiratet?", frage ich einfach drauf los. Die jetzt kraftlos wirkende, immer mehr in sich zusammensinkende Person mir gegenüber schaut mich verwundert an. Als hätte sie nicht mehr damit gerechnet, dass ich das Gespräch fortsetzen würde.

„Ich glaube, es sind jetzt 27 Jahre." In ihrem Blick ist eine so ungeheuer große Traurigkeit.

„Dann muss Ihr Mann Sie sehr lieb haben", werfe ich ihr als Aufforderung zum Reden entgegen.

„Ich glaube ja." Die Situation erdrückt mich beinahe und ich suche nach einem Weg, einer Lösung, dieses Dilemma zu einem guten Ende zu bringen. Da fährt sie fort: „Vielleicht hat er mich lieb, aber er braucht mich jetzt nicht mehr, genau wie meine Kinder. Sie sind alle erwachsen genug und können auf sich selbst aufpassen."

In meinem Bauch spüre ich etwas wie „der Mohr hat seine Schuldigkeit getan, nun kann er gehen." Dieses Gefühl kenne ich nur zu gut. Auch ich habe immer mal wieder diese Trauer in mir und weiß oft nicht, wohin damit. Dann finde auch ich meistens nur einen Ausweg, den Tod. Wie komme ich da wieder raus? Was macht mich so entsetzlich traurig? Wenn ich mich richtig erinnere, dann bringen die Antworten wieder ein Ergebnis, welches mich vorwärtstreibt. Wenn ein Mensch alles Materielle hat, wie es scheint, und eine Familie, sich dennoch nicht wohlfühlt, dann muss es etwas geben, das für ihn viel wichtiger ist, als alles, was bisher eine Rolle im Leben spielte.

In meinem Kopf versuche ich nun sehr schnell, die vorhandenen Daten zu sortieren, und finde eine mögliche Fortsetzung.

„Glauben Sie, dass sich Ihre Kinder geliebt fühlen?" Die Frau schaut mich verdutzt an.

„Ja, ich denke schon."

„Und glauben Sie auch, dass sich Ihr Mann geliebt fühlt?"

„Ja sicher." Dabei verändert sich ihr Blick und mir ist, als würde er ein wenig von seiner Traurigkeit verlieren.

„Verzeihen Sie mir bitte, aber fühlen Sie sich geliebt?"

Die Antwort kommt schnell und trocken: „Ich glaube, mein Mann muss mich lieb haben, sonst würde er sicher längst weggelaufen sein."

„Nein, ich meine nicht, was Sie glauben, sondern ob Sie das Gefühl haben, von Ihrem Mann und Ihren Kindern geliebt zu werden." Ihr Gesichtsausdruck verrät mir, dass sich etwas in ihr bewegt. „Wollen Sie einfach aufgeben, weil Sie sich nicht geliebt fühlen?" Jetzt habe ich sie scheinbar ertappt.

„Na ja, das ist möglich, aber ..."

Ich unterbreche sie einfach. „Sie haben mir schon so viel von sich erzählt, da frage ich mich, warum sollte ein Mensch wie Sie nicht geliebt werden können, sich nicht geliebt fühlen? Verzeihen Sie mir, aber ich glaube, das kann möglicherweise dann geschehen, wenn dieser Mensch es nicht zulässt. Ich könnte mir gut vorstellen, wie Sie sich gegen die *Liebe* Ihrer Familie gewehrt haben. Denn Sie beschreiben all Ihr Tun als etwas Unwichtiges und Minderwertiges. Für mich klingt das, als wäre es nie um wahre Liebe gegangen, sondern um Leistungen. Gefühle wurden der Funktionsfähigkeit halber unterdrückt und schienen verloren. Eines Tages aber brechen sie aus dem Keller hervor und wir sind nicht mehr in der Lage, mit ihnen umzugehen. Vielleicht haben Sie einmal gelernt zu funktionieren, aber dann es ist an der Zeit, Ihre Einstellung in einigen Punkten zu verändern. Wie oft mögen Sie wohl alles Positive, das Ihnen Ihre Kinder und Ihr Mann haben zukommen lassen, abgelehnt haben. Wäre es möglich, dass Sie häufig aus einem falschen Verständnis heraus die Aufmerksamkeiten, die Ihnen Ihre Familie entgegenbrachte, nicht beachtet, nicht respektiert haben? Könnte es sein, dass nicht Ihre Familie schließlich aufgegeben und ihre Bemühungen eingestellt hat, sondern Sie selbst? Solange Sie dieses Bemühen spürten, weil Sie funktionieren mussten oder es glaubten zu müssen, konnten Sie diese auch ablehnen, denn Sie fühlten sich ihrer sicher. Damit aber haben Sie die anderen tief enttäuscht und verletzt. Nun, da diese Aufmerksamkeiten, aufgrund von Lebensveränderungen nicht mehr an Sie herangetragen werden, spüren Sie schmerzlich den Verlust. Sofort verbinden Sie damit etwas, das Sie an Ihre Kindheit erinnert und das jetzt sehr, sehr weh tut. Leider gibt es aber keine Möglichkeit, die Vergangenheit zu ändern und somit Ihr altes Verhalten weiterzuleben. Jedoch haben Sie heute die Chance, anders mit dieser Situation umzugehen. Ich kann mir gut vorstellen, dass Ihre Familie nichts lieber tun würde, als Ihnen ihre Liebe zu zeigen. Sie brauchen es nur zuzulassen. Auch wenn Ihre Kinder jetzt erwachsen sind und auf ihren eigenen Füßen stehen, werden Sie als Mutter gebraucht. Vielleicht war es früher mehr die Arbeit, heute ist umso mehr Ihr Herz gefragt. Ich kann mir sehr gut vorstellen, dass Ihr Mann zu Hause sitzt und ihm die Situation wenig gefällt, besonders, weil er sie nicht versteht. Er wird vermutlich resigniert haben, Ihnen seine Liebe zu beweisen, weil Sie diese, gefühlt, nicht angenommen haben. Mir scheint, Sie sind ein Mensch, der vergessen hat, wie es ist, ein Mensch zu sein. Dazu gehören Träume und Wünsche und auch mal sagen: Ich möchte verwöhnt werden. Keine Familie kann glücklich werden, wenn sich ein Mitglied für unwichtig erklärt. Sie sollten der wichtigste Mensch in Ihrem Leben sein, dann werden Sie auch für alle anderen ein wichtiger, ein liebenswerter Mensch sein. Ich bin sogar überzeugt davon, dass auch nur dann Ihre Kinder lernen können, ihre eigene Bedürftigkeit nach Liebe einzufordern. Sie haben für Ihre Familie und viele andere Menschen viel getan, jetzt müssen Sie ihnen auch noch dieses Gefühl vermitteln. Erst damit werden Sie sich aus der Sklaverei Ihrer Vergangenheit befreien, in die Sie sich heute selbst verbannt haben. Nur wenn Sie anderen Menschen auch als Mensch mit einer Seele begegnen, den sie sehen und wahrnehmen können, werden Sie den Status eines Dienstleisters verlieren. Erst dann wird Ihr Leben einen neuen Sinn bekommen. Es gibt also noch viel zu tun und für Sie noch große Hoffnungen, das Glück wiederzufinden."

Interessiert schaut sie mich an. Die Frau sitzt viel aufrechter als eben noch. „Sie meinen, es liegt nur an mir? Ich bin selbst schuld an meiner Situation? Glauben Sie wirklich, ich habe noch eine Chance und meine Familie auch?" Sie klingt, als würde wieder Energie in sie strömen.

„Es geht nicht um Schuld, vielmehr braucht es oft ein besseres Verständnis für die jeweilige Situation. Da bin ich mir fast sicher, und ein Versuch lohnt sich allemal. Es gibt Leute, die haben vermutlich keine Möglichkeiten mehr und ihre letzte Chance einfach vertan. Sie aber haben noch so viele Versuche. Die Variante, sich aus diesem Leben zu stehlen, bleibt Ihnen ja mit Sicherheit erhalten. Würden Sie andere Menschen aufgeben, solange Sie eine Hoffnung, eine Möglichkeit sehen, die ihnen helfen könnte?" Langsam kehrt wieder Stärke in ihren Gesichtsausdruck zurück.

Der Ober erscheint erneut an unserem Tisch, doch wir begleichen nur noch unsere Rechnungen. Die Frau, welche scheinbar ihren Lebensmut wiedergefunden hat und ihn langsam zulässt, schaut mich an.

„Verstehen Sie mich bitte nicht falsch, aber könnten Sie mich noch ein kleines Stück auf meinem Weg begleiten? Ich wäre Ihnen sehr dankbar. So hat noch nie jemand mit mir gesprochen, woher haben Sie das Wissen? Sind Sie so etwas wie ein Psychologe?"

„Ich stehe Ihnen gern zur Seite, wir können noch oft reden, wenn Sie es wünschen. Ich habe kein großes Wissen, aber ich lasse es zu, dass ich fühlen darf. Andererseits sind Sie nicht allein mit solchen Erfahrungen und Problemen. Vielen Menschen ergeht es ähnlich, aber sie trauen sich nicht, darüber zu reden. Ein Gespräch ist ein guter Anfang, Vertrauen zu schöpfen und sein Leben so zu verändern, damit sie glücklich werden können. Hoffnung stirbt zuletzt, das ist nicht nur so ein Spruch. Hilfe findet sich, wenn man sie wirklich finden will!"

Der Mensch neben dir

Der Leichenwagen steht vor der Tür. In einem Transportsarg werden die sterblichen Überreste aus dem Haus getragen. Neugierige Blicke umherstehender Leute verfolgen das Geschehen. Keiner sieht traurig aus, nur manche etwas verschreckt. Dann setzt sich der Leichenwagen in Bewegung und die Türen des Hauses werden geschlossen. Nichts deutete vorher daraufhin, dass hier ein Mensch verstorben war. Auch jetzt ist kaum noch etwas von diesem traurigen Ereignis zu bemerken. Für kurze Zeit ist in den Gesprächen der Hausbewohner die Frage nach dem Nachbarn relevant. Ein Haus voller Leute, und doch kennt keiner den anderen.

Wer war diese Person? War sie nur ein Name an der Tür, der keine Beachtung fand?

In der Zeitung wird man lesen können, dass eine weibliche Leiche in einer Wohnung gefunden wurde. Die Todesursache ist noch unbekannt und der Todeszeitpunkt liegt vermutlich schon einige Monate zurück. Nur durch einen Zufall wurde der Leichnam entdeckt. Eine Wasserleitung war defekt geworden und der Klempner musste zwangsläufig in die Wohnung. Dann wird die Frage aufgeworfen werden, wie so etwas möglich sein kann, bevor diese Geschichte im Alltag versiegt.

Immer wieder höre ich von solcher Ignoranz und unüberwindlicher Blindheit, wenn es um die Mitmenschen geht. Ja, auch ich muss mich fragen, was weiß ich über meine Nachbarn?

Beklemmung und tiefe Traurigkeit machen sich in mir breit. Ganz sicher habe ich bisher vieles übersehen oder habe es nicht sehen wollen. Was ich nicht weiß, macht mich nicht heiß.

Vielleicht ist es auch nur Feigheit und Unsicherheit, die mich und viele andere daran hindern, den Menschen neben sich zu sehen. Welche Antwort ich auch finde, sie hilft den Personen nicht mehr, wenn sie auf solche Art auf sich aufmerksam machen.

Leider lasse auch ich mich immer wieder in diesen Strudel ziehen, in dem sich die Menschen leider weiter von der Menschlichkeit entfernen. Dabei spürte ich schon eine ganze Weile, dass es da immer wieder Entwicklungen gibt, die mich stark berühren. Ich glaube langsam zu bemerken, wie die Menschen manipuliert werden und sich auch noch darüber freuen. Doch wem sollte ich meine Gefühle mitteilen? Keiner will sich auf meine Gedanken einlassen. Die Bequemlichkeit ist oberstes Ziel im täglichen Dasein. Rückzug in die vier Wände der Wohnung und sich nur nicht mit den Problemen anderer konfrontieren. Warum sollte das auch jemand tun, wenn es ihm doch gut geht? Was geht mich das Elend anderer Leute an, weshalb sollte sich jemand damit belasten?

Hat nicht jeder selber genug um die Ohren? Wenn einer Probleme hat, dann ist er sicher selber schuld. Sein Pech ist ja schließlich so weit weg, dass es keinen anderen erreichen kann.

Eines Tages werden uns diese Fragen und Sprüche einholen und wir haben nicht einmal bemerkt, wie wir uns selbst in genau solch eine Situation hineingelebt haben. Doch es wird zu spät sein. Gnadenlos müssen wir erleben und erfahren, was wir einst so sorglos abgetan. An unserer eigenen Ignoranz werden wir ersticken. Jämmerlich und qualvoll werden wir dann „vor die Hunde" gehen. Kein Flehen, kein Gebet, kein Hilferuf wird uns erlösen, wenn wir nicht jetzt etwas verändern.

Ein Mensch ist tot, machen wir die Augen auf und schaffen uns eine bessere Zukunft.

Was ist ein Menschenleben wert? Welchen Wert, welchen Sinn hat das Leben überhaupt?

Der Mensch neben dir ist wie das liebe Vieh auf dem Lande. Es dient nur dem Zweck, uns zu ernähren. Wie es aber sein Dasein fristet, ist uns doch eher egal.

Menschen haben nur die Aufgabe, das Geld im Umlauf zu halten. Schnell sprechen wir abwertend über die Menschen, die nicht so viel Glück hatten. Bis neulich war ein Mensch noch ein guter Mensch, mit Arbeit und Geld und Gesundheit. Allerdings haben Krankheit oder Arbeitslosigkeit dazu geführt, dass er weniger Geld hat. Jetzt ist er minderwertig und jeder Kontakt sollte vermieden werden, damit wir nicht selbst in den Verdacht kommen, ein minderwertiger zu sein.

Wir orientieren uns an dem, was jemand besitzt. Ob jemand ein wertvoller Mensch ist, entscheidet nicht die Menschlichkeit, sondern entscheiden die Summen, die man aus ihm herausholen kann. Dazu braucht es auch die Werbung im Fernsehen. Sie beweist uns täglich, wie wenig wir wert sind. Ist es nicht eine Mutter, die in der Werbung von Obi so günstig einkaufen kann, dass sie einfach ihre Kinder vergisst? Wie viel von solcher Werbung genießen wir tagtäglich?

Da gibt es doch fast nur noch Sendungen, in denen der Mensch gequält wird oder getötet. Grausamkeit ist die Einnahmequelle der Gegenwart. Filme, Serien, die Politik und vieles andere lassen die Menschen so abstumpfen, lassen die Menschlichkeit verschwinden, dass man lieber den Nachbarn umbringen würde, anstatt sich mit ihm auseinanderzusetzen.

Wie viel Angst muss in die Menschen projiziert werden, damit sie dieses grausame Treiben dulden und mitmachen?

Brauchen wir nicht alle jemanden, der uns beachtet? Ist es nicht der Mensch neben uns, der uns die Achtung und die Liebe entgegenbringen soll? Wie oft brauchen wir einander, die Familie, den Freund, den Nachbarn? Benutzen wir etwa die Menschen nur solange, bis sie unbrauchbar geworden sind? Was, wenn wir als unbrauchbar eingestuft werden?

Wie reagieren wir, wenn uns ein „Zwerg", ein Kleinwüchsiger, ein Rollstuhlfahrer, ein Blinder oder amputierter Mensch begegnet?

Kommt uns ein Hund entgegen, der größer ist als ein Dackel, dann flüchten wir vor lauter Angst. Haben wir schlechte Erfahrungen gemacht? Nein. Vielmehr ist es die Medienpolitik, die uns den Hund als Monster erscheinen lässt. Leider ist das tatsächlich so einfach.

Doch niemand schaut auf das andere Ende der Leine, dort steht der verantwortliche Mensch.

Wir wissen alle, dass es Mörder gibt, aber gehen wir deshalb allen Menschen aus dem Weg? Flüchten wir vor den Menschen wie vor den Hunden?

Die Spezialisten spielen sogar noch mit dem Rest unserer positiven Menschlichkeit. Sie berichten uns von Hunger und Armut und den Katastrophen der Welt, um uns eine Spende aus der Tasche zu locken. Eine Spende ist die einfachste Variante, etwas Gutes zu tun. Dabei können wir schön bequem in unseren Sesseln sitzen bleiben und brauchen kein schlechtes Gewissen zu haben. Wer denkt darüber nach, wie viel Geld ausgegeben wird, nur damit die Preise nicht sinken. Es interessiert auch nicht wirklich das Elend in der Welt. Die Politik und die Wirtschaft sind nicht gewillt, Menschlichkeit walten zu lassen. Sie achten lieber darauf, dass sie so viel Macht und Reichtum zusammenkratzen, dass sie vermutlich sogar die Übersicht darüber verlieren.

Wo viel gespendet wird, da lässt sich auch noch eine Menge für den Staat und die Wirtschaft herausholen. Wir spenden lieber und bleiben blind, anstatt uns gegen solche Grausamkeiten zu wehren. Wir lügen uns in die eigene Tasche. Dabei glaube ich nicht einmal, dass die Menschen alle dumm sind. Doch sie sind bequem, ignorant, suchen nur den einfachsten Weg und vergessen, dass sie selbst etwas brauchen, das ihnen nur der Mensch neben ihnen geben kann.

Deshalb achte ich stets darauf, dass ich den Menschen neben mir nicht aus den Augen verliere. Eines Tages könnte auch ich in die Situation kommen, in der ich der Nachbar gewesen bin. Dann wird man mich in einer Kiste aus meiner Wohnung tragen und die Menschen fragen sich: Wer war das denn? Es gibt dann niemanden, dem ich fehle, keinen, der um mich trauert. Wenn sich die Türen des Leichenwagens schließen, ist man schon fast wieder vergessen im großen Kampf der Menschen neben dir um Macht, Ansehen und Geld.

Ich jedenfalls werde einen anderen Weg beschreiten und mich bemühen, den Menschen neben mir mit Menschlichkeit zu begegnen. Achtung, Respekt, Liebe, Vergebung, Mitgefühl und Hilfe brauchen die anderen und ganz sicher auch ich selbst. Noch habe ich die Hoffnung, dass die Menschlichkeit einen hohen und überaus wichtigen Stellenwert für die Menschheit hat. Ich lebe nicht allein, auch wenn ich mich oft einsam fühle. Den Nachbarn wird es ähnlich ergehen und ich könnte ihnen helfen, wir können uns gegenseitig unterstützen und diese Welt doch noch ein wenig schöner machen. Oder ist es etwa schon zu spät?

Der Pechhut

Man erzählt sich, dass diese Geschichte zu Beginn des 18. Jahrhunderts ihren Anfang genommen haben soll. Alles fing demnach damit an, dass einem Arbeiter Folgendes passierte:

Wie gewohnt produzierten er und seine Mitarbeiter Pech. Dabei aber fiel ihm eines Tages plötzlich sein Hut in einen Bottich voll von dieser zähen und klebrigen Masse. Der Ärger schien besonders groß, da seine schöne Neuerwerbung teuer gewesen war. So ließ Klaus, der Name des Pechvogels, seine Kopfbedeckung, die dabei nur an seiner Oberseite in Mitleidenschaft gezogen wurde, einfach trocknen. Er dachte sich, warum sollte er das tolle Ding wegwerfen, vielleicht konnte er ihn ja doch noch benutzen. Und wahrlich, als der schwarze Überzug getrocknet war, setzte er seinen „Pechhut" auf und spazierte mit seiner neuen Kreation durch die Stadt. Die Leute schauten neugierig zu ihm herüber, denn der Hut glänzte ein wenig, was damals doch sehr ungewöhnlich erschien. Allerdings hatte diese unglückselige Kopfbedeckung neben dem albernen Gelächter auch eine nichtbedachte, positive Eigenschaft, sie ließ keine Nässe mehr hindurch.
Schön und gut, doch dann begannen diese seltsamen Geschehnisse, über die sich bis heute die Menschen das Maul zerreißen.
Die Freude über den neuen, anderen und so praktischen Hut wurde durch einige andere Begebenheiten noch unterstützt. Zunächst fiel es keinem wirklich auf, nicht einmal Klaus selbst, aber nach einer gewissen Zeit bemerkten es alle und fingen an zu reden. Dem Arbeiter und seiner Familie erging es, seit dieser „Pechhut" den Kopf des Familienvaters schützte, immer besser. Niemand erkrankte mehr und es war immer sehr reichlich von dem im Haus, was sie zum Leben brauchten. Aus dem Arbeiter wurde ein Vorgesetzter und eines Tages sogar ein Teilhaber der Firma. Als sein Geschäftspartner, der keine Angehörigen hatte, verstarb, erbte er auch noch den Rest des Geschäftes, sodass er nun sogar als wohlhabender Bürger der Stadt angesehen wurde. In seiner Position als Geschäfts-

führer und Eigner tat er alles, damit es dem Betrieb und seinen Angestellten gut ging. Geachtet von jedermann wuchs sein Betrieb und er konnte diesen sogar noch ausbauen. Er wurde zu einem der angesehensten Bürger des ganzen Landes. Jeder sprach respekt- und hochachtungsvoll von ihm und seiner geschätzten Familie.

Seine Kinder, zwei Töchter und ein Sohn, wuchsen in diesem guten Haus auf. Der Sohn war der älteste der drei und feierte bereits seinen 27. Geburtstag. Sein Vater versuchte ihn, so gut er es vermochte, auf die einmal anstehende Übernahme des Besitzes vorzubereiten. Dabei aber musste er immer wieder feststellen, dass sein zukünftiger Erbe andere Vorstellungen zu haben schien, was die Führung des Unternehmens betraf. Doch immer wieder verdrängte der einstmals einfache Arbeiter, was er selbst nie vergaß, diese Gedanken und freute sich darüber, dass seine Töchter sich bereits in Gedanken mit einer Heirat beschäftigten. Sie hatten nette und gut positionierte Herren auserkoren. Ihr Vater freute sich darüber, mochte diese Männer, nachdem er sie ausreichend begutachtet hatte. Schon sehr bald kam es so zu einer Doppelhochzeit.

Die Zeit flog dahin und aus dem kleinen Mann, der nun ein sehr gut betuchter Herr geworden war, entwickelte sich langsam ein liebevoller und alter Großvater. Kurz vor seinem 89. Geburtstag spürte er, dass sein Ende nahte. Er rief die Kinder herbei und sprach über seine Wünsche und das, was er ihnen hinterlassen würde. Besonders seinem Sohn redete er noch einmal heftig ins Gewissen. Der stets rechtschaffende alte Mann ließ sich seinen Hut bringen. Er übergab diesen seinem Sohn mit den Worten: „Ich glaubte einst, ich hätte Pech gehabt, als er mir in den Pechbottich gefallen war. Doch hat er mich und meine Familie seither gut beschützt und, wie es scheint, vor allem Negativen bewahrt. Jetzt ist es an der Zeit, dass du ihn trägst. Er ist nicht mehr so schön wie früher, aber trage ihn dennoch mit Respekt und Achtung. Unter seinem Schutz führe unser Familienunternehmen weiter. Bitte sei immer gut zu deinen Mitmenschen, das gilt auch für unsere Mitarbeiter."

„Ist recht Vater, ich verspreche es", sagte der Sohn, wie es von ihm erwartet wurde, aber er dachte leider ganz anders.

Nach der Beerdigung, auf der dieser Hut selbstverständlich zu Ehren des Verstorbenen auch getragen wurde, veränderte sich jedoch einiges sehr gravierend. An die Versprechen, die der Sohn seinem Vater auf dem Sterbebett gegeben hatte, hielt er sich leider nicht. Vielmehr regierte nun die Gier des neuen Unternehmers, die er so lange unterdrückt hatte. Davon blieben selbstverständlich auch nicht die Arbeiter und Angestellten sowie die Geschäftspartner verschont. Natürlich bemerkten diese Entwicklung auch die Menschen in der Stadt. Nach einer Weile begannen sich die Leute auf der Straße wegzudrehen, wenn der respektlose Mann ihnen begegnete. Niemand konnte verstehen, was in dem Nachfolger des geachteten Geschäftsmannes, der einst alles mühselig für die Familie aufgebaut hatte, vor sich ging.

Es dauerte so auch nicht lange, und aus dem reichen Mann wurde ein übler Versager und Spieler. Da er immer mehr Geld ausgab und verspielte, als er gewann oder verdient hatte, brach der Besitz langsam unter seiner Führung zusammen. In auffallender Weise trug er dann plötzlich jeden Tag diesen Hut, der seinem Vater einst so viel Glück gebracht haben sollte und den er lange Zeit abschätzig hatte liegen lassen. Doch es half nichts, erst kam die Pleite, dann wurde er auch noch verhöhnt, verspottet und ausgelacht. Seine Familie wandte sich von ihm ab. So landete er eines Tages auf der Straße und besaß nichts mehr als das, was er am Leibe trug. Seinen Pechhut tauschte er schließlich gegen einen Strick ein, an dem er sich in seiner Verzweiflung erhängte.

Der neue Hutbesitzer hatte von den Gerüchten und den Geschichten über die Wunder, die diese Kopfbedeckung vollbringen sollte, gehört. Nur weil er diesen Hintergrund kannte und vermutete, dass es sich dabei um die Wahrheit handeln könnte, hatte er sich auf den Tausch eingelassen. Stolz zeigte er den Hut seinen Freunden und Bekannten. Schon machte er, das Wunder des Hutes im Kopf, großzügige Pläne. Und tatsächlich liefen die Geschäfte des Mannes immer besser. Er fand eine schöne Frau, sie lebten glücklich, zufrieden und bei bester Gesundheit. Doch dann stieg ihm dieses Glück zu Kopf, auch er veränderte sich gewaltig.

Leider blieb das Glück so nicht sehr lange bei ihm. Allein um seiner aufgetauchten Macht- und Geldgier zu folgen, begann er die Menschen um sich herum zu beschimpfen und zu betrügen. Es war ihm auf einmal egal, dass er nicht mehr von den Mitmenschen gemocht wurde. Die Hauptsache war für ihn nur noch, dass er viel Geld scheffelte, seine Macht größer wurde. Eines Tages wurde seine Frau krank und brauchte dringend einen Doktor. Dieser aber war teuer, deshalb verbot er seiner Angetrauten, diesen um Hilfe zu bitten. Mit einer kranken Frau konnte sich ein Mann seiner Ansicht nach nicht zeigen, und so suchte er sich jeden Abend eine andere käufliche Dame, mit der er herumprotzte. Seiner Frau aber erging es immer schlechter und die Bekannten fürchteten bereits um ihr Leben. Ihr Ehemann aber verweigerte ihr weiterhin jegliche Hilfe.

Da ergab es sich, dass er beim Spielen immer mehr verlor als gewann. Die Geschäfte liefen ebenfalls nicht mehr gut und es drohte sogar die Insolvenz. In einer Nacht schließlich versetzte er auch noch den Rest seines verbliebenen „Vermögens". Er setzte alles auf eine Karte und ... es ging schief. Der Traum von dem Wunderhut war alles, was er noch besaß.

Da stand er nun mit leeren Taschen am Bett seiner leidenden Frau und bettelte um ihr Mitgefühl. Diese Frau, dem Tode bereits sehr nahe, forderte ihn aber unmissverständlich auf zu gehen.

„Hier, den schenk ich dir", rief er wutentbrannt. An der Tür stehend warf er ihr den alten Hut zu. Gab damit die Hoffnung auf, dass er unverdient Glück bringen würde, auf das er sich doch bisher verlassen hatte. Seine todkranke Frau aber schaute ihn nur wütend und doch auch irgendwie zufrieden an. Nur um ihn zu ärgern, setzte sie den Hut auf.

„Danke, jetzt kannst du endlich wieder verschwinden." Sie zeigte auf die Tür. Ihr Mann, für den sie ohnehin nur noch Verachtung empfand, ging. Kurz nachdem die Tür ins Schloss gekracht war, hörten sie und eine Freundin, die gerade anwesend war, ein Poltern. Der verhasste Ehemann war auf der Treppe ins Stolpern geraten und hinuntergestürzt, wobei er sich den Hals brach.

Nachdem sie von diesem Übel auf so seltsame Weise befreit worden war, erholte sich die Frau wie durch ein Wunder von ihrer langen Krankheit. Mit dem, was sie noch besaß und der Unterstützung ihrer Familie und der treuen Freunde suchte sie von nun an ihren eigenen Weg. Bald erging es ihr so gut wie nie zuvor. So unterstützte sie besonders die Armen und Kranken und lebte glücklich bis ans Ende ihrer Tage.

Kurz vor ihrem Ableben besuchte sie ein junger Mann, dem sie schon öfter geholfen hatte. Er war in den letzten Jahren für sie da gewesen, ohne dass er jemals etwas dafür verlangt hatte. Zum Dank für den Besuch und die große Unterstützung schenkte sie ihm den Hut.

„Er ist alt und nicht mehr so schön, aber tragt ihn mit Respekt und Achtung, dann wird es nicht Euer Schaden sein."

Was genau aus dem freundlichen Herrn mit dem Hut wurde, ist nicht bekannt geworden. Den überlieferten Geschichten nach vermutet man, dass sich diese Begebenheit im Herbst des Jahres 1869 zugetragen haben soll.

Auf diese Weise ging das Wissen um die Macht des Hutes und seine Geschichten verloren. Viele Jahre tauchte diese seltsame Kopfbedeckung nicht wieder auf. Bis, ja, bis er auf unglaublich wundersame Art und Weise in meinen Besitz gelangte.

Ich bin damals, wie so oft, im Wald spazieren gegangen. Das Frühjahr war wunderschön und dieser Tag warm und sonnig. Seit Stunden pirschte ich zwischen den Bäumen und Sträuchern hindurch, begleitet vom verräterischen Krächzen der Eichelhäher und den Liebesliedern der anderen Vögel, die laut durch den Wald hallten. Da ein Reh, dort ein Hase und das saftige Grün der aufblühenden Natur. Gerade hatte ich daran gedacht, ich sollte mir unbedingt Sonnencreme besorgen, da schoben sich dicke Wolken vor die Sonne. Kurz darauf begann es leicht zu regnen. Ich wollte mich nicht verscheuchen lassen und genoss nun den wundervollen Duft, der sich mit der Feuchtigkeit durch die Luft tragen ließ. Doch dann verstärkte sich der Regen und es schien beinahe so, als wollte er mich vor sich hertreiben. So gern ich auch den Regen habe, durchnässt wollte ich dann aber doch nicht werden.

Da tauchte vor mir eine Schutzhütte auf. Eine hölzerne Konstruktion, die zum großen Teil verschlossen und nur zu einer Seite hin offen war, lud mich zum Unterstellen ein. Bedeckt wurde sie von einem Gründach, welches mir und einer älteren Dame mit einer seltsam anmutenden Kopfbedeckung Unterschlupf bot. Ich grüßte höflich, wie ich es gelernt hatte, sie grüßte zurück. Irgendwie kamen wir ins Gespräch und plauderten eine kurze Zeit über Gott und die Welt. Während wir redeten, betrachtete ich diese Frau und musste feststellen, etwas war faszinierend an ihr. Meine Blicke blieben ihr nicht verborgen, und so sprach sie mich einfach darauf an. Ich fühlte mich ertappt und suchte nach Worten, die meine Neugier erklärten.

„Verzeihen Sie, dass ich Sie so intensiv anschaue, doch diese Mütze, Ihr etwas ungewöhnlicher Hut, hat mich neugierig gemacht. Er erinnert mich ein wenig an ein Märchen, an das Waldmännlein aus dem Film *Das kalte Herz*." Sie lächelte und dann begann sie mir zu berichten, wie sie einst zu diesem Hut gekommen war.

„Vor vielen Jahren, es war 1944 im Herbst, da zogen meine Mutter und meine Schwestern mit mir durchs Land. Wir flüchteten vor der Front, die immer näherkam. Eine große Schlange von Menschen auf der Flucht füllte die Straße in Richtung Schwerin. Plötzlich hörten wir Motorengeräusche, die sich schnell näherten. Tieffliegern waren vermutlich auf der Suche nach gegnerischen Verbänden und fanden nur unseren Treck von verängstigten Leuten. Als sie so einfach über unsere Köpfe hinwegflogen, da konnte ich die Erleichterung der Menschen deutlich wahrnehmen. Aber nach kurzer Zeit kamen sie zurück und schon von Weitem drang das Gebrüll der Maschinengewehre an unsere Ohren. Schnell suchten wir nach einer Deckung. Unter einer alten steinernen Brücke fühlten wir uns relativ sicher. Ich weiß nicht mehr, wie lange es dauerte, ehe die Flieger wieder abzogen, aber es schien unendlich viel Zeit gewesen zu sein. Da rollte mir plötzlich dieser Hut entgegen. Von den Leuten, die es nicht bis unter die Brücke geschafft hatten, lebte keiner mehr. Erst wollte ich den seltsamen Hut nicht haben, aber dann begann es, wie heute auch, zu regnen und ich dachte mir, er würde doch niemandem fehlen, aber mich vor der Nässe schützen.

Ja, so kam diese etwas merkwürdige, märchenhafte Kopfbedeckung zu mir. Damals war es nur eine praktische Entwicklung in einer traurigen Zeit, doch schon bald schien es so, als würde sich mit ihm alles zum Guten wenden.

Zunächst konnten wir ohne weitere Probleme Schwerin erreichen. Wir blieben gesund, und sogar mein Vater kam unversehrt aus dem Krieg nach Hause. Meine Eltern fanden schnell Arbeit und unser Auskommen war gesichert. Es ging uns wirklich sehr gut im Vergleich zu vielen anderen Menschen. Damals war mir noch nicht klar, dass es an diesem Hut gelegen haben sollte. Erst als ich ihn ein zweites Mal bekam, wurde es deutlich.

Ich hatte den Hut einer Freundin geschenkt, die ihn witzig und extravagant fand. Alles, was ich zum Leben brauchte, hatte ich doch, und so fehlte er mir nicht. Sie, meine Freundin, aber trug ihn für alle gut sichtbar zur Schau. Manchmal band sie einen Tüllfetzen an seiner Spitze fest und stolzierte wie eine Königin durch die Stadt. Mit den jungen Männern spielte sie nur und nutzte sie rücksichtslos aus. Da geriet sie an einen, der sie verprügelte und ihr das Leben zur Hölle machte. Schnell wurde sie krank und es sah gar nicht gut für sie aus. Als ich ihr einen Krankenbesuch machte, schien sie sehr verzweifelt. Sie meinte, ich solle den Hut wieder mitnehmen, denn er hätte ihr kein Glück gebracht, eher wäre es ein Pechhut.

Seit ich meiner Freundin dieses Geschenk gemacht hatte, veränderte sich das Leben meiner Familie. Nicht dass es uns schlecht gegangen wäre, nein, aber es tauchten doch immer wieder Probleme auf, die unser Dasein zum Teil sehr schwierig gestalteten. Krankheiten und Geldsorgen, Zukunftsängste und die Vergangenheit forderten all unsere Kräfte ein.

Dann aber hielt ich diesen seltsamen Hut erneut in meinen Händen. Schon als ich vom Krankenbesuch nach Hause kam, erreichte mich die erste positive Nachricht. Vater war auf unerklärliche Weise wieder gesund und sein alter Arbeitgeber bot ihm eine viel besser bezahlte Stelle an. Von diesem Tage an hütete ich diesen, meinen Wunderhut, wie meinen Augapfel. Ich pflegte ihn, und immer wenn ich in den Wald ging, setzte ich ihn auf. So trage ich ihn auch heute."

Ich schaute zum Himmel hinauf und hatte der guten Frau dabei unhöflicherweise den Rücken zugewandt. Dennoch verfolgte ich interessiert ihre Erzählung.

„Glauben Sie tatsächlich daran, dass diese märchenhaft anmutende Kopfbedeckung für die Entwicklung Ihres Lebens verantwortlich ist?" Noch während ich diese Frage formulierte, drehte ich mich ihr wieder zu. Doch zu meinem Erstaunen war niemand mehr da. Einfach verschwunden, wie in einer Fantasiegeschichte verschwand sie, als hätte sie jemand weggezaubert. Ich wollte es nicht glauben und meinte schon, ich würde halluzinieren, da fiel mein Blick auf die Bank, auf der diese seltsame Frau gerade noch gesessen hatte. Da lag der Hut und unter ihm ein Zettel, auf dem stand: „Hüte ihn, denn er behütet dich!"

Etwas, nein, völlig verwirrt schaute ich mich um, doch nirgends konnte ich die Dame erblicken. War sie einfach so ins Dickicht des Waldes eingetaucht und ich hatte dies nur nicht bemerkt? Warum aber hatte sie dann den Hut dagelassen? Da bemerkte ich, wie sich die Wolken verzogen und sich die Sonnenstrahlen erneut durch die Wasserdampfansammlungen bohrten. Verunsichert und fasziniert nahm ich den Hut und den Zettel und ging nach Hause.

Ich gebe zu, ich hätte niemals etwas Derartiges geglaubt, hätte es mir jemand anderes erzählt.

Doch in der Folge dieser Begebenheit veränderte sich mein Leben sehr deutlich zum Positiven. Besonders mit meiner Gesundheit ging es plötzlich zügig bergauf und ich verkaufte seither auch meine Texte, meine Bilder und die Holzarbeiten, die ich so lange nur verschenkte oder für einen guten Zweck versteigern ließ. Meine finanzielle Situation gestattete mir ein gutes und zufriedenes Leben. Auch gesellte sich mir nach so langer Zeit eine liebevolle Frau an meine Seite. Es schien beinahe so, als würde ich das Glück für mein Leben mit diesem Pechhut gepachtet haben.

Nein, ich besitze diesen Hut nicht mehr. Sie können ihn aber betrachten, denn ich habe ihn dem Geschichtsmuseum in Glückshausen gestiftet. Dort ist er als Mahnung für alle Besucher sichtbar.

Nach reichlichen und intensiven Recherchen des Museums steht dort Folgendes zu lesen:

„Der *Pechhut* ist hier zu sehen. Sein Name entstand 1723 bei der Pechherstellung. Die außergewöhnlichen Fähigkeiten sind vielen Menschen begegnet. Seine Geschichte beschreibt Wohlstand und Glück, aber auch qualvollen Untergang und Verderben. Vielleicht lag es nur an der Einstellung der jeweiligen Besitzer, doch möglicherweise kann er ja wirklich Wunder vollbringen.

Nur ein reines Herz braucht ihn nicht zu fürchten. Möchten Sie diesen Hut haben?"

Die geheimnisvolle Falltür

Es war endlich Sommer und die Ferien hatten begonnen. Die Zeugnisse der Kinder fielen recht gut aus, so konnten wir uns auf unseren Urlaub konzentrieren. Ja, es wurde wirklich Zeit, dass wir einmal rauskamen aus der Stadt. Man behauptet zwar immer, dass man sich daran gewöhnen würde, wenn tagein, tagaus so viele Leute herumlaufen und die Straßenbahnen sich im Minutentakt mit den Bussen abwechseln, welche dann die Straße rauf und runter donnern, aber nein, dem ist leider nicht so. Spätestens, als wir den Urlaub geplant hatten, spürten wir, dass uns der Straßenlärm immer unerträglicher wurde.

Es war eine Dokumentation im Fernsehen, die uns auf die Idee brachte, auf einer alten Burg Urlaub zu machen. Die Fantasien in den Köpfen wurden immer ausgelassener. Von stahlharten Rittern und schönen Burgfräulein wurde gesprochen. Auch kämpften wir bereits um Ehre und Macht.

Es war recht lustig, bis zu dem Tage, an welchem wir uns plötzlich in einer wahren Geschichte wiederfanden, über die wir erst viel später lachen konnten.

Um vermeintlich etwas mehr Ruhe haben zu können als andere Leute, suchten wir uns eine schöne alte Burg, etwas abgelegen vom großen Trubel entlang des Rheins.

Dort gab es weniger Komfort im Angebot als in den üblichen Urlaubszielen, dafür gestaltete man unseren Aufenthalt sehr realistisch. Das Jucken und Kratzen, entstanden durch das Schlafen auf den gewöhnungsbedürftigen Strohsäcken, spürten wir nach zwei Tagen schon fast nicht mehr.

Nachdem wir uns ein wenig umgesehen hatten, suchten wir nach Schätzen, die wir uns in unseren Fantasien ausgemalt hatten. Mit Taschenlampen und Vergrößerungsgläsern gingen die „Urlaubsritter" und „Burgfräulein" in der Burg auf Entdeckungsreise. In den oberen Gebäudebereichen erwarteten uns keine wirklich interessanten Neuigkeiten. So suchten wir im Keller der ehrwürdigen alten Mauern nach dem, was es noch zu erkunden galt.

Der „Burgherrin" und ihrer Tochter war der Keller zu finster, zu kalt und zu schmutzig, deshalb trennten wir uns. Der „Burgherr" zog mit seinem Spross allein los.

Zunächst lief alles so, wie man es auch erwartet hätte, doch als Marko, so heißt unser Sohn, im Weinkeller hinter einem Flaschenregal eine alte Tür entdeckte, wurde es endlich spannend.

Da uns gesagt worden war, man könne sich frei bewegen und sich in allen Räumen auf den Spuren der alten Ritter umsehen, wollten wir nun wissen, was sich hinter dieser geheimnisvollen Tür verbergen würde.

Die sah nicht gerade so aus, als wäre vor Kurzem jemand hindurchgegangen. Voller Spinnweben und Staub, unter dem sich reichlich Rost auf den alten metallischen Beschlägen befand, griff ich nach der Klinke. Mich etwas verwundernd, brach der alte, verrostete Türdrücker nicht ab, den ich langsam und sehr vorsichtig in Richtung Boden drehte. Da endlich gab das Schloss die Tür frei, sie öffnete sich einen kleinen Spalt. Marko beseitigte den Schmutz, der das Öffnen behinderte, und dann bekamen wir das zu sehen, was schon ziemlich lange verborgen geblieben sein musste. Ein kalter, strenger Geruch stieg uns in die Nasen. Im Licht der Taschenlampen suchten wir uns einen Weg durch den Raum.

Nein, hier war schon viele Jahre kein Mensch mehr gewesen. Das Licht, welches uns aus dem Weinkeller verfolgte, beruhigte die gespannte Situation doch sehr. Der Raum war wie ein langgezogener Flur, mit kleinen Nischen in den Seitenwänden, gebaut worden. Die Neugier trieb uns voran. Schritt für Schritt wagten wir uns ins Unbekannte. Zur Sicherheit drehte ich mich immer wieder um, das Licht aus dem Weinkeller nicht zu verlieren. Marko, getrieben von seinem unwiderstehlichen Schatzsuchersinn, wurde immer schneller und dann vernahm ich ein brechendes Geräusch. Ich war erschrocken und rief nach Marko, der eben noch vor mir lief und den ich plötzlich aus den Augen verloren hatte.

Es kam keine Antwort zurück. Mir rutschte beinahe das Herz in die Hose, als mich kurz darauf eine Staubwolke erreichte. Das Licht der Taschenlampe war viel zu schwach, um richtig sehen zu können. Nur das Licht aus dem Weinkeller vermittelte mir eine gewisse Sicherheit. So kroch ich auf allen vieren weiter. Da bemerkte ich die Kante einer Öffnung im Boden. Der Staub zog relativ schnell wieder ab, was mir sagte, dass es eine Luftzirkulation geben musste. So richtete ich das Licht meiner Lampe auf das schaurige, finstere Dunkel im Boden vor mir. Doch es reichte nicht aus, um den Grund des Verlieses zu erreichen. In mir machte sich eine entsetzliche Angst breit. Die Wände dieses was auch immer es sein mochte waren fest und trocken. Seitlich entdeckte ich, dass hier eine Falltür sein musste. Der Boden war einfach unter Marko weggeklappt und hing jetzt harmlos in zwei Hälften an der Seite. Wieder rief ich nach meinem Sohn und wieder kam keine Antwort zurück. Gerade wollte ich verzweifeln, als mich ein leises Geräusch erreichte. Aber seltsamerweise kam es nicht aus dem dunklen Schlund, dessen Ursprung nur die Hölle sein konnte. Nein, von vorn, es musste sich etwas hinter dieser Öffnung im Boden befinden. Ich sprang todesmutig über die Falltür hinweg auf die gegenüberliegende Fläche des Bodens, der in eine unbekannte Finsternis führte. Mir war gar nicht wohl zumute. Da erblickte ich in einer Nische Marko, der sich so heftig erschrocken hatte, dass er ganz erstarrt in einer kalten Ecke dieses unbekannten und sicher sehr gefährlichen Kellers Schutz gesucht hatte. Seine Taschenlampe war bei dem Sturz zerbrochen, was ihm noch zusätzlich Angst eingeflößt hatte.

„He, Marko, bist du gesund? Ist alles in Ordnung?" Ich rüttelte ihn ein wenig durch und löste damit, Gott sei Dank, den Schockzustand. Endlich bekam ich wieder Antworten.

Wir verließen lieber, natürlich mit aller Vorsicht, diesen uns nun unheimlich vorkommenden Ort. Sorgsam verschlossen wir die Tür mit den alten, verrosteten Beschlägen und richteten das Regal des Weinkellers wieder so, dass niemand einfach dort hineingehen würde.

Wie die beiden Damen unsere Geschichte aufnahmen, brauche ich wohl nicht näher zu beschreiben. Aber eines blieb mir im Kopf: Was mochte diese Falltür verbergen oder beschützen, denn sie war sicher nicht zum Spaß dort eingebaut worden. Auch stand die Frage, wohin würde dieser Flur, dieses Gewölbe führen. Jedoch dieses zu erkunden, wollten wir in Zukunft doch lieber den Fachleuten überlassen, wozu gibt es schließlich Archäologen. Man kommt nicht immer mit einem blauen Auge davon.

Doch es steht ja auch schon die Frage im Raum: Was werden wir wohl im nächsten Urlaub unternehmen? Nach dem Urlaub ist vor dem Urlaub!

Es ist endlich wieder Urlaubszeit und wir stehen voller Neugier auf dem Gelände unserer Burg. Dieses Mal sind wir vorbereitet und haben uns im Klettern trainieren lassen und auch unsere Ausrüstung sieht deutlich danach aus, dass wir wissen, worauf wir uns einlassen wollen. Schon am ersten Tag gehen wir uns umsehen und schauen, ob sich im Bereich der verborgenen Tür etwas ereignet haben könnte. Es scheint so, dass niemand neugierig geworden war, denn alles sieht total vernachlässigt, seit Langem unberührt aus.

Der nächste Tag bricht mit Sonnenschein an, ganz wie es sich für einen Sommertag gehört. Nach dem Frühstück sammeln wir unsere Sachen zusammen und begeben uns in den Keller. Ja, eigentlich wollten wir es den Fachleuten überlassen, aber dann hatten wir uns entschlossen, es selbst noch einmal zu versuchen und dem Geheimnis der Falltür auf den Grund zu gehen.

Den Keller erreicht, das Regal weggeräumt und die Tür geöffnet. Dann betreten wir vorsichtig und gegenseitig gesichert, wie wir es gelernt haben, das unheimliche Gewölbe. Genau wie vor einem Jahr kommen wir sehr schnell an die immer noch geöffnete Falltür. Beim Ausleuchten mit unseren kräftigen Lampen fällt auf, es ist weiter unten sehr feucht. Dieses unbekannte Dunkel wird etwa zehn bis zwölf Meter tief sein. Wir müssen unsere Leinen festlegen und suchen nach einem Halt. An der Wand finden sich eingelassene Ringe, die stabil genug scheinen, um uns Sicherheit zu gewähren.

Dann lasse ich mich als „Burgherr" zuerst hinunter. Die Wände sind nicht nur feucht, sie sind total nass, je weiter ich mich in die Dunkelheit ablasse. Als ich etwa die Hälfte der Tiefe erreicht habe, bemerke ich ein Loch in der Wand. Es sieht aus wie der gemauerte Eingang in ein Gewölbe, kein natürliches Gebilde. Demnach müssen hier Menschen am Werk gewesen sein, und die hatten ihre Gründe, dessen bin ich mir sicher.

Jetzt will ich aber erst einmal bis zum Grund des Schachtes hinabgleiten und schauen, was sich dort unten befindet. Diese Falltür musste doch ihren Grund haben. Eine Falle? Dann könnten hier unten noch Reste derer zu finden sein, die sich einst auf diese Weise von der Welt verabschiedet hatten. Endlich erreiche ich die Wasseroberfläche. Es riecht nicht besonders gut, aber von Gestank kann ich auch nicht reden. Mittels eines Bindfadens lasse ich einen Gegenstand hinunter. Dieser versinkt in der dunklen Feuchtigkeit und erlaubt mir eine Schätzung der Tiefe, die ich mit vermutlich mehr als drei Meter angeben würde.

Die Familie beschafft mir einen starken Haken, mit dem ich das Wasser durchkämmen kann. Und wahrlich, ich bekomme etwas angehängt. Als ich es heraufziehe, trifft mich doch beinahe der Schlag. Einen Totenschädel habe ich aus dem tödlichen Nass gezogen, und damit ist für mich klar, hier war ein Treffen auf Nimmerwiedersehen für die Kandidaten der Vergangenheit. Da ich dort nicht mehr vermute als die sterblichen Überreste von einigen Toten, die nicht von Interesse sind, klettere ich langsam wieder empor, bis an die Stelle, wo ich das Loch oder den Eingang gefunden habe. Relativ einfach kann ich mich in diesen Torbogen hineinstellen. Leider war dieses kein Ausweg für die, die sich im grausamen Wasser dieser Falle befunden hatten und vermutlich noch da sind. Sie wussten wahrscheinlich nicht einmal, dass es diesen Eingang gab.

Der Zutrittsbereich wurde von Hand gemauert und reicht etwa drei Meter in den Stollen hinein. Den weiteren Weg hatten sie aus dem Stein gehauen, ohne ihn auszumauern, so aber reichlich Raum geschaffen für ein gutes Versteck. Um mich abzusichern, soll Marko zu mir kommen. Gesagt, getan, und weiter schreiten wir vorsichtig den unheimlichen Tunnel entlang. Hin und wieder sind in die Seiten größere Nischen gehauen worden. Ich vermute, dass es sich dabei um Staurräume handelt, die man bei Bedarf genutzt hat. Nach etwa 40 bis 50 Metern versperrt eine alte Eichentür den Weg. Die Beschläge sind ziemlich angegriffen und das Schloss bringt uns nicht mehr viel Widerstand entgegen. Der Beruhigung und der Sicherheit wegen teilen wir unsere Erkenntnisse unseren „Burgfräulein" über Sprechfunk mit. Auf diese Weise können wir auch schnell Dinge beschaffen lassen, die notwendig werden könnten.

Die Tür geht schwer auf. Die Feuchtigkeit hatte Auswirkungen gehabt und somit ist dies keine wirkliche Überraschung. Wir betreten einen Raum, der mehr eine Halle zu sein scheint. Darin befinden sich neben Tischen und Stühlen auch Truhen und Kisten und eine Reihe von Gegenständen, die in Regalen gelagert werden. Alles ist überdeckt vom Staub der Jahrhunderte, Zeuge grausamer Geschichte. Deshalb können wir auch nicht erkennen, um was es sich dabei alles handelt. Die Neugier und der Forscherdrang treiben uns zu einer der Truhen, die noch recht deutlich zu erkennen sind. Es gibt wohl eine Schließvorrichtung, aber diese war nicht genutzt worden. Vorsichtig versuchen wir den Staub, so gut es geht, zu entfernen und dann öffne ich den Deckel. Die Spannung ist zum Zerreißen und ich fürchte einen Flop mindestens in dem Maße, wie meine schönsten Fantasien die Hoffnung auf einen tollen Fund genährt haben.

Die Truhe ist gefüllt mit allerlei Gegenständen, die golden schimmern. Geldstücke, Teller, Becher und Leuchter, es sieht aus wie in einem Märchenfilm. Wir können es gar nicht fassen, aber es liegt tatsächlich ein Schatz vor uns. Wir schauen uns weiter um, bemerken eine Art Stuhl oder der Größe nach auch Thron. Darauf sitzt eine Gestalt, die ihre Hände auf zwei Kisten abgelegt hat, die jeweils daneben platziert wurden. Angelehnt, als hätte sie sich ausruhen wollen, sitzt sie noch immer da und bewacht ihren Besitz. Jetzt erst fällt uns auf, dass es hier ganz trocken ist. Wir stöbern durch die Sammlung und freuen uns über unseren Erfolg. Als wir unseren Damen Mitteilung machen, scheinen sie nicht gerade erfreut zu sein. Sie meinen nur, wir sollten schnellstens raufkommen.

Der Aufstieg war anstrengend, aber wir waren motiviert wie noch nie. Zum einen hatten wir tatsächlich einen Schatz gefunden und unsere Damen schienen verängstigt zu sein. Unsere Gemütslage änderte sich dann schlagartig, als wir durch die Falltür schauten. Dort standen, für uns völlig überraschend, viele Leute, und damit war unser Geheimnis bereits öffentlich geworden, noch ehe wir der Tiefe des Todes wieder entsteigen konnten. Die Ursache für diesen plötzlichen Ansturm war der Ring, an welchem wir unsere Sicherungen befestigt hatten. Als wir uns daran herunterließen, drehte er sich und öffnete so eine jahrhundertelang verborgene Geheimtür im heutigen Restaurant der Burg. Die sich dort befindlichen Gäste waren erschrocken und verwundert, aber auch neugierig, und fanden so den Weg zu unserer Falltür. Später stellte sich heraus, wir hatten den längst verloren geglaubten Schatz des einstigen Burgherren gefunden. Sein heutiger Wert: mehrere Millionen Euro. Der Finderlohn fiel entsprechend gut aus, sodass wir uns unbeschwert auf neue Abenteuer einlassen können.

Die Falle

Wir sehen, was wir sehen wollen,
es uns nicht passt, wir schmollen.

Eingesperrt in eine lebende Hülle,
mit Gefühlen in großer Fülle.

Ohne es zu merken,
fing es an zu werken.

Das Außen sahen alle,
nicht den, der in der Falle.

Die Burg stets bereit zum Streit,
tief drinnen eine Seele schreit.

Doch nagt die Zeit an ihren Mauern,
im Innern tut ein Herz erschauern.

Durch Ritzen und Spalten langsam zieht
so ein anderes, unbekanntes, neues Gemüt.

Ein neues Gesicht sich vorsichtig zeigt,
die Welt dazu nur ängstlich schweigt.

Jetzt erst fragen sich alle,
wer sitzt da eigentlich in der Falle?

Der Sommerurlaub

Ich bin auf dem Weg in den Urlaub, aber in meinen Gedanken immer noch bei der Arbeit. Der Stress der letzten Monate forderte von allen das Letzte. Da waren Konflikte vorprogrammiert. Franz nörgelte stets und ständig an allem herum und Christian legte jedes Wort auf die Goldwaage. Eleonore, auf die ich schon lange ein Auge geworfen hatte, war mir dann doch zu zickig geworden, als dass ich es noch lange hätte mit ihr aushalten wollen. Ich konnte einfach nicht mehr.
Doch jede Aufgabe findet irgendwann ein Ende, und so begannen für alle die wohlverdienten Ferien. Ich nahm einen Last-minute-Flug nach Arubania. Dort sollte es superschön und ruhig sein. Gerade weil nicht viel los sein sollte, flogen kaum Leute hin. Deshalb meinte ich, dass ich mich dort richtig erholen könnte.

Die Maschine landet pünktlich.
Das Hotel ist einfach, gerade deshalb wohl auch ausgesprochen beruhigend. Das Personal höflich und gut aussehend, natürlich ganz besonders die Frauen. In meinem Zimmer, welches schlicht aber praktisch eingerichtet ist, greife ich zunächst in die Minibar. Später dusche ich und lege mich aufs Ohr, ich habe doch einiges an Schlaf nachzuholen.

Seit langer Zeit habe ich endlich wieder einmal richtig gut durchgeschlafen, ein tolles Gefühl.
Nach dem Frühstück besorge ich mir eine Karte von Arubania. Etwas überrascht muss ich feststellen, dass ich in dem einzigen Hotel eingecheckt habe, das es hier gibt. Auf der Wanderkarte sehe ich, dass nur ein Bruchteil der Fläche für Ausflugsrouten gekennzeichnet ist. Alle anderen Gebiete werden deutlich als gesperrt ausgewiesen.
Dann mache ich mich auf, die nähere Umgebung des Hotels zu erkunden. Die Wege sind gut ausgeschildert und die Natur ist wunderschön. Ein Dschungel aus mir meist unbekannten Pflanzen. Ein uriger Wald mit sehr hoher Luftfeuchtigkeit und einer mir sehr

angenehmen Wärme, gerade richtig für mich. Der Boden, auf dem ich laufe, besteht anscheinend aus einer Art Kunststoff. Für mich als Wanderer richtig gut. Bei Nässe wird der Untergrund durchlässig, ohne lästige Wasseransammlungen. Keine Pfützen, keine nassen Füße.

Am dritten Tag habe ich den Wegeplan abgearbeitet und liege auf meinem Bett. Was werde ich in den nächsten elf Tagen bloß anstellen? Schon nach so kurzer Zeit kann ich die Ruhe kaum noch ertragen.

Also studiere ich erneut die Karte. Das umliegende Gelände, das, welches gesperrt ist, interessiert mich nun doch. Die Lage der Berge und der Dschungelverlauf lassen vermuten, dass es dort möglicherweise Wege gibt. Da ich nicht weiß, weshalb diese Gebiete verbotenes Gelände sind, packt mich die Neugier.

An der Rezeption frage ich frech nach, ob man dort nicht doch entlanglaufen könnte.

„Werter Herr Molenzauber, es ist strengstens verboten, das Gebiet außerhalb der Kennzeichnungen zu betreten. Dachten Sie, diese Absperrungen sind nur zum Spaß da? Ich muss Sie mit aller Deutlichkeit darauf hinweisen, es ist unbedingt auf den ausgewiesenen Wegen zu bleiben."

„Verzeihung, ich bin neugierig und würde gern wissen, warum das so ist." Oder will es mir der Typ nicht sagen, geht es mir durch den Kopf.

„Die ursprüngliche Natur soll und muss erhalten bleiben. Sie ist für unseren Standort, für unser Überleben hier von immenser Bedeutung. Außerdem sind die Gesteinsformationen nicht sehr stabil, sodass zu jeder Zeit ein Abbruch zur Gefahr werden könnte. Es ist auch schon einmal ein großer Hang abgerutscht, wobei Gott sei Dank niemand zu Schaden kam. Keiner kann sagen, wann und wo etwas geschieht, und so ist es auch noch nie zu Unfällen gekommen, soweit es mir bekannt ist. Seien Sie bitte so freundlich und halten Sie sich an die ausgewiesenen Pfade. Vielen Dank. Ich wünsche Ihnen weiterhin einen guten Aufenthalt in unserem Hotel. Wenn Sie Wünsche haben, wenden Sie sich bitte vertrauensvoll an unser Personal. Einen schönen Tag."

Ich bemühe mich weiter mit ausgesuchter Höflichkeit, um doch noch an Informationen zu kommen. Ich nicke unzufrieden, aber mit einem freundlichen Lächeln, und gehe an die Bar. Einem Drink folgt der nächste und ich spüre meine sich steigernde Neugier.

Bockig, wie ich nun einmal sein kann, will ich mich diesen Erklärungen nicht einfach geschlagen geben. Meine höflichen Fragen an der Bar bleiben ebenfalls ohne Erfolg, ein eingeschworenes Team.

Am nächsten Morgen mache ich mich nach dem Frühstück erneut auf den Weg.

„Guten Morgen Herr Molenzauber, haben Sie gut geschlafen?" Höflich, wie ich nun einmal bin, nicke ich freundlich lächelnd der Empfangsdame zu und verlasse das Haus.

Der Kompass, den ich mir mitgebracht habe, funktioniert aus irgendeinem Grund nicht. Also richte ich mich nach dem Stand der Sonne. Diese steht demnach in östlicher bis ostsüdöstlicher Richtung, so orientiere ich mich auch auf der Karte. Im Nordosten scheint es eine Möglichkeit zu geben, den hinter dem Hotel liegenden Felsen zu umgehen. Was meine besondere Aufmerksamkeit erregt, ist eine ringförmige Gebirgsformation im Norden.

Ich schlendere am „Tauben-See" entlang, der einen schönen und sehr gepflegten Strand hat. Der Name des Gewässers kommt daher, so sagt man, dass er keine Geräusche leitet. Ich habe dies noch nicht ausprobiert, Baden ist nicht unbedingt meine Sache. Die wenigen Urlauber liegen faul in der Sonne und nennen dies wohl Erholung. Der Wanderweg folgt eine Weile dem Uferverlauf. Ich aber suche nach einer Gelegenheit, die es mir ermöglicht, in das Dickicht dieser ungewöhnlichen Natur einzutauchen. Scheinbar gelangweilt schaue ich mich um, ob mich auch niemand dabei ertappt, wenn ich den öffentlichen Weg verlasse. Mit einem Satz verschwinde ich im Schutze des Grüns.

Nur mit großer Mühe kann ich mich Meter um Meter vorwärts bewegen. Den vermeintlichen Weg, auf den ich meine Hoffnungen gesetzt hatte, scheint es nicht oder nicht mehr zu geben. Und gerade als ich mich zur Umkehr entschlossen habe, höre ich Stimmen. So gut ich es vermag, folge ich den Lauten, die es hier ja eigentlich gar nicht geben dürfte.

Meine Neugier treibt mich voran und mit aller gebotenen Vorsicht schaue ich suchend durch das grüne Dickicht. Verwundert muss ich feststellen, dass sich dort ein Stützpunkt der Armee befindet. Plötzlich kommt mir das Niesen an und es bleibt leider nicht ungehört. Also ziehe ich mich leise, wie eine Katze auf sanften Pfoten, zurück.

In der Nacht lässt mich diese seltsame Geschichte nicht wieder los. Viele Fragen gehen mir durch den Kopf und meine Neugier wird immer weiter angestachelt.
Vielleicht hätte ich nicht in die Forschung gehen sollen, dann würde mich diese etwas andere Welt auch nicht so in ihren Bann ziehen.
Militär, wozu? Die bewachen doch keine absturzgefährdeten Berge oder so etwas. Da muss es etwas ganz anderes geben, hier weit weg von der Zivilisation meiner Heimat.
Nach der Karte könnte es einen anderen Weg geben, um mein Ziel doch noch zu erreichen.
Auf der westlichen Seite scheint es zwischen zwei Gesteinsformationen hindurch eine Möglichkeit zu geben, um zu dem beinahe kreisrunden Gelände im Norden zu gelangen. Morgen in aller Herrgottsfrühe werde ich mich erneut auf den Weg machen.
Als ich jedoch zum Frühstück hinuntergehe, bemerke ich den auffälligen Blick der Dame an der Rezeption. Durch die offene Bürotür des Hotelmanagers kann ich einen Offizier und zwei Soldaten ausmachen. Sollten die wegen mir hier sein? Haben die mich gestern doch gesehen?
Um mich zu vergewissern, dass dieser Besuch nicht mir gilt, werde ich den Landeplatz des Urlaubsparadieses in Augenschein nehmen. Er liegt im Westen des Hauses, von wo aus ich mir dann auch einen besseren Überblick über das verbotene Gebiet erhoffe. Betont langsam spaziere ich zum vermeintlichen Aussichtspunkt. Unterwegs habe ich das Gefühl, ich könne die Blicke spüren, die mich auf meinem Weg begleiten. So belasse ich es an diesem Tag bei einem harmlosen Besuch der Landeplattform.
In der Nacht kann ich nicht schlafen. Niemandem schienen die Soldaten aufgefallen zu sein. So wie es aussah, wurde keiner der

Urlauber von der Neugier geplagt. Was mag ihren Augen wohl in dem gesperrten Gebiet dieser wundervollen Insel vorenthalten werden.

Noch ehe die Sonne richtig aufgegangen ist, starte ich meine Aktion. An der Rezeption steht niemand, es ist wohl noch zu früh, als dass jemand mit einem Gast gerechnet hätte. So kann ich ungesehen im zarten Morgenlicht verschwinden.

Ich brauche fast zwei Stunden, ehe ich einen Platz gefunden habe, an dem ich in das Dickicht des Dschungels eintauchen kann.

Ein Licht erfasst kurz darauf meine Aufmerksamkeit. Auch hier ein weiterer Stützpunkt der Armee, an dem ich mich dieses Mal leise vorbeischleiche. Selbst die Soldaten rechnen wohl nicht damit, dass sich jemand so früh auf den Weg machen würde, um seine Neugier zu befriedigen. Später aber bemerke ich keine Militärs mehr.

Nach einer anstrengenden Tour durch das Unterholz lichtet sich langsam der Urwald. Ich vermutete richtig, denn es führt eine Art Schneise in nordwestlicher Richtung um die runde Formation herum. Ein guter Orientierungspunkt ist der hohe Felsen im Westen, den ich schon gut von der Landeplattform aus gesehen hatte.

Plötzlich bemerke ich ein blaues Licht. Eine Art Wolke schwebt durch diese mir unbekannte Natur. Ich habe so etwas noch nie gesehen. Langsam, dabei extrem vorsichtig und leise, nähere ich mich dieser seltsamen Erscheinung. Sie bewegt sich in Richtung Norden, wo nach meiner Einschätzung nicht weit entfernt das Wasser sein müsste. Die Neugier treibt mich immer weiter, und dann wage ich kaum meinen Augen zu trauen. Diese blaue Wolke taucht einfach in das Wasser ein, welches tatsächlich dort vorhanden ist, und verschwindet in der Tiefe.

Die Sonne geht bereits auf Mittagskurs und ich will es nicht wirklich übertreiben. Außerdem ist das mystische Licht ja sowieso verschwunden. Also mache ich mich, für den Moment, auf den Rückweg.

Der Mond zieht seine Bahn um meinen kleinen Planeten, der sich in diesem Moment für mich spannender erweist als je zuvor. Ich pirsche erneut durch den Dschungel. In der Nacht hilft mir

Frau Luna oder der Mann im Mond oder wer da auch immer das Licht bewacht mit seiner hilfreichen Laterne, mich zurechtzufinden. Unter meinen Füßen zerbricht mit einem lauten Knacken ein Ast, wie unvorsichtig. Die Wache hat mich bemerkt, zumindest hat das Geräusch die Aufmerksamkeit in meine Richtung gelenkt. Schon tauchen Männer auf, die laut miteinander reden und jeden Zweig und jedes Blatt umdrehen. Durch die stark verzweigten Pflanzen hindurch sehe ich die Handscheinwerfer immer dichter kommen. Jetzt kann ich nur noch vorwärts, der Rückweg ist abgeschnitten.

Plötzlich höre ich laut einen Soldaten rufen: „Halt, bleiben Sie stehen!" Ich halte kurz an und lasse mich auf den Boden sinken. Haben sie mich gesehen oder wurde nur auf Verdacht gebrüllt? Dann bemerke ich, dass sich die Scheinwerferkegel in Richtung meiner Position vereinigen. In meiner Angst, doch noch erwischt zu werden, bewege ich mich nicht. Als sie eine Gazelle entdeckt haben und ihre Suche abbrechen, setze ich, so zügig ich kann, meinen Weg fort in Richtung der Stelle, wo ich diese blaue Wolke gesehen hatte. Obwohl ich mich nicht für besonders schnell halte, bleiben die Wachen doch hinter mir zurück. Meine Neugier lässt mich anhalten und immer wieder kontrollieren, ob mir nicht doch jemand folgt. Die Lichter stehen auf der Stelle und kein Laut dringt mehr bis zu mir vor. Es bleibt für diesen Moment ein Rätsel, woher so plötzlich die rettende Gazelle kam, so kann ich meinen Weg fortsetzen.

Als ich etwa den Punkt erreicht habe, an welchem ich am Tag zuvor die Wolke gesehen hatte, bemerke ich das leuchtende Blau erneut, im Dunkeln noch viel besser. Ich folge den Lichtern. Am Eingang zu der runden Gebirgsformation schlängele ich mich zwischen ein paar Felsbrocken hindurch. Einige blaue Wolken ziehen vor mir in Richtung Wasser. Ich wage kaum zu atmen, denn andere kommen von dort zurück und verschwinden in der vermeintlichen Sicherheit des Gebirgszuges. Wie ein Tiger seine Beute anschleicht, so bewege ich mich weiter zielstrebig zu dem Punkt, wo ich die Lichter verschwinden sehe. Dann endlich schaue ich in den beinahe kreisrunden Bereich, den ich auf der Karte ausgemacht hatte und der mich so sehr mit Neugier erfüllt hat.

Auf dem Bauch krieche ich immer dichter an das Geschehen heran. Was ich auf der Karte nicht sehen konnte, hier ist ein großer

Höhleneingang. Er ist, so wie es scheint, das Tor in ein mir unbekanntes, fremdes unterirdisches Reich. Blaue Wolken ziehen hinein. Und hinaus.

In seinem Innern ist es hell erleuchtet. Der Boden wird feuchter, und so muss ich mich erneut aufrichten, trotz der größeren Gefahr entdeckt zu werden. An einer Stelle, von der ich glaube, sie wird mich noch ausreichend verbergen, bleibe ich stehen und beobachte, was sich vor mir ereignet. Ich bin so fasziniert von dem, was ich sehe, dass ich nicht bemerkt habe, wie eines der seltsamen blauen Lichter auf mich zukommt. Ich tauche ab in die vermeintliche Sicherheit meines Standortes. Erst jetzt wird mir bewusst, sie haben mich schon längst bemerkt. Was soll ich jetzt tun? Ich bleibe sitzen und versuche einfach abzuwarten. Mir ist zwar nicht klar, warum mir gerade in diesem Moment das Lied „Guten Abend, gute Nacht" in den Sinn kommt, aber es ist plötzlich da. Sicher ist mir die Problematik jetzt sehr deutlich geworden, vielleicht ist ja alles nur ein Traum? Das Licht kommt langsam näher. Ich fühle mich ertappt und stehe auf, spüre, wie jetzt doch eine stärker werdende Angst in mir hochkommt. Was mögen diese mir völlig unbekannten Lichterscheinungen nur sein? Es wird heißer in meinem Kopf und mir fällt gerade nichts Besseres ein, als mich mit einem Gedanken an „Schneeflöckchen, Weißröckchen ..." innerlich abzukühlen. Mir kommt erst jetzt der Gedanke, diese Lichtquellen sind nicht zufällig hier. Sollte es sich denn hierbei um eine Art Lebewesen handeln? Und wenn dem so ist, weshalb konnte ich bis hierher vordringen und die Militärs nicht? Nach meiner Überzeugung hätten die Menschen doch schon alles getan, um diese neue und fremde Lebensform zu untersuchen und auszubeuten. Sicher sind meine Gedanken von vielen Filmen und menschlichen Erfahrungen getragen. Ist das hier wirklich noch Realität oder wache ich gleich in meinem Bett zu Hause auf?

Ich habe keine Vorstellung von dem, was genau hier geschieht. Die seltsame, anscheinend bewusst gesteuerte Wolke, umkreist meine Beine und schiebt sich zwischen ihnen hindurch. Sie steigt empor und bleibt direkt vor meinem Gesicht stehen. Plötzlich formt sich aus dem Licht ein Gesicht, ein menschliches Gesicht.

„Hallo, Robert Molenzauber, seien Sie uns willkommen. Bitte folgen Sie mir."

Aus meiner Verwunderung, meiner totalen Überraschung heraus, schaffe ich nicht mehr zu sagen als „Hallo", dann lasse ich mich in eine mir völlig fremde Welt führen. Aus dem Schutz der Steine trete ich auf festen sandigen Boden und durchschreite den Eingang in ein Reich, das vermutlich noch kein Mensch zu Gesicht bekommen hat. Meine Augen müssen sich erst an die Lichtverhältnisse gewöhnen. Dann aber erkenne ich überall so etwas wie Schaltpulte und Anzeigegeräte. Sie sind aber nicht, wie ich es erwarten würde, in Tischform aufgebaut, sondern vielmehr in die Wände und die Decke eingearbeitet. Ein buntes Flackern von Lichtern, die um etwas angeordnet sind, ich will es mal als einem Schwimmbecken ähnlich bezeichnen. Die Räume, besser wohl Höhlenbereiche, sind nicht durch Türen voneinander getrennt. Es kommt mir vor wie Vorhänge aus, ja, aus etwas, das wie klares Wasser aussieht, aber mich nicht nass macht. Sie führen mich in ein kleines Gewölbe, in welchem ein Stuhl steht, und bitten mich Platz zu nehmen. Es fällt mir schwer zu beschreiben, was ich sehe, dann verschwinden die Lichter und ich sitze ganz allein dort.

Ich kann nicht sagen, wie lange es dauert, doch der Raum wird zu einer Art 3D-Kino.

Was ich jetzt zu sehen bekomme, ist das, was auf der Erde abläuft. Mal zeigt es mir die Menschen auf den Straßen und dann wieder die Kohlen- und auch die Kernkraftwerke und die Kriege.

Die Bilder führen mir den Alltag, ja, genauer die Dummheit der Menschheit vor Augen.

Sie vergessen nicht, den Umgang unter den Menschen deutlich zu machen. So präsentieren mir die Bilder leider auch Mord, Betrügereien, Bestechungen und Mafiastrukturen.

Auch Eltern bleiben nicht verschont, die ihre Kinder misshandeln, missbrauchen und sogar töten. Es dauert schon ein wenig, ehe ich mich der Frage widmen kann, was dies alles zu bedeuten hat. Was ich sehe, ist doch nur die grausame Realität des menschlichen Handelns, die jeden Tag mein, unser Leben bestimmt.

Jetzt aber spielen mir diese Wesen einen ganz anderen Film vor. Es ist vermutlich eine Darstellung ihrer Welt, die weit von unserer

Erde entfernt sein muss. Ich bin nicht sicher, ob ich dies alles richtig verstehe, aber in mir ist, bei aller Neugier, ein Gefühl von Ruhe. Meine Angst ist verflogen und ich bin überwältigt von diesem Frieden, den ich glaube in den Bildern der vermeintlichen Heimatwelt dieser blauen Wölkchen zu erkennen. Dann sehe ich nur noch Farbenspiele an den Wänden.

Vier dieser Wesen kommen herein und bauen sich vor mir in menschlicher Gestalt auf. Ich erhebe mich von dem Stuhl. Ist es wegen meiner Höflichkeit oder nur, weil ich ein besseres Gefühl habe, wenn ich mit ihnen auf Augenhöhe bin?

„Sie wissen, wer ich bin, aber ich weiß nichts über Sie, können wir reden?"

„Herr Molenzauber, Sie haben doch die Bilder von unserem Planeten gesehen, somit wissen Sie doch schon etwas über uns."

„Sicher, Sie haben recht und es gefiel mir auch sehr, was ich sah, aber wer, was sind Sie eigentlich? Ich selber kann es zwar nicht glauben, doch die Realität ist beeindruckend. Wie kann es andere Lebensformen geben, die anscheinend überhaupt nicht in unsere Denkweise passen? Wir definieren Leben auf eine Art, die solche Wesen nicht zulässt. Für uns bedeutet Leben, das wir uns fortpflanzen können, einen Stoffwechsel haben und einen abgeschlossenen Körper besitzen. Wir sind überzeugt davon, dass nach unserem Wissen Leben nur nach dem universell gültigen genetischen Code existieren kann. Nukleotiden, Aminosäuren, Proteine und Nukleinsäuren sind für unser Leben auf der Erde eine Notwendigkeit. Sicher versuchen einige Wissenschaftler andere Ansätze zu diskutieren, was bisher aber nur Theorie war. Sie stellen demzufolge also den Beweis für diese Hypothesen dar?"

„Sie sprechen sicher von den Theorien des theoretischen Physikers Gerald Feinberg und des Chemikers Robert Shapiro, die bereits 1980 die Ansicht vertraten, dass Leben entstehen könnte durch Wechselwirkungen zwischen freier Energie und Materie, und die imstande sein müsste, auf diese Weise eine größere Ordnung innerhalb des gemeinsamen Systems zu erreichen. Ja, so in etwa könnte man unsere Lebensform erklären. Sie sind Wissenschaftler und befassen sich mit neuen Antriebsmöglichkeiten in Bezug auf Ihre Raumfahrt. Wir haben Sie zu uns vordringen lassen, weil wir glauben, Sie könnten verstehen, wenn wir sagen, die Menschen sind noch lange nicht so weit, ihr Universum zu erforschen."

„Aber wir sind bereits auf dem Mond gelandet und wir haben eine Weltraumstation fertiggestellt. Sonden fliegen zum Mars und zu anderen Planeten und unsere Teleskope sind extrem verbessert worden. Wir versuchen doch nicht mehr zu tun, als uns und das, was uns umgibt, besser zu verstehen. Dafür brauchen wir neue Antriebsformen, neue Techniken. Sie mit Ihrer fortgeschrittenen Technik könnten uns da ganz sicher helfen." Ich versuche mich zu beherrschen, meine Neugier ist Triebfeder meiner Gedanken. Diese Möglichkeit muss ich nutzen, noch nie hatte ein Mensch vermutlich die Chance, mit anderen Lebensformen und Techniken in Kontakt zu kommen. Meine große Hoffnung auf unglaubliche Informationen lässt mich alles andere vergessen.

„Wir könnten Ihnen einige Dinge erklären, aber Sie würden die technischen Hinweise nicht verstehen. Die Menschen haben noch nicht einmal verstanden, ihre eigene Welt richtig zu begreifen. Nach unseren Schätzungen ist der Untergang Ihres Planeten Erde nur noch zu verhindern, indem ein alles umfassendes Umdenken stattfindet. Sie, Herr Molenzauber, sind uns schon lange bekannt und wir glauben, Sie sind in der Lage, der Menschheit verständlich zu machen, wie es um sie steht. Wenn Sie es schaffen, Ihren Planeten zu retten, dann könnten wir uns erneut darüber unterhalten, ob wir Ihnen behilflich sein können. Die Hilfe, die wir Ihnen persönlich und somit auch der Bevölkerung der Erde im Augenblick geben können, ist, Sie müssen Ihre Denkweise drastisch verändern. Veränderungen passieren zuerst im Kopf und dann im täglichen Leben. In Ihrer Welt sind Missgunst und Neid, Macht- und Geldgier treibende Kräfte. Solange Sie so leben, wird es keine Hoffnung für Sie und diesen so wundervollen Planeten geben."

„Ich verstehe, was Sie mir sagen wollen, aber wäre es dann nicht viel wichtiger, dass Sie uns helfen?" Irgendwie bemerke ich schon die Aussichtslosigkeit meiner Versuche, mit meinen Worten ihre Entscheidung ändern zu können. Diese Wesen haben leider recht und im Grunde kann ich ihnen nur zustimmen. Dennoch fällt es mir unglaublich schwer, diese fantastische Chance nicht anders nutzen zu können.

„Der Buddha aus Ihrer Welt hat gesagt: Laufe nicht der Vergangenheit nach und verliere dich nicht in der Zukunft. Die Vergangenheit ist nicht mehr, die Zukunft ist noch nicht angekommen. Das Leben ist hier und jetzt. Nicht wissen ist nicht schlimm, aber nicht wissen wollen führt in eine Katastrophe. Sie, Herr Molenzauber, sind voller Wissen, nutzen Sie alle Ihre Möglichkeiten." Mit einem freundlichen Lächeln, so scheint es mir, begleiten mich die blauen Wolkenwesen zum Ausgang. In meinem Kopf toben die Gedanken hin und her, aber es nutzt nichts, ich werde von ihnen nicht mehr erfahren. Als wir die unterirdischen Räumlichkeiten verlassen, steht die Sonne bereits hoch am Himmel.

„Leben Sie wohl, Herr Wissenschaftler, vielleicht sehen wir uns ja irgendwann einmal, unter deutlich verbesserten Umständen, wieder."

„Vielen Dank für Ihre Gastfreundschaft. Ich werde mir Ihre Worte noch einmal sehr genau durch den Kopf gehen lassen. Allerdings glaube ich nicht daran, dass ein Umdenken in meiner Welt so schnell vonstattengehen wird. Viel zu lange haben wir uns in unserer Denkweise eingerichtet. Aber sicher ist unser Zusammentreffen ein erster und wichtiger Schritt in die richtige Richtung. Leben auch Sie wohl, selbst wenn mir diese Formulierung bei Ihrem Anblick noch nicht so ganz verinnerlicht ist." Ich schaue mich um und die fremden Wesen haben sich zurückgezogen.

An diesem Abend sitze ich an der Bar und genehmige mir einen guten Whisky. Erst jetzt bin ich verwundert darüber, wie ich mich an den Wachen vorbeigemogelt habe. Da mich niemand darauf angesprochen hat, bin ich vermutlich unerkannt geblieben. Das freut mich schon, aber es zwingt mich auch zu schweigen. Etwas durcheinander im Kopf verlasse ich erst sehr spät den Tresen. Meine Gedanken verzehren sich darüber, was ich nach dem Urlaub mit diesem Wissen anfangen soll.

Der Whisky war nicht schlecht und wirkt sicher als gutes Schlafmittel, dann lösche ich das Licht.

Buddha

Er saß unter einem Baum und hatte recht,
wer nichts besitzt, kann nichts verlieren.

Wer unterm Baum sitzt, lebt von dem, was andere haben.
Wer etwas hat, kann es teilen.
Wer nichts hat, sitzt unter dem Baum.
Wer unter diesem Baum sitzt, den betet man an,

Wer angebetet wird, hat auch etwas zu geben,
wer etwas geben kann, besitzt auch etwas.
Wer besitzt, hat reichlich.
Wer reichlich hat, sitzt nicht unterm Baum.

Wer nicht unter diesem Baum sitzt, hat was zu verlieren.
Wer unter Buddhas Baum sitzt, hat nichts zu verlieren,
nur die Hoffnung, dass sich Besitz teilen lässt.

Florentine Schmetterling

Florentine war ein Schmetterling der Gattung Zitronenfalter. An einem schönen Frühlingstag flog sie frei und sorglos über die blühende Wiese am See. So viele bunte Blüten luden sie ein, von ihrem Nektar zu trinken. Gierig und nur den wohltuenden Gerüchen folgend, näherte sie sich den Bäumen und Sträuchern, die um diese Wiese herum gewachsen waren. Dort saß eine Meise und beobachtete diesen frechen gelben Leckerbissen.

Florentine flatterte von Blüte zu Blüte, und als sie etwas höher flog, um die zauberhaften Nektarbecher besser überblicken zu können, sah die Meise ihre Chance. Sie startete, gab mächtig Gas und visierte ihr Opfer an. Florentine bemerkte zu spät, dass der Feind plötzlich schon so nah war. Sie erstarrte fast vor Angst. Nur einen winzigen Augenblick bevor die Meise sie erreichte, nahm sie all ihren Mut zusammen und flatterte mit aller Kraft um ihr Leben. Der gierige Schnabel kam ungeheuer schnell auf sie zu und der kleine gelbe Schmetterling sah sich bereits im dunklen Schlund des gefräßigen Vogels verschwinden. Dann spürte Florentine einen heftigen Schlag und fiel daraufhin beinahe zu Boden. Der hungrige Vogel aber war so verblüfft, die Beute verfehlt zu haben, dass er sich in den Sträuchern erholen musste. Der Zitronenfalter verzog sich schnellstens auf die andere Seite der Wiese.

Viele bunte Schmetterlinge suchten nach dem zuckersüßen Saft der Blumen. Als Florentine sich im Kreise ihrer Artgenossen sicher fühlte, begann sie zuerst ihrer besten Freundin Miriam von ihrem sagenhaften Erlebnis zu berichten.

In ihrer Aufregung sprach Florentine so laut, dass immer mehr Schmetterlinge zuhörten. Auf der Wiese schienen die Zitronenfalter eine Versammlung abzuhalten. Dies blieb den hungrigen Vögeln natürlich nicht verborgen. Sie versammelten sich ebenfalls, ganz unauffällig, und warteten auf den richtigen Moment, um sich an diesem reich gedeckten Wiesentisch zu bedienen. Wer weiß schon, was die gierigen Federtiere genau zu bereden hatten, doch dann gerieten sie wohl in Streit vor Aufregung. Kurz nachdem ihr lautes Gezwitscher jedes Lebewesen im Umkreis aufgeschreckt hatte, stürzten sich die verfressenen, wilden Schnäbel laut schreiend auf die armen Schmetterlinge. Diese aber waren auf einen Schlag so erschrocken, dass sie nicht wussten, wohin. So drängten sie sich völlig verängstigt immer dichter aneinander, bis sie wie ein großer, gelber, quirliger Ball über der Wiese schwebten. Die heranstürmenden Vögel waren darauf nicht gefasst und konnten in dem Gewimmel keine klare Beute ausmachen. Vielmehr bekamen sie es mit der Angst zu tun und drehten schnell von diesem unbekannten und bedrohlich aussehenden Gebilde ab. Auf anderen Wiesen nach Futter zu suchen, erschien ihnen vermutlich deutlich sicherer zu sein.

Dieses Geschehen sprach sich schnell herum. Die „Florentine-Methode" machte in der ganzen Welt von sich reden. Eines Tages erreichte die Nachricht auch den Lebensraum der Löwen. Diese machten sich nichts aus Geschichten, die sie ja sowieso nicht betrafen. Allerdings sahen dies einige Tierarten ganz anders. Nicht nur unter den Menschen gibt es kluge Köpfe, und so machten sich unter anderem die Gazellen daran, die Methode auf ihr Leben umzumünzen. Die Thomson-Gazellen, zum Beispiel, trafen sich und werteten die von so weit her stammende Erfahrung aus.

Ein sehr junges Tier meinte plötzlich: „Wir könnten uns doch auch in eine Kugel verwandeln."

„In eine Kugel, das ist doch lachhaft, haben wir vielleicht Flügel?", sprach erbost eine Omagazelle.

„Na ja, aber ... wenn wir nur eine Scheibe sind, dann wäre das doch auch fast so, oder?"

Das kleine Tier wurde von den bösen Blicken der Alten fast erdrückt. Doch kurz darauf machte sich ein Getuschel breit. Die stärksten Böcke und der Ältestenrat versammelten sich in der Mitte der Gruppe. Auf einmal war es still geworden und man hörte bereits das Gras unter den Hufen wachsen. Greta, die älteste der anwesenden Gazellen, stellte sich auf einen kleinen Erdhügel und gab das Ergebnis der Besprechung bekannt. Alle waren gespannt, was Greta wohl sagen würde.

„Hört alle zu ...", begann die Alte zu sprechen. Das kleine, junge Gazellenkind, welches eben anscheinend noch so negativ aufgefallen war, hörte nichts mehr von dem, was die Älteste erzählte. Es lag längst im Gras und war eingeschlafen.

Als die Dämmerung einsetzte, stieg auch die Aufmerksamkeit unter den Tieren. Das jüngste war ausgeschlafen und bereit, den großen im Falle einer Flucht zu folgen. Es dauerte nicht lange, da meldeten einige Böcke, dass sich Löwen der Gruppe näherten. Der stärkste Mann rief laut: „Jetzt kommt es drauf an. Die jungen in die Mitte und die stärksten an den Rand. Gazellen, jede an ihren Platz. Auf geht es zum *Florentine-Wall* gegen die Angreifer." Das Kleine stand in der Menge und konnte es nicht fassen. Es gab kein Weglaufen, keine Flucht, was sollte das bloß werden?

Die Löwen näherten sich siegessicher. Als die gefräßigen Feinde auf Sprungweite herangekommen waren, kam das Kommando: „Alle Speere in Kampfstellung, zweite und dritte Reihe Aufstellung und die anderen stützen von hinten." Die leichte Beute wurde plötzlich zu einem stacheligen und unüberwindbaren Hindernis. Ein Löwe aber wollte es versuchen. Er schritt stolz und stark auf die spitzen Stangen der Gazellen zu. Mit einem Prankenhieb forderte er das Glück heraus und verlor. Das kräftige Gehörn der entschlossenen Gazellen bohrte sich tief in die Pfote des mutigen Löwen.

Der höllische Schmerz veranlasste ihn und alle anderen, sich zurückzuziehen. Die Gazellen feierten ihren Erfolg und die Löwen mussten sich, wollten sie diese Beute nicht völlig aufgeben, eine neue Methode ausdenken, um diesen unerwarteten und undurchdringlichen Wall zu knacken.

Florentine wusste nichts von diesem großen Sieg der Gazellen, sie flog immer ihrer Nase nach. Im Kreise ihrer Artgenossen fühlte sie sich völlig sicher und war zuweilen sehr unaufmerksam. Bis, ja, bis eines Tages eine ganz andere Gefahr auf sie zukam. Laut schreiende und tobende Kinder kamen auf die Wiese am See. Florentine saß auf einer Blüte und genoss sorglos deren Saft, als sich mit einer großen Decke eine tödliche Finsternis über ihr ausbreitete und den mutigen, aber auch leichtsinnigen kleinen Zitronenfalter unter sich begrub.

Florentine wurde das Opfer einer Gefahr, der die Schmetterlinge kaum entfliehen können.

Die „Florentine-Methode" aber machte dieses kleine gelbe Flügeltier unsterblich. Der Einzelne mag schwach sein, aber zusammen, da sind alle beinahe unschlagbar.

So hört man es seither nicht nur von den Tieren, denn auch die Menschen haben diese eindringliche Botschaft vernommen. Aber haben wir auch wirklich den Sinn verstanden?

Verständnis

Wenn einer dich verhaut,
oder dich beklaut,
verstehe es.

Wenn einer lang gelebt,
nach Gutem gestrebt,
verstehe es.

Wenn einer muss sterben,
hat nichts zu vererben,
verstehe es.

Wenn einer den Nerv raubt,
und nicht an Gott glaubt,
verstehe es.

Wenn einer sein Leben beendet,
hat jemand geschändet,
verstehe es.

Wenn einer Unrecht tut,
hat keinen Mut,
verstehe es.

Wenn einer über dich lacht,
dich unsicher macht,
verstehe es.

Wenn du alles verstehst,
wohin du auch gehst,
ist das Verständnis,
oder hast du dich selbst nur verloren?

Nur ein Spaziergang

Ich lief vom Wohnzimmer in die Küche und zurück. Schaute aus dem Fenster und konnte mich nicht entscheiden, was ich tun wollte oder sollte. Eigentlich hatte ich einen ausgedehnten Spaziergang im Sinn, aber die Wolken formierten sich zu einer massiven Front, die mich immer wieder zögern ließ, meine Wohnung zu verlassen. Doch dann hatten die höheren Mächte ein Einsehen mit mir und meiner Unentschlossenheit. Sie rissen ein großes Loch in den düsteren Himmel. Ich nahm dies als das Zeichen an, endlich loszugehen.

Mit wetterfester Bekleidung trat ich aus dem Haus, man weiß ja nie, was kommt. Noch immer etwas unsicher, schaute ich zum Himmel hinauf. Tatsächlich konnte ich das Blau des Firmaments sehen. Das machte mir Hoffnung, und so begab ich mich auf den Weg.

Die Straße hinunter, bis zum See, über die Halbinsel und dann auf den Friedhof. Es begleitete mich das Blau des Himmels, als würde es über mir schweben und allein für mich dort oben eingerichtet worden sein. Immer wieder strahlte auch mal die Sonne hindurch. Wenn sie es tat, und sie tat es öfter, dann wurde es plötzlich spürbar wärmer. Sie stach sehr heftig hindurch, schien mich ein wenig ärgern zu wollen. Ich ließ es geschehen, hätte es doch nicht ändern können. Der Wind hatte sich auch eine Auszeit genommen, denn es bewegte sich kein Blatt an den Bäumen. So schritt ich ganz gemächlich zwischen den Gräbern entlang. Manchmal las ich die Namen auf den Grabsteinen, einfach so.

Plötzlich war ein Schatten da. Sofort blickte ich zum Himmel hinauf. Aber das Blau war da, unverändert, wie mir schien. Allerdings wurde die Wolkendecke rundherum immer dunkler. Was genau den Schatten verursacht hatte, konnte ich nicht erkennen. Vielleicht sollte ich ja nur dem Treiben dort oben zuschauen.

An einer Ruhestätte blieb ich einen Moment lang stehen. Erst gestern war hier jemand beigesetzt worden. Das wusste ich deshalb, weil ich währenddessen in einiger Entfernung vorbeigelaufen war.

Die bunten Blumen leuchteten so schön, dass ich einfach dorthin kommen musste, den Anblick zu genießen. Es ist manchmal schon seltsam, die einen trennen sich von einem geliebten Menschen und trauern, andere hingegen erfreuen sich an den Farben des Grabschmuckes. Wer immer da unten lag, dem wünschte ich alles Gute, wo immer er auch hin sein mochte. Mit einer fast unsichtbaren Verneigung verabschiedete ich mich von dieser prächtig ausgeschmückten Ruhestätte und ging weiter.

Kaum hatte ich die lange, gerade Straße des alten, ehrwürdigen Friedhofes betreten, da wurde es dunkler. Die Sonne verschwand, wie das große Loch in der Wolkendecke. Von Weitem hörte ich die ersten Regentropfen näherkommen. Ein grauer Vorhang aus Wassertropfen, die sich in den Wolken aus kondensiertem Wasserdampf gebildet hatten, und nun auf die Erde fielen, bewegte sich auf mich zu. Deutlich war das Aufschlagen der kleinen Wasseransammlungen zu vernehmen. Dunkle Stellen konnte ich sehen, dort, wo ein Tropfen aufschlug und zerplatzte. Ich schaute zum Himmel hinauf und dachte: „Du ärgerst mich nicht." Dann erreichten mich die ersten Tröpfchen. Sie krallten sich fest in jeder Pore meiner Haut, in meinen Haaren und im Gewebe meiner Jacke. Zuerst schlugen sie auf, zersprangen in winzige Teilchen und verteilten sich so überall, wo sie nur konnten. Ich zog meine Kapuze über den Kopf, um möglichst trocken zu bleiben. Die Tropfen wurden immer größer. Sie schlugen auf, zerplatzten, krallten sich im Gewebe fest und verteilten sich. Bald fand ich keine trockene Stelle mehr auf meiner Jacke. Sie wurde immer schwerer und dabei schien sie weicher zu sein als vorher. Die Regentropfen setzten sich in dem Material fest und hielten sich gegenseitig. Plötzlich zersprangen die Tropfen nicht mehr. Sie landeten weich, wie in einem Sprungkissen. Es schien mir so, als würden sie beim Auftreffen von ihren Freunden aufgefangen und gehalten. Aus dem Wasserdampf der Wolken wurden Tropfen, die sich in meiner Jacke zu einer Wassermasse vereinigten und langsam nach unten flossen. Doch die Gemeinschaft nahm heftig zu, wurde zu schwer und konnte nicht mehr von einigen Wenigen getragen und gehalten werden. Aus der Feuchtigkeit am unteren Rand meiner Jacke bildeten sich erneut Tropfen, die sich fallen ließen und im Stoff meiner Hose Halt fanden. Als wollten sich diese kleinen Wassermengen nicht von mir trennen, versammelten sie sich nun auch noch in meiner Hose. Ich spürte die Kühle des Wassers, welches sich nicht geschlagen geben wollte. Ich schaute nicht mehr hin, aber spürte deutlich, wie das Kalte an meinen Beinen heruntwanderte. Jacke und Hose durchnässt, zogen die Regentropfen in Socken und Schuhe ein. Bei jedem Schritt hörte ich das Wasser unter dem Druck meines Gewichtes schnaufen. Erneut schaute ich zum Himmel und sagte laut: „Hallo, ihr da oben, ihr könnt mich damit nicht ärgern."

Ein paar Minuten später, ich dachte gerade daran, dass ich ja selbst auch zum großen Teil aus Wasser bestehen würde und sich diese Wassermengen möglicherweise verbinden wollten, zu einer Art Familientreffen. Wenn eine solche Verbindung aber nicht möglich war, so mussten sich die vielen Regentropfen wieder von mir trennen. Da hörte es plötzlich auf zu regnen, als hätten meine Gedanken Einfluss auf das Wetter gehabt, welches sich ertappt fühlte. Schnell lösten sich die dunklen Wolken auf. Die Sonne lachte hervor und der Wind pustete wie ein Föhn beim Friseur die Bäume, Sträucher und Blumen trocken. Einige kleine weiße Wolken hielten sich aber beständig am Himmel. Sie schienen darauf zu warten, dass der Wind und die Sonne dafür sorgten, dass sich die heruntergefallenen Wassertropfen erneut in Dampf verwandelten und mit der warmen Luft hinaufschwebten, um sich erneut in die Gemeinschaft der Wolken einzugliedern. Ich suchte mir ein Plätzchen, wo mich die Sonne mit all ihrer Kraft bescheinen und der Wind mich zart umschmeicheln und trocknen konnte. Es machte mir Freude zuzusehen, wie die grauen Schwaden verdampften Wassers in den Himmel aufstiegen. Meine Sachen trockneten zusehends, nur einige Tropfen verharrten in meinen Schuhen und begleiteten mich noch bis nach Hause. Dort trennte ich auch die letzten Verwegenen mit einem Handtuch von mir, und ganz langsam folgten sie ihren Freunden hinauf zurück in die Wolken.

Einsamkeit

Geboren, ohne gefragt zu werden,
bist nicht beschwerdefrei,
spürst kein Recht geliebt zu werden,
das ist doch einerlei.

Lebst bei denen, die dich schufen,
wie andere Seelen auch,
kannst leider nicht nach Hilfe rufen,
hältst alles fest, im Bauch.

Du lebst bei ihnen, bist noch klein,
keiner wird es merken,
dass in dir drinnen du allein,
die Liebe könnt dich stärken.

Auch später gehst du überall,
wo Menschen sind in Massen,
du bleibst allein auf jeden Fall,
wirst sie dafür hassen.

Das Leben wird nicht lebenswert
und wärest du auch reich,
etwas machst du doch verkehrt,
es bleibt nur der Vergleich.

Du rennst und rennst durchs Leben,
für dich scheint's Liebe nicht zu geben.
Du kannst nur Hass noch weben,
willst beenden schon dein Leben.

Zum Sterben bist du längst bereit.
Das ist die Macht der Einsamkeit.

Fluchtversuch

Es ist 19:00 Uhr, vor einer halben Stunde habe ich Abendbrot gegessen, natürlich wieder zu viel. Ich sitze im Sessel und schaue aus dem Fenster. Die Übermacht der Wolken hat die Sonne verdrängt und hüllt die Bäume vor meinem Haus in dunkle, graue Mäntel. Kein Blatt bewegt sich. Es ist, als wäre die Zeit stehen geblieben. Ein quälender Druck, den ich nicht genau erklären kann, presst mich zusammen. Die Atmung wird immer flacher und ein Gefühl von Eingemauertsein macht sich breit. Ich möchte schon wieder essen, aber ich darf nicht. Ich denke daran, dass ein Bier sicher gut tun würde. Alkohol? Nein! Ich bleibe einfach sitzen und konzentriere mich auf meine Atmung, dann wird es sicher bald besser werden.

Warum eigentlich kein Bier? Was leiste ich mir denn schon?

Nichts, aber auch gar nichts. Also warum nicht dieses bisschen Bier? Ich gehe jetzt zu Fred in die Kneipe, da gibt es bestimmt eine Ablenkung.

„Ach lebst du auch noch? Ich meinte schon, ich hätte deine Beerdigung verpasst." Fred lächelt mich freundlich und mit seinem gewohnten Schalk im Nacken an. Ich schaue mich um, aber die Kneipe ist noch fast leer. „Hallo Fred, du weißt doch, Unkraut vergeht nicht. Sollte ich einmal dran sein, die Füße an die Decke zu stellen, dann sage ich dir ganz sicher vorher Bescheid."

„Lecker Bier?"

„Wie immer, der Mensch ist ein Gewohnheitstier." Ich setze mich an den Tresen und lasse meinen Blick wandern. Mir scheint es so, als würde es hier genau so aussehen, wie es auch bei meinem letzten Besuch aussah. Die Flaschen stehen dicht gedrängt, bereit, jederzeit einen guten Schluck auszuspucken. Die albernen Sprüche an den kleinen Glastüren des Gläserschränkchens sind immer noch dieselben. Alles scheint wie immer, ein ruhiges Bild, welches eine gewisse Sicherheit ausstrahlt.

Fred zapft ein Pils und trägt es an den Tisch hinter mir. Dort setzt er sich und schwatzt mit den Gästen. Ich spüre die feuchte

Kälte des Glases zwischen meinen Fingern. Ein, zwei Schlückchen des frisch gezapften Bieres, dann steht das Glas wieder nichtssagend vor mir. Meine Finger beschäftigen sich damit, den Papierkringel, der die herablaufende Nässe aufhalten soll, immer wieder im Kreise zu drehen.

Mein Blick fällt auf einen Spruch, von wegen: Kredit gibt es nur für 80-Jährige in Begleitung ihrer Eltern. Früher hätte ich darüber gelacht, aber heute erscheint es mir irgendwie nicht mehr so unrealistisch. Wenn sie die Rente wirklich auf 70 anheben wollen, dann hätten die Leute doch erst mit 80 Zeit in die Kneipe zu gehen. Außerdem müssen die Alten immer länger arbeiten, sie brauchen die Knete, um ihre Gesundheit finanzieren zu können. Wer das nicht kann, der schafft es gar nicht erst bis in die Rente. Die beste Krankheit taugt nichts, besonders wenn man auf andere angewiesen ist. Seniorencenter stampft man aus dem Boden und wirbt damit, dass dort alles für die ältere Generation getan werden könne. Doch wie sieht es da wirklich aus? Wer sich selbstständig bewegen und versorgen kann, der ist gut dran. Die meisten Einwohner werden allerdings auf Hilfe angewiesen sein, und dann fängt das Problem an, deutlicher zu werden. In einer Welt, in der Profit das erstrebenswerteste Ziel ist, da fällt die Menschlichkeit einfach schnell unter den Tisch. Profit gibt es nur dort, wo man extrem spart, und dies führt dazu, dass es nie genug Personal geben wird. Zu wenig Mitarbeiter machen über kurz oder lang die Arbeit zu einer unerträglichen Belastung. All der Frust, der sich mit der Zeit aufbaut, wird, wie könnte es anders sein, an die abgegeben, die sich nicht wehren können, nämlich die, die dort wohnen. Ein schönes Zimmer mit allem Drum und Dran macht etwas her. Aber was bedeutet es dem, der dort im Bett liegt und keine Möglichkeit hat, dieses tolle Zimmer zu verlassen? Ein schönes Zimmer mit allem Drum und Dran. Eine schöne Farbe an den Wänden, Superqualität und das Feinste vom Feinsten sind nicht mehr als eine Falle.

Hilflos gefangen in der Einsamkeit, die hoffnungslos präsent ist. Es ist, als würde jemand im Süßwasser schwimmen und Durst haben, aber er kann nicht schlucken. Wer in solch einem Raum eingesperrt wird, ohne dass ein Schlüssel notwendig ist, der leidet, bis die Zeit ihn befreit.

Die Zeit ist ein guter Tipp. Die Uhr zeigt an, dass ich erst eine halbe Stunde hier bin. Doch eine Ablenkung habe ich leider noch nicht bemerkt. Auch Fred hat heute wohl kein Interesse an einem Schwätzchen mit mir. Nur hin und wieder kommt er hinter dem Tresen vorbei und zapft ein Bier.

„Na, du auch noch ein Pils?"

„Ja, ja, Fred, mach mal eins fertig." Ich schiebe ihm das leere Glas rüber und er stellt ein volles hin.

An den kleinen Glastüren klemmen auch Geldscheine aus verschiedenen Ländern der Erde. Geld, ja, ich muss aufpassen, dass ich mich hier nicht übernehme. Meine Finanzen sind sowieso schon stark begrenzt. Deshalb komme ich ja nur so selten in diese Kneipe. Natürlich kämpfe ich mich jeden Monat mit dem wenigen Geld über die Zeit, will mich auch nicht beklagen. Dennoch, was würde ich mit 1000 Euro mehr im Monat anfangen? Klar, es gibt viele Kleinigkeiten, die ich mir dann anschaffen könnte. Doch was, wenn ich sie habe? Was, wenn ich jeden Tag in die Kneipe gehen könnte? Was, wenn ich endlich ohne Ängste über den Monat kommen würde?

Das würde mich sicher beruhigen, aber wäre ich deswegen glücklicher? Ich sitze hier, weil ich es zu Hause nicht mehr ausgehalten habe. Was mich hierher flüchten ließ, war nicht der Mangel an Geld. Diesen Fluchtversuch habe ich unternommen, weil ich die Einsamkeit meiner Wohnung nicht mehr ertragen konnte. Nicht dass meine Wohnung schlecht wäre, nein, ganz im Gegenteil. Sie gefällt mir ausgesprochen gut und auch mit dem Wohnumfeld bin ich sehr zufrieden.

Vielleicht würde ich mir ein kleines Haus kaufen, wenn ich sehr viel mehr Geld hätte. Nein, ich glaube nicht, denn es würde mir nicht das bringen, was ich so dringend zum Glücklichsein brauche. Was mir fehlt, das kann ich leider nicht kaufen. Egal, und wären es Millionen, die würden mich in einer Hinsicht wahrscheinlich beruhigen, aber auf der anderen Seite nur neue, unangenehme Probleme heraufbeschwören. Mein Problem könnten auch sie nicht lösen, die Millionen.

Immerhin kann ich sagen, ich habe einige Leute mit einer dicken Brieftasche überlebt. Die Zeit ist unabhängig vom Geld. Am

Ende zählt doch nur, ob man glücklich gelebt hat. Vielleicht würde ich das Glück leichter finden mit einem beruhigenden Bankkonto? Was ist Glück? Was ist Glück für mich? Jeder muss sein Glück finden und was könnte das für mich sein? Die Liebe! Die Liebe, die einfach da ist. Die mich nimmt, wie ich bin, mit all meinen Fehlern, Schwächen, Ängsten und meinen Stärken. Eine Liebe, die bedingungslos mich betrifft. Geliebt und begehrt werden, weil ich einfach ich bin.

„Fred, gibst du mir noch ein Bier?"

„Na klar doch."

Ich schaue den dunklen Bildschirm des Fernsehers an, der hinten über dem Tresen an der Wand hängt. Wie war das noch? Ein 16-jähriges Mädchen war bei der Kallwass. Eine große Enttäuschung brachte ihr Leben völlig aus dem Gleichgewicht. Ein vermeintlicher Freund lud sie ein und verführte sie zum Sex, dann warf er sie wie eine alte Tasche weg und schlief mit ihrer besten Freundin. Schnell fand sich ein anderer Typ und das Mädchen meinte, dies müsste die große Liebe sein. Sie hatte mit ihrem Freund und anderen mehrere Sexpartys gefeiert. Wenn ihr Lover es sagte, dann schlief sie mit jedem. Nicht dass es ihr gefallen hätte, aber sie vermutete, dass es so richtig gewesen war. Mit den Eltern konnte sie nie reden. Entweder hatten sie nie Zeit oder kein Interesse an ihren Sorgen. Dann zog auch noch ihr letzter Halt, der Bruder, aus. Ihren Vater erwischte sie beim Fremdgehen und die Mutter tat alles, um mit 45 wie 25 auszusehen. Alle waren mit sich beschäftigt und die Kleine hatte niemanden, zu dem sie gehen konnte. Zu guter Letzt stellte sich noch heraus, dass ihr Lover mehrgleisig fuhr. Völlig verunsichert saß die Lütte da und verstand die Welt nicht mehr und mir schnürte es den Hals zu. Es waren ja nicht die Fakten, die mich berührten, es waren die Gefühle, die ich plötzlich spürte. Mir kam das alles sehr bekannt vor. Diese Verzweiflung, diese Hoffnungslosigkeit, diese ungeheuer tiefe Traurigkeit und die nie enden wollende Hilflosigkeit machen einem viel zu oft das Leben zur Hölle auf Erden. Das Schlimmste aber ist, ich habe mich selbst in diesem Leben verloren. Niemals hatte mich jemand gefragt, wie ich empfinde, was ich gern hatte. Alles verlief so, wie es die Eltern und auch die anderen Erwachsenen vorgeschrieben hatten. Ein geregeltes Leben, in dem ich verloren ging, wie diese Kleine im Fernsehen. Selbstbewusstsein ist für mich ein Fremdwort und mein Spiegelbild nur ein niederschmetternder Anblick. Mich selbst lieben, weshalb? Wie soll das gehen, wenn mich doch niemand wirklich liebt. Ich sitze hier, bin Mitte 50 und habe die Hoffnung auf Liebe längst aufgegeben. Sicher, Sprüche gibt es viele, aber die helfen wenig, wenn ich in meiner Wohnung sitze und die Einsamkeit mich langsam auffrisst. Dabei bin ich ja nicht allein, nur einsam. Die Menschen scheinen mich ja zu mögen, aber für die Liebe reicht es nicht. Nun gut, die Richtige war eben noch nicht da und abgerechnet wird erst am Schluss.

Übrigens Schluss, es ist zwanzig nach zehn, eigentlich sollte ich gehen. Gehen? Etwa nach Hause, in die ach so wunderschöne Einsamkeit? Es kommt mir vor, als sollte ich zu meiner eigenen Hinrichtung laufen. Nein, ich lebe noch und deshalb werde ich mir noch ein Bier gönnen.

„Fred, ein Getränk mit schöner Blume kann ich noch vertragen."

„Geht klar. Soll ich dir noch so einen Kleinen dazustellen?"

„Heute besser nicht, danke."

Es ist voller geworden und neben mir wird jemandem ein Salatteller hingestellt. Essen wäre jetzt nicht schlecht, aber das Budget reicht nicht aus für solche Dinge. Lecker sieht es ja aus, da fällt mir ein, die Nahrungsmittel sollen deutlich teurer werden. Die meisten Leute kommen schon jetzt nicht mehr hin, wie sollen sie dann noch zurechtkommen? Politiker sind ein grausames und käufliches Pack. Vielleicht habe ich ja keine Ahnung, aber ich habe ein Herz. Sie reden doch schon lange darüber, dass viele Kinder nicht genug zu essen haben und dann wollen sie die Nahrungsmittel noch teurer machen? Die können mir viel darüber erzählen, dass es in anderen Ländern ganz anders aussieht, aber ich lebe hier und mit mir rund 80 Millionen Menschen. Was für ein Blödsinn! Die einen wissen nicht, wie sie überleben, die anderen nicht, wie sie ihr Geld loswerden sollen. Wenn ich mir das vorstelle, da gibt es vielfache Milliardäre, von denen einige ihren Reichtum teilen wollen. Sie wollen plötzlich Milliarden verschenken? Warum geht das nicht schon im Vorfeld? Verteilten sie ihr Geld an mehr Vollzeitjobs, dann wären weit weniger Menschen auf die Zuwendungen des Staates angewiesen. Der Rentenbeginn bräuchte nicht ständig in die Höhe getrieben zu werden und alle Jugendlichen hätten eine Ausbildung. Politiker wollen mir jetzt weismachen, die Alten sollen mit ihrem Wissen den Fachkräftemangel beseitigen, da kann ich nur lachen. Warum nicht Rente mit 80 oder 90? Keiner verliert ein Wort darüber, weshalb wir diesen Mangel überhaupt haben. Familien werden auseinandergerissen, Politiker kommen und gehen, Unternehmer werden auf Kosten der Angestellten immer reicher. Wenn ich heute in einem Laden einkaufe, weiß ich nicht, ob er morgen noch da ist, nichts ist mehr von Bestand. Da ist nichts, woran sich Heranwachsende festhalten könnten. Ich denke, was ich und wir alle heute erleben, ist die Arbeit von Politikern, Wirtschaftsbossen, von Lehrern und Eltern, ist ein Ergebnis, welches durch Macht- und Geldgier geschaffen wurde. Selbst jede Hilfe fragt nicht nach Möglichkeiten, sondern danach, wer sie bezahlt. Menschen, selbst in größter Not, sind nur Mittel zum Zweck, um Reibach zu machen. Die sogenannten höheren Ziele lassen schnell über Menschenleben hinweggehen. Wenn das die höchste Entwicklung in der Natur sein soll, dann muss die da wohl einen großen Fehler konstruiert haben. Ich bin ein Fehler, da kann und darf ich mich doch gar nicht beklagen.

Mein Gott, ist das alles eine Scheiße.

„Fred, noch ein Bier und einen Kleinen und die Rechnung. Ich muss nach Haus."

„Bitte."

„Danke, Fred." Es ist schon erstaunlich, wie er immer, na gut, fast immer, so locker drauf ist. Ich bemühe mich, freundlich und offen zu sein, aber innerlich bin ich völlig durcheinander. Die Gedanken toben hin und her und die Themen wechseln so schnell, dass ich kaum sagen könnte, welche es waren. Mein Fluchtversuch in die Kneipe ist, so wie es aussieht, auch wieder nur als Fehlschlag zu bewerten.

Geld, das ich ohnehin schon nicht habe, ausgegeben und kein Gespräch geführt, nur gedankenverloren dagesessen. Ich komme mir richtig blöd vor.

„Tschüss, Fred, bis irgendwann."

Der Traum vom Baum

Ich ging spazieren, nur im Traum,
da stand an einem Zaun,
man glaubt es kaum,
ein Baum.

Ich wollte meinen Augen nicht trau`n,
ein richtig großer, mächtiger Baum,
drohte mir auf den Kopf zu hau`n,
seine stachligen Früchte, nur im Traum,
dort an dem Zaun,
ja, man glaubt es kaum,
ein wunderschöner Maronenbaum.

Tiefe Einblicke

„He, Helga, komm mal, sieh dir das an. Im Fernsehen zeigen sie schon wieder die Schwuchteln. Die sollten alle an die Wand gestellt werden."

Helga betritt das Wohnzimmer.

„Na endlich. Da, guck dir das an."

„Ach Karl, du weißt doch, dass ich das nicht mag. Wir geraten nur wieder in Streit und am Ende gehst du dann wieder in die Kneipe."

„Was soll das denn jetzt? Du sollst dir das anschauen und fertig."

„Ist ja gut, ich schaue mir das ja an."

„Endlich Montag und Karl ist auf Arbeit", spricht Helga leise vor sich her.

Da klingelt das Telefon. „Ja, hier bei Mannteufel?"

„Hallo Frau Mannteufel, hier ist Edeltraud."

„Ach du bist es, Gott sei Dank."

„Wieso? Was ist bei euch los?"

„Ach nichts, alles wie immer."

„Helga, raus mit der Sprache. Hat er dich schon wieder geschlagen?"

„Nein, wirklich nicht."

„Du setzt dich jetzt auf der Stelle in die Bahn und kommst zu mir. Dann können wir reden."

Wie ihr geraten, fährt Helga sofort zu ihrer besten Freundin.

„Hallo, Helge, zieh dich schon mal um, wenn du magst, ich mach uns erst einmal einen Kaffee."

„Ja, den kann ich brauchen."

„Was war denn bei euch schon wieder los?" Die männliche Stimme aus der Küche kommt herein.

„Setz dich erst einmal, ich erzähle es dir ja gleich."

Edeltraud stellt den Kaffee auf den Tisch und setzt sich ganz dicht zu Helge hin. Dann schauen sie sich in die Augen und umarmen sich lange und gefühlvoll. Der Blick seiner Freundin ist fordernd und Helge ist schwach.

„Helge, warum lässt du dir das alles gefallen? Du bist doch ein Mann, der wehrt sich auch mal? Oder ist das alles nur Fantasie?"

„Edeltraud, du machst es dir einfach. Edgar kann sich einfach in die Rolle von Edeltraud einlassen, aber ich kann mich nicht plötzlich in einen Wrestlingtypen verwandeln. Ich habe zwar hier bei dir Hosen an, doch damit kann ich mich nicht gegen Karl durchsetzen."

„Du hast ja recht. Und wie soll das mit euch weitergehen? Hast du schon an Trennung gedacht?"

„Ja, immer wieder, aber ..."

„Aber was?"

„Ich ..."

„Ist gut, wir reden später darüber. Dann sag mir doch erst einmal, was war denn am Wochenende bei euch los?"

„Ach, Karl saß wie üblich vor dem Fernseher und schaltete die Sender durch. Auf einem, ich weiß nicht welchem, da lief eine Talkrunde. Es ging wohl um Transsexualität und es waren einige Betroffene dabei. Karl wird immer gleich so wütend und ausfallend, wenn er solche Typen sieht. Was meinst du, was los ist, wenn wir einem in der Stadt begegnen, der auch nur den Anschein erweckt, schwul oder weich zu sein. Dann flippt er total aus und ich habe das Gefühl, er geht auf mich los. In den Momenten kann ich meine Angst spüren, was passieren könnte, wenn er von Helge wüsste."

„Oh ja, das will ich dir glauben. Obwohl ich ja sagen würde, wenn ich ihn nicht so kennengelernt hätte, er sieht nicht gerade so aus wie ein typischer Schläger. Was mag ihn wohl so in Wut bringen? Nur weil es solche Menschen gibt?"

„Ich weiß es nicht, er war früher anders. Damals hatte ich das Gefühl, er versteht mich, und ich hatte die Hoffnung, mit ihm über Helge sprechen zu können. Doch dann hat er sich völlig verändert."

„Und wie soll es weitergehen? Du tust dir nichts Gutes, wenn du das immer wieder hinnimmst."

„Manchmal habe ich so gedacht, ich werde es ihm einfach sagen und dann abwarten, was geschieht." Helge senkt den Blick, er spürt seine Verzweiflung, seine Traurigkeit deutlich.

„Warum eigentlich nicht? Vielleicht ist es die beste Variante und bringt für dich eine schnelle Lösung. Selbst wenn Karl dich rauswirft, dann kommst du eben zu mir und wir sehen dann weiter." Edeltraud gibt sich erneut fordernd und versucht Helge dabei etwas Sicherheit zu geben.

„Du meinst wirklich, ich soll es ihm einfach an den Kopf werfen?" Helges Augen beginnen ein wenig zu strahlen. Er richtet sich auf und erscheint stärker als noch vor wenigen Minuten.

Für einen Augenblick scheint es in Helge eine lebenswerte Zukunft zu geben.

„Also Helge, wenn Karl heute nach Hause kommt", antwortet Edeltraud sehr forsch, „dann wirst du es ihm sagen, einfach so, ohne Vorwarnung und direkt ins Gesicht. Wenn er ausflippt, dann verlässt du auf der Stelle die Wohnung und kommst zu mir."

Es ist kurz vor 18:00 Uhr, die Wohnungstür wird geöffnet und Karl betritt ahnungslos sein Heim. Helga steht in der Küchentür. Sie schaut ihm zu, wie er sich die Schuhe auszieht und seine Jacke an die Garderobe hängt. Er bemerkt dieses ungewöhnliche Verhalten und schaut fragend den Flur entlang. Er kann spüren, dass hier etwas anders ist als sonst.

„Hallo Karl, komm doch mal in die Küche, ich muss dir etwas sagen." Helga zittert am ganzen Körper, sie ist so verspannt, dass sie kaum atmen kann. Karl sagt kein Wort. „Setz dich bitte. Was ich dir jetzt sage, das hätte ich schon vor langer Zeit tun sollen, doch ich tat es nicht. Meine Angst war stets zu groß, und so habe ich mich nicht getraut. Deshalb möchte ich dich bitten, ganz ruhig zu bleiben und mich anzuhören."

Karl ist verwundert und neugierig. Er geht an den Kühlschrank, holt sich ein Bier und setzt sich an den Tisch.

„Seit meiner Kindheit habe ich immer gespürt, dass ich anders bin. Mit aller Kraft habe ich versucht, so zu leben, wie man es von mir erwartet hatte, und auch, wie du es von mir erwartet hast. Doch seit dem Wochenende ist etwas anders geworden. Du hast dich so sehr aufgeregt über die Leute in der Talksendung und ich habe es so empfunden, dass du dich über mich aufgeregt hast. All deine schlimmen Worte, deine Wut und deine Aggression prasselten auf mich ein. Denn auch ich hätte in der Runde sitzen können." Karl bekommt große Augen, sagt aber noch immer kein Wort. „Ja, ich hätte auch in der Sendung sein können, denn auch ich bin anders. Seit ich etwa vier Jahre alt war, fühlte ich mich nie wie ein Mädchen. Doch ich lebte, wie es mir vorgeschrieben und wie es von mir erwartet wurde. Du kennst ja Edgar, meinen alten Schulfreund. Als ich ihn zum ersten Mal wieder traf, spürte ich etwas, das mich ruhiger machte. Es war aber nicht dieses Gefühl, als wenn man sich in jemanden verguckt. Vielmehr fühlte ich eine Sicherheit und einen Frieden bei ihm. Nach einer Weile erklärte er mir, dass er sich gar nicht als ein Mann fühlt, sondern weiblich. Von diesem Zeitpunkt an genoss ich jede Minute, die ich mit ihm verbringen konnte. Niemals hatte ich den Wunsch, daraus eine Partnerschaft zu machen, nie wollte ich mit ihm etwas anfangen. Aber ich fühlte mich wohl in seiner Nähe. Eines Tages wagte ich es und offenbarte mich ihm. Seit dieser Zeit treffen wir uns öfter, und wenn ich dir sagte, ich gehe zu Edeltraud, dann war ich bei ihm. Deshalb konnte ich dir Edeltraud auch nie vorstellen."

Helga ist innerlich völlig am Boden. Sie redet und schaut Karl dabei genau an. In der ständigen Erwartung, dass etwas ganz Schlimmes losbrechen, dass Karl ihr jeden Moment an die Kehle springen wird, spricht sie dennoch in ruhigem Ton immer weiter.

„Ich bin Helge, das, was meine Seele ist. Mein zweiter Kleiderschrank befindet sich bei Edeltraud. Dort ziehe ich mich um und lebe für wenige Stunden den Mann in mir aus."

Karl schaut sie mit großen Augen an. Er sieht sie einfach an. Kein Wort kommt über seine Lippen, die Stille ist beängstigend. Helga beginnt noch stärker zu zittern, so heftig, dass auch der Schrank, an dem sie sich anlehnt, zu vibrieren beginnt. Ihr Ehemann setzt die Flasche an und trinkt. Als er sie wieder auf dem Tisch abstellt, entdeckt Helga Tränen in seinen Augen. Sie ist völlig verwundert und kann nicht begreifen, was das zu bedeuten hat.

„Was ist mit dir?" Ihre Frage klingt zaghaft, aber doch auch ein wenig von Sorge erfüllt. Ihr schlimmster Albtraum sitzt vor ihr und hat feuchte Augen, damit hat sie nicht gerechnet. „Entschuldige, ich muss mal ...", dann verlässt sie den Raum.

Karl trinkt gerade, als Helga zurückkehrt. Sein Gesicht ist nass und noch immer ist keine Wut, keine Aggression, nichts Bedrohliches in seinem Ausdruck zu finden. Die Tränen laufen ihm bis in den Hemdkragen hinein. Sie ist unsicher, total überrascht und verwundert, denn sie kann nicht verstehen, was hier gerade geschieht. Alles worauf sie sich seelisch und moralisch eingestellt hatte, trat bisher nicht ein. Helga setzt sich Karl gegenüber an den Tisch.

„Was ist los? Karl, was ist mit dir? Nun sag doch was." Er hebt den Blick und sieht in ihre ängstlichen Augen. Dann zieht er ein Taschentuch heraus und wischt sich die unerwartete Feuchtigkeit aus dem Gesicht. Er holt tief Luft und nimmt einen Schluck aus der Flasche.

„Ja, wie soll ich da anfangen? Du erzählst mir hier Dinge über dich und deinen Edgar, die ich nicht erwartet hatte. Nein, ich hatte auch nicht erwartet, dass ich so darauf reagieren könnte. Doch es hat mich einfach überrascht und ich war nicht darauf vorbereitet. Da kommen so einige alte Gefühle wieder hoch, von denen ich glaubte, sie los zu sein."

„Und was für Gefühle sind das?" Helgas Stimme ist leise und unsicher.

„Es ist schon so lange her und ich habe noch nie darüber gesprochen. Ich wollte nicht, dass mich jemand daran erinnert. Es war schon so weit weg und nie hätte ich gedacht, dass es mich einholen würde."

„Was denn? Was sollte dich nicht einholen? Was ist mit dir los?"

„Nicht jetzt, bitte nicht jetzt. Ich muss mich erst wieder einkriegen." Er steht auf und geht.

Viele Stunden der Unsicherheit und der Angst vergehen. Karl geht wie üblich zur Arbeit und kommt heute etwas früher nach Hause. Helga sitzt in der Küche und harrt der Dinge, die da kommen würden. Eine große Tasse Tee steht vor ihr und in ihren Händen knetet sie ein Taschentuch. Sie lauscht gespannt, was sich auf dem Flur tut. Dann öffnet sich die Tür.

„Hallo."

„Tag, Karl."

„Was trinkst du da?"

„Kamillentee, willst du auch welchen?"

„Ja, bitte." Helga steht auf und gießt ihm eine Tasse Tee ein. Dann stellt sie ihm diese hin und setzt sich wieder. Sie ist voller Neugier und total angespannt, aber sie schweigt. Ihr Blick mustert ihr Gegenüber. Doch sie kann keine Wut und keine Aggression spüren, das ist neu.

„Willst du nicht mit mir reden? Weißt du, ich habe dich gestern Abend in einer Weise erlebt, die ich noch nie an dir bemerkt habe. Etwas an dir war so ganz anders, so gefühlvoll. Magst du darüber reden?"

Karl sitzt schweigend da und stiert in seine Tasse. Die Situation ist für beide neu und kaum auszuhalten. Jeder spürt die steigende Spannung, aber traut sich nicht einen Laut von sich zu geben. Dann hebt er den Kopf und schaut mit ängstlichem Blick in ihre Augen. Sie wartet gespannt ab.

„Was ich dir jetzt erzähle, das weiß niemand. Ich wollte nie mehr daran denken, aber deine plötzliche Offenheit und dieses besondere Thema haben in mir eine Tür geöffnet, von der ich glaubte, sie für immer verschlossen zu haben. Doch jetzt werde ich von einer Gefühlslawine überrollt, die mit ungeahnter Wucht in mein Leben schlägt. Ich habe darüber nachgedacht, ob ich dir von diesen Ereignissen erzählen soll oder nicht. Aber zwischen uns stimmt einiges nicht mehr und es brauchte wohl diesen Auslöser, damit ich aufwache."

Helge sitzt da und ist von seinen Worten und seiner nie gezeigten Art überrascht. Dennoch ist seine Angst allgegenwärtig, er traut dieser neuen Situation nicht. Helges Neugier aber ist groß und auch Helga ist sich darüber im Klaren, jetzt muss sie sich gedulden.

Karl kann diese Stille kaum aushalten. Er spürt, dass er jetzt reden muss oder in die alte Rolle zurückkehren. Diese Gefühlslawine macht die Entscheidung schwer. So sehr er sich gegen sie zu wehren versucht, sie blockiert ihn, lässt ihn nicht zurück in die harte und gewaltbereite Rolle. Er spürt genau, dass es an der Zeit ist, etwas in seinem Leben grundlegend zu verändern. Das macht ihm große Angst.

Die Stille zerrt an den Nerven der beiden. Keiner wagt etwas zu sagen. Nicht einmal anschauen können sie sich in diesem Augenblick. Jeder wartet auf den Einstieg durch den anderen. Helga will ihre Tasse anheben, doch ihre zitterige Hand lässt das Geschirr nur leise klirren. Da fasst sich Karl ein Herz.

„Ist schon gut, ich werde dir von dem erzählen, was ich in meiner Kinderstube erlebt habe. Es ist schon so lange her, und deshalb kann ich dir nicht mehr genau sagen, wann es begonnen hatte. Eines Tages jedenfalls kam mein Vater zu mir und meinte, wir könnten doch ins Bootshaus fahren. Ich freute mich und erwartete einen Supertag. Aber anstatt auf dem See zu sitzen, meinte er, wir müssten uns mal unterhalten. Also gingen wir in das kleine Zimmer, welches im oberen Teil des Bootshauses eingerichtet war. Mein Vater setzte sich direkt neben mich und stellte den großen Beutel, den er mitgebracht hatte, auf den Boden. Er erklärte mir, ich sei doch ein hübscher Bube und dass er stolz auf mich wäre. Doch er fände es noch schöner, wenn ich mal in die Kleider meiner Schwester schlüpfen würde. Sie ist, wie du weißt, zwei Jahre älter als ich." Karl schaut zu Helga hinüber. „Damals fand ich das klasse, denn ich wollte auch immer so aussehen wie meine Schwester. Außerdem kannte ich meinen Vater so noch nicht, also tat ich es. Das fühlte sich dann auch wunderschön an. Manchmal sollte ich mich vor ihm drehen und ein wenig hin- und herspringen. Er schaute mich dabei so anders an, so friedlich, wie ich es nicht gewohnt war, dass ich mich immer besser fühlte. Hin und wieder machte er auch einige Bilder von mir in Mädchensachen. Doch wenn wir den Heimweg antraten, dann sagte er immer wieder, dass es eine reine Männersache sein würde und niemand außer uns beiden etwas darüber erfahren dürfte. Es kam mir gerade recht, denn ich fühlte mich toll und das sollte niemand zerstören."

„Du hast die Kleidchen deiner Schwester angezogen? Warum wolltest du das denn?", fragt Helga nach.

„Mein Vater war sehr streng und es hat oft Schläge gegeben. Nie hat er mich gelobt oder gar etwas mit mir unternommen. Meine Mutter schwieg dazu, ich denke, sie hatte einfach Angst vor ihm. Meine Schwester aber war die kleine Prinzessin und wurde immer verwöhnt. Ich wollte auch so sein und auch so gestreichelt und geliebt werden. Außerdem gefielen mir ihre langen Haare unglaublich gut."

„Das ist wohl ungewöhnlich, doch sehe ich keinen Grund, nicht darüber zu reden." Helga wird langsam ruhiger, denn sie glaubt, diese Gefühle zu kennen. Es ist wie mit Helga und Helge, denkt sie. „Dann wolltest du schon ganz früh ein Mädchen sein?"

„Ja, ich wollte so sein wie sie und auch so behandelt werden. Ich aber musste hart sein, und wehe ich begann einmal zu weinen, dann setzte es Hiebe. Meine Schwester allerdings durfte das alles. Ich glaubte, es wäre alles viel schöner, wenn ich ein Mädchen geworden wäre. So habe ich die Ausflüge in das Bootshaus genossen. Eines Tages, ich war bestimmt schon acht oder neun Jahre alt, da bemerkte ich, wie sich mein Vater zwischen die Beine griff. Wenn ich so vor ihm herumlief und mich drehte, dann ließ er seine Hände in die Hose gleiten und spielte mit seinem Gehänge. Bald fiel die Hose und er machte es direkt vor meinen Augen. Es beängstigte mich nicht, denn ich spürte darin keine Bedrohung. Die Hauptsache war doch, dass ich mich gut fühlte. Außerdem sah er dann so friedlich aus und so ungefährlich."

Es fällt Karl unglaublich schwer, darüber zu reden. Da kommt ihm das Läuten an der Haustür gerade recht.

Der Abend ist schon fortgeschritten und es läuft seit ewigen Zeiten zum ersten Mal kein Fernseher, kein Radio. Die beiden setzen sich nach dem Abendbrot und der Hausarbeit, die sie zum ersten Mal zusammen erledigt haben, ins Wohnzimmer. Jeder vermeidet es, dem anderen zu dicht zu kommen.

Keiner hat seit dem Klingeln an der Haustür ein Wort gesprochen. Helga ist von dem Bericht erschüttert, das hat sie nicht erwartet. Doch jetzt wird die Neugier größer als alle Befürchtungen.

„Ist es in Ordnung, wenn ich etwas frage?"

„Mach das, ich werde mich bemühen, dir zu antworten."

„Ist dir nie der Gedanke gekommen, dass das, was ihr da gemacht habt, nicht erlaubt und in Ordnung war? Ich meine, ich kann mir das nicht wirklich vorstellen."

„Am Anfang habe ich auch solche Gedanken gehabt, aber dann überwogen doch die schönen Gefühle. Außerdem hatte ich ja nichts Schlimmes getan und damals glaubte ich meinem Vater. Ein schlechtes Gewissen bekam ich erst einige Zeit später. Ich wurde älter, und so spürte ich eines Tages gewisse Veränderungen. Es war wieder einmal die Einladung meines Vaters, ins Bootshaus zu fahren. Schon bei dem Gedanken regte sich, für mich überraschend, etwas in meiner Hose. Als ich mich dann umzog, fühlte ich meine erste starke Erektion und wie sich mein *Kleiner* plötzlich veränderte. Ein supertolles Gefühl, was auch meinem Vater nicht verborgen blieb. Von da an zeigte er mir sehr deutlich seine Erregtheit und wollte immer wieder die meine sehen. Eines Tages holte er mich zu sich heran und hob das Kleid so hoch, dass er meine Erregung direkt vor sich hatte. Während er an sich herumspielte und seine Männlichkeit verwöhnte, fasste er mich an. Es war wundervoll und ich dachte nicht mehr darüber nach, was eigentlich tatsächlich geschah. Als er mich einmal sehr verwöhnte, bemerkte ich eine deutliche Verstärkung meiner Erregung und so kam ich schließlich zu meinem ersten Orgasmus. Schon kurz darauf ist auch mein Vater gekommen. Seit dem Tag kam er dann auch immer mal wieder abends in unser Zimmer. Oft wartete er bis meine Schwester schlief, ehe er zu mir kam. Dann setzte er sich auf mein Bett und schob seine Hand unter die Bettdecke. Es war schön, aber ich fühlte mich trotzdem sehr unwohl. Ich fürchtete, dass meine Mutter und meine Schwester einmal darauf kommen könnten. Manchmal habe ich mich gefragt, ob sie es nicht schon längst wussten."

„Du meinst, deine Mutter hat das alles geduldet?"

„Ja, ich halte das für möglich."

„Hast du eigentlich mal daran gedacht, Nein zu sagen oder dich an jemanden zu wenden?"

„Ehrlich gesagt hatte ich ja keinen Grund dafür, es war viel zu schön. Später, als das Verständnis für diesen Umgang sich veränderte, da habe ich mich gar nicht mehr getraut. Ich war ja mitschuldig. Außerdem waren da diese unsagbar schönen Gefühle, die ich auch nicht aufgeben wollte. Es war sogar noch schöner, und ich meine echt schön, als er mich angefasst hat. Erst als ich ihn eines Tages selbst anfassen sollte, da spürte ich eine innere Abneigung. Es behagte mir nicht, aber um Nein zu sagen, fehlte mir der Mut. Ich dachte, das läuft nun schon so lange, wer würde mir glauben. Dazu kommt noch, dass ich mich einfach zutiefst mitschuldig fühlte. Ich hatte es ihm doch so leicht gemacht, gerade weil es mir gefallen hatte, und das wollte ich auch nicht wieder verlieren. Und dann stand ja die Frage, was würde anschließend geschehen? Nur einmal habe ich ihn gefragt, ob das nicht verboten ist und ausgesprochen, dass ich mich dabei nicht mehr wohlfühlte. Die Folgen hatte ich mit einem Fahrradunfall erklärt. Nein, ich konnte nicht Stopp sagen."

Helga schaut ihn an und ist verwirrt. Es gehen ihr zu viele Gedanken durch den Kopf. Doch tief in sich selbst weiß sie, dass es nicht so einfach gewesen war und ist, sich mit solchen Problemen an jemanden zu wenden.

Wie lange spürt sie schon Helge in sich und wem hatte sie sich anvertraut? Niemandem.

„Du verurteilst mich jetzt auch, stimmt's?"

„Nein, ich verurteile dich nicht. Es ist nur so überraschend und dabei so erdrückend. Ich dachte eben daran, dass ich dir auch noch nie etwas von Helge erzählt hatte. Ich glaube, ich kann dich ganz gut verstehen. Wie lange ging das eigentlich?"

Karl schaut Helga an, er ist sichtlich erleichtert.

„Das ging, bis ich 18 wurde und so schnell ich konnte auszog."

„Hat deine Schwester nie etwas mitbekommen?"

„Ich bin mir nicht sicher. Aber es ist mir bekannt, dass auch sie von meinem Vater missbraucht wurde. Eines Abends, als ich schon fast eingeschlafen war, da ging die Tür auf und mein Vater kam herein. Er sprach mich leise an, aber ich tat so, als würde ich schon schlafen. Dann ging er zu ihrem Bett herüber und setzte sich. Ich habe nur mitbekommen, dass er sie flüsternd aufgefordert hat, ihr Nachthemd hochzuziehen. Sie sagte kein Wort. Dann hörte ich, wie er sich auf sie legte und leise zu stöhnen begann, wie im Bootshaus. Etwas später erkannte ich das Geräusch, wenn er sich die Hose zumachte. Er ging und eine erdrückende Stille lag im Raum. Nein, ich habe sie nie darauf angesprochen. Wie hätte ich das tun können? Ich hatte doch schon mit mir genug zu tun. Außerdem hätte ich es doch nicht ändern können." Karl senkt den Kopf und Tränen laufen über sein Gesicht. Helga reicht ihm ein Taschentuch.

„Aber du kommst doch mit deiner Schwester super zurecht, willst du es nicht mal versuchen, mit ihr darüber zu reden?" Helga ist ganz von sich selbst abgekommen, versucht ihn zu unterstützen, zu stärken.

„Bisher habe ich es tief in meinem Innern vergraben. Früher hatte ich es nicht gewagt, war zu ängstlich, schämte mich und fühlte mich schuldig."

„Das ist doch Unsinn. Wie kann ein Kind daran schuld sein, was der Vater mit ihm anstellt? Außerdem kann ich mir nicht vorstellen, dass über die Jahre deine Mutter nichts bemerkt haben soll. Vielleicht kannst du ja jetzt mit deiner Schwester reden. Ich kann mir gut vorstellen, dass es ihr nicht viel besser geht als dir."

„Keine Ahnung, im Moment denke ich noch nicht darüber nach. Das kam jetzt alles so plötzlich und ich brauche erst einmal Zeit, mir selbst klarer zu werden."

„Das ist sehr schlimm und ich bin unsicher, wie ich dir helfen kann. Aber es erinnert mich an meine Kindheit und meine Entwicklung. Auch ich habe nie mit jemandem über meine Gefühle gesprochen. Dass ich lieber ein Junge geworden wäre, das konnte ich doch niemandem sagen. Ich habe so gelebt, wie man es von mir erwartet hat, und wenn ich nicht vor einigen Jahren Edgar wieder getroffen hätte, Helge wäre sicher heute noch nicht gelebt worden. Edgar ist da anders. Er enthüllte mir schon bei unserem zweiten Treffen, dass er sich als Frau fühlte, dass er zu Hause in Frauenkleidern herumlief. Das war der Beginn einer besseren Zeit für mich. Nach einigen Wochen offenbarte ich mich ihm ebenfalls, und er meinte damals, er habe das längst gespürt. Es tat mir unglaublich gut, mit ihm über meine tiefsten inneren Gefühle und Wünsche zu sprechen. Aber wenn ich nach Hause ging, dann brach die Angst wieder über mich herein, sodass ich dir nie etwas darüber sagen konnte."

„Das tut mir leid, aber ich wollte doch …"

„Es ist gut. Wir reden ja jetzt, das ist wichtig. Wenn Edeltraud mich nicht so unter Druck gesetzt hätte, dann wäre es vermutlich nie dazu gekommen."

„Entschuldige, aber ich muss jetzt in die Kiste, ich bin fix und fertig."

Es ist Samstagmorgen und die Sonne scheint.

Die beiden haben in den letzten drei Tagen nicht mehr über die schweren Probleme gesprochen.

Dennoch haben sie viel miteinander geredet. Alles erschien den beiden viel leichter als all die vielen Jahre.

Helga hat das Frühstück fertig und Karl kommt noch etwas verschlafen in die Küche. „Guten Morgen." Sein Ton ist etwas kratzig.

„Guten Morgen, Karl, Kaffee?"

„Ja, bitte."

Helga schaut ihn prüfend an.

„Darf ich noch mal etwas fragen wegen – na, du weißt schon."

Plötzlich ist Karl hellwach.

„Bitte gib mir doch die Butter rüber. Was willst du wissen?"

„Na ja, ich habe darüber nachgedacht, was dich eigentlich in der Gesprächsrunde im Fernsehen so aufgeregt hat. Es ging doch gar nicht um Missbrauch."

„Nein, es ging nicht um Missbrauch, aber etwas Ähnliches. Beim Anblick der Transen und Transvestiten und so weiter, da spürte ich meine eigenen Bedürfnisse, über die ich nie reden konnte. Es war vermutlich die Wut darüber, dass ich nicht so sein durfte wie die dort in der Runde. Ich habe meine Gefühle, Wünsche und Bedürfnisse mit aller Kraft unterdrückt, seit ich ausgezogen war. Eines Tages kamst du und ich versuchte ein ganz normales Leben zu führen. Doch die Kraft, mich selbst zu unterdrücken, schlug in Wut und Aggression gegen andere um. Du hast mich immer wieder an meine Gefühle erinnert, und so habe ich all meinen Frust an dir ausgelassen. Es tut mir leid, aber ich konnte es nicht anders." Er schaut Helga an und wieder laufen ihm Tränen über das Gesicht.

„Es ist ja gut, ich habe es verstanden. Natürlich hat es sehr, sehr wehgetan und so manches Mal hätte ich dich am liebsten erschlagen. Doch meine eigene schwierige Lage hat das verhindert."

Karl steht plötzlich auf und verlässt die Wohnung. Helga ist verwundert und völlig verunsichert.

Er stellt einen Koffer in die Küche und setzt sich wieder an den Tisch. Helga fällt ein Stein vom Herzen. „Hier sind meine Sachen, in denen ich mich wohlfühle."

„Darf ich?" Dabei schaut sie ihn neugierig an.

„Bitte, tu dir keinen Zwang an." Karl ist erleichtert, denn so braucht er nicht selbst den Koffer zu öffnen.

„Woher hast du die Sachen?"

„Mal hier, mal da etwas abgefasst und im Gebrauchtwarenladen einiges gekauft."

„Du stehst auf Petticoat?"

„Ja, das ist meine Welt. Die Röcke und Kleider und die zauberhaften Frisuren, da kann ich nur neidisch werden. Sicher bin ich mir darüber im Klaren, dass ich etwas lächerlich in den Sachen aussehe, aber das ist mir egal."

„Dann fühlst du dich als Frau?"

„Nein, ich bin Mann und will das auch bleiben. Nur hin und wieder brauche ich einfach diese Gefühle, mich schön weiblich zu kleiden. Dann ist es, als wäre ich auf einer Insel der Ruhe und des Friedens. Es wäre toll, wenn ich mich mit einem Fingerschnippen in eine Frau und zurück verwandeln könnte. Dann kann ich entspannen und mich für ein paar Stunden wohlfühlen."

„Und was ist mit deinen Eltern? Kannst du dir vorstellen, sie heute noch anzuzeigen? Vielleicht würde dich deine Schwester dabei unterstützen?"

„Nein, ich werde es nicht tun. Es ist zu lange her und ich könnte doch nichts daran ändern. Ich denke eher daran, mit meiner Schwester zu reden und vielleicht auch einmal meine Eltern darauf anzusprechen. Zu mehr bin ich jetzt nicht bereit, ich werde sehen, was kommt."

„Wir müssen die schönen Sachen waschen und vernünftig in den Schrank hängen." Helga braucht eine Pause, um zu überlegen. Sie hat einen Gedanken, ist sich aber nicht sicher, ob sie ihn äußern soll.

„Ach, ich wollte ... könntest du dir vorstellen, dass du, ich und Edeltraud uns einmal treffen und uns so begegnen, wie wir uns empfinden? Vielleicht ist es ja zu früh, aber es wäre doch eine gute Möglichkeit, uns noch besser kennenzulernen und auszutauschen. Ich Helge, du Karl, das Mädchen auf Zeit, und Edeltraud, Menschen mit ihren Gefühlen und ihren individuellen Bedürfnissen unterstützen sich gegenseitig." Karls Augen leuchten, dann senkt er verunsichert seinen Blick.

„Ja, vielleicht, ich kann dir das jetzt nicht so mit Sicherheit sagen, ich brauche noch Zeit."

„Ist doch gut, war nur so ein Gedanke. Noch vor einer Woche habe ich diese Welt verflucht und jetzt ist alles anders gekommen. Ich frage mich, warum haben wir das eigentlich nie bemerkt und nicht darüber gesprochen? Wir haben uns das Leben gegenseitig schwer gemacht, dabei geht es doch auch anders. Ich weiß im Moment nicht, wie es mit uns weitergehen soll. Hast du eine Ahnung?"

„Nein, ich kann es dir jetzt leider auch nicht sagen."

Sie setzen sich beide am Abend vor den Fernseher und schauen zusammen die Fortsetzung der Gesprächsrunde vom letzten Sonntag.

Bei den Weiden

Mein Leiden führte mich zu den Weiden,
der Weg ließ sich bisher vermeiden,
denn die Weiden werden nicht vermeiden mein Leiden,
und doch ließ ich mich treiben,
in meinem Leiden,
dann wollt ich die Gedanken vertreiben,
über mein Leiden,
das Leiden für andere zu vermeiden,
alles sollte enden bei den Weiden.

Der Karton

Klaus ist 27 Jahre alt, 1,79 m groß, schlank, hat einen muskulösen Körper, ist unglaublich traurig und sitzt auf dem Dachboden. Dort schaut er sich alte Fotos an. Er hatte schon früher immer mal wieder mit seinen Eltern den großen alten Karton hervorgezogen und sich die alten Bilder angesehen. Doch heute hat es leider einen besonders traurigen Grund, warum er dies tut. Vor einigen Tagen ereignete sich ein schwerer Unfall auf der Autobahn, bei dem sein Vater ums Leben kam. Gestern war die Beisetzung auf dem alten Friedhof. Die Bilder sollen ihm helfen, sich an die schönen Dinge zu erinnern, die er mit seinen Eltern, insbesondere mit seinem Vater, erlebt hatte.

Klaus kennt die Bilder, und doch glaubt er sie heute ganz neu zu erleben. Bei jedem Bild fühlt er die Nähe seines Vaters. Auch erinnert er sich daran, wie glücklich er mit seinen Eltern war, in der Hohen Tatra oder in den Alpen. Dass er nie Ski laufen gelernt hatte wie sein Vater, erschien ihm jetzt als ein schlimmer Fehler, denn er hatte dem Vater, so fühlte er es in diesem Moment, etwas verweigert.

Und wie heiß der Sommer gewesen war, als sie am Wörtersee Urlaub gemacht hatten, kann er beim Anblick der Fotos noch deutlich spüren. Klaus lächelt ein wenig, denn er hält nun die Bilder von dem großen Angelurlaub in seinen Händen, als er mit seinem Vater in einem Schlauchboot unterwegs war. Mutti wollte damals nicht mitfahren, und so machten sich die beiden Herren auf, die allergrößten Fische herauszuziehen. Es war ein Superwetter gewesen und die Fische versammelten sich im Setzkescher, um später über dem Feuer knusprig gebraten zu werden. Dann hatte Vati den Anbiss seines Lebens. Ein verdammt großer Wels hatte seinen Köder genommen und versuchte mit diesem zu entfliehen. Wäre Vati doch nur sitzen geblieben, dann hätten sie den kapitalen Fisch sicher an Land gezogen, doch Vati stand plötzlich auf. Der Wels tobte, Vati schwankte hin und her und Klaus versuchte auszugleichen, so gut es eben ging. Dann ließ der Druck plötzlich nach und Vati zog den Wels ganz langsam zum Schlauchboot. Klaus hielt den Kescher in den Händen und schaute zu dem überwältigenden Fang. Noch vier, noch drei, noch zwei Meter, der Kescher tauchte bereits ins Wasser ein, den Wels an Bord zu hieven.

Da machte der vermeintlich große Fang einen letzten Versuch, sein Schicksal selber zu bestimmen. Vater und Sohn lagen im Wasser, das Schlauchboot über ihnen und der Wels mit dem Köder und einem Stück Schnur war weg. Klaus erinnert sich, als wäre es gestern gewesen. Wie hatte die Mutti gelacht, als die beiden wie zwei nasse Pudel ankamen und nicht einen Fisch mitbrachten. Der Setzkescher hatte sich beim Kentern leider auch gelöst und alle Gefangenen waren entflohen.

Klaus fühlt sich jetzt etwas besser und packt die Bilder wieder ein.

Der Karton will nicht mehr so recht in die Lücke passen. Der Stapel Papier, der neben der alten Fotokiste seinen Platz hatte, ist etwas ins Rutschen gekommen. Klaus versucht den Stapel zu ordnen, doch das Papier flutscht ihm unter den Händen weg. Überraschenderweise stört es Klaus heute nicht wirklich, dass es nicht so läuft, wie er es sich wünscht. Als er die Blätter richtet, fällt ihm ein Schuhkarton auf, der unter dem Stapel steht. Klaus ist neugierig und zieht ihn hervor. Dann hebt er den Deckel der Schachtel an, die ihm bislang aus irgendeinem Grund verborgen geblieben war. Etwas überrascht stellt er fest, dass der Karton voll mit Bildern ist. Klaus setzt sich erneut auf den Boden und zieht ein Bild nach dem anderen heraus. Was ist das? Das kann doch nicht sein! Es sind Fotos, die seine Eltern vor langer Zeit zeigen und die sie ganz anders darstellen, als Klaus sie bisher kannte. Völlig durcheinander nimmt er schließlich den Schuhkarton und geht damit zu seiner Mutter hinunter. Er stellt den Karton auf den Tisch und schaut seine Mutter fragend an.

Sie hat den Moment der Konfrontation mit diesen Bildern nie gefürchtet, da muss es gerade jetzt dazu kommen. Sie starrt den unglückseligen Behälter an und schweigt. Ohne ein Wort zieht Klaus ein Bild nach dem anderen heraus und legt es vor seiner Mutter auf den Tisch.

Die Stille ist unerträglich und weglaufen kann auch keiner mehr. Jeder sucht den Blickkontakt zum andern, um in den Augen vielleicht etwas sehen zu können, was jetzt hilfreich sein könnte. Die Mutter sieht, was sie erwartet hat, und fühlt sich nun noch heftiger unter Druck geraten. Klaus schaut seine Mutter fordernd an. Doch er sieht in ihre Augen und kann ihre Angst und ihre Traurigkeit spüren. Aus dem Fordern wird ganz langsam ein Mitgefühl. In seinem Kopf gehen ihm zu viele Gedanken herum, er kann seine eigene Unsicherheit deutlich wahrnehmen. Er braucht aber eine Antwort auf die Bilder. Klaus setzt sich an den Tisch, versucht ruhiger zu werden.

„Sag mir, was hat es mit diesen Bildern auf sich? Ist das da wirklich Papa?" Seinen Finger legt er auf ein bestimmtes Foto. Die Mutter spürt ihre Bedrängnis und sucht angestrengt nach einer ausreichenden Antwort.

„Ja, das ist dein Vater." Dann bleibt es wieder unerträglich still. Klaus sieht, wie schwer es seiner Mutter fällt, über diesen Teil der Geschichte der Familie zu reden. Einige Tränen laufen über ihr Gesicht. Klaus betrachtet Bild für Bild und etwas in ihm fühlt sich seltsam an.

„Bitte, Mutti, erzähl mir, was es mit den Bildern auf sich hat. Ich sehe doch, wie sehr es dich bewegt und belastet, es ist an der Zeit, die Dinge ans Licht zu bringen."

„Ach Klaus, es ist schon so lange her und ich hatte nicht im Traum daran gedacht, dass es diese Bilder überhaupt noch gibt. Vati sollte damals alles wegwerfen, aber er hat es leider nicht getan. Jetzt ist er tot und ich muss nun allein damit zurechtkommen."

„Ja, Vati ist nicht mehr unter uns, warum so wenig Vertrauen? Jetzt fehlt er mir noch mehr und leider wird er mir nicht mehr auf meine vielen Fragen antworten. Du aber bist hier und du kennst die Geschichte, also erzähl sie mir, bitte."

„Es war damals, als man noch nicht so offen über diese Dinge reden durfte, als diese Menschen noch hart bestraft wurden, wenn es herauskam. In der Zeit trafen sich einige Gleichgesinnte heimlich an abgelegenen Orten, um miteinander zu reden. Jeder konnte ohne direkte Gefahr seine Gefühle zeigen und sich ziemlich sicher sein, dass er verstanden wurde. Dort lernte ich auch deinen Vater kennen. Wir haben viel miteinander geredet und alle zusammen eine Menge unternommen. Es war eine schöne Zeit, wenn wir in der Gruppe waren, und wir haben viel gelacht und geträumt." Klaus sitzt gespannt da und lauscht. „Klaus, gib mir bitte mal den Orangensaft und ein Glas."

„Sicher doch, hier bitte, erzähl weiter."

„Eines Tages hörten wir davon, dass einer unserer Freunde plötzlich verhaftet wurde. Es gab damals noch den Paragrafen 175, der erst 1994 abgeschafft wurde. Na ja, es dauerte eine Weile, ehe wir den Grund für die Verhaftung erfuhren. Jemand hatte ihn angezeigt, wegen seiner Orientierung. Wir konnten leider nicht in Erfahrung bringen, wie genau es herauskam. Erst als unsere Gruppe immer kleiner wurde, glaubten wir an einen Verräter in unseren eigenen Reihen. Dein Vater und ich waren enge Freunde geworden, es gab in unseren Geschichten einige Ähnlichkeiten, die uns ein Gefühl der Nähe gaben. Wir trafen uns immer öfter in dem alten Café hier um die Ecke. Irgendwann glaubten wir, dass uns jemand beobachten würde. Es war die Angst, die uns immer dichter zusammenrücken ließ. Eines Tages beschlossen wir, uns durch das Eingehen einer Ehe der vermeintlichen Bedrohung entziehen zu können. Deshalb heirateten wir und versuchten unsere Gefühle, so gut wir es vermochten, zu unterdrücken."

„Das klingt irgendwie idiotisch. Wie passe ich da hinein, das verstehe ich nun gar nicht." Die Mutter gießt sich noch von dem Orangensaft nach und erscheint ein wenig ruhiger.

„Wir wollten immer Kinder haben. Das mag sich seltsam anhören, aber das ist gar nicht so ungewöhnlich unter solchen Menschen. Doch wir waren am Anfang zu unsicher und wussten nicht recht, ob das gut gehen würde. Erst als uns einige Nachbarn sahen, wie wir mit einem der Freunde aus der Gruppe sprachen, und dann anfingen zu tuscheln, veränderte sich etwas. Die Freunde, mit denen wir gesprochen hatten, waren etwas auffälliger als wir es waren. Es reichte eben schon der Kontakt, um sich ins Gerede zu bringen. Daraus entwickelte sich der Entschluss, gemeinsam ein Kind zu bekommen. Auf diese Weise wollten wir uns unseren Kinderwunsch erfüllen und gleichzeitig dem Gerede aus dem Weg gehen. Das hat auch wirklich gut funktioniert, und so leben wir heute noch." Die Mutter bricht in Tränen aus. Klaus ist sehr bewegt und dennoch nicht zufrieden.

„Warum habt ihr nie darüber gesprochen, nicht einmal mit mir?"
„Warum hätten wir das tun sollen? Wir waren doch froh, dass wir irgendwie zurechtkamen."
„Dann habt ihr euch nie geliebt?"
„Am Anfang nicht wirklich, da war es nur Sympathie, aber wir kannten uns schon sehr gut. Später haben wir uns lieben gelernt, auf unsere ganz eigene Weise. Bevor du fragst, wir haben dich aus Liebe bekommen, nicht als ein notwendiges Übel. Wir haben dich geliebt und wir, entschuldige, ich werde dich immer lieben, solange ich lebe."
„Das weiß ich doch." Klaus steht auf und geht zu seiner Mutti hinüber, legt seinen Arm auf ihre Schulter und gibt ihr einen Kuss auf die Wange.

„Guten Morgen." Klaus sieht unausgeschlafen und unzufrieden aus.
„Guten Morgen, hast du … was ist los?"
„Nein, ich habe nicht gut geschlafen, fast gar nicht. Und ja, es gibt da so einiges, das mir noch durch den Kopf geht und das ich nicht wieder loswerden kann."
„Was ist das? Wenn es um Vati geht, vielleicht kann ich dir helfen."
„Ja und nein. Es ist nur so, dass ich nicht verstehe, wie sehr ich ihn doch anders erlebt habe, als du ihn beschreibst. Ich hätte eine solche Geschichte niemals hinter seinem Auftreten vermutet." Die Mutter spürt die Unsicherheit in Klaus und den wachsenden Druck.
„Ja, du hast recht. Dein Vater hat sich sehr verändert. Um die Wahrheit nicht ans Licht kommen zu lassen, verhielt er sich immer männlicher, immer kühler. Er wollte den ganzen Kerl mimen, bis er ganz von diesem anderen Charakter erfüllt war. Der liebevolle Mann wurde immer härter. Ganz besonders schlimm war er, wenn ihn seine Gefühle einholten. Hin und wieder drängte sein tiefstes Inneres nach außen und das versuchte er dann mit aller Macht zu verhindern."
„Deshalb war er also so ein Kotzbrocken, wenn es um Leute ging, die anders waren als der Standard. Du willst mir sagen, dass seine ganze Aggressivität gegen die andersdenkenden und andersfühlen-

den Menschen nur deshalb entstand, weil er sich nicht seinen eigenen Gefühlen stellen wollte oder konnte?" Klaus ist enttäuscht und dabei irgendwie heftig gereizt.

„Ja, so, denke ich, hat sich das entwickelt. Er war ein guter Vater, auch wenn er so seine Probleme hatte. Nie hat er mich oder dich verletzt. Er hat dich und seine kleine Familie geliebt und beschützt. Doch bei aller Anstrengung blieben seine Gefühle nur eingesperrt und wurden nicht gelebt. Gefühle aber verschwinden nicht einfach, sie bleiben tief in unserem Innern verborgen, bis sie dich zerstören oder dein Leben verändern. Er wurde auf seine Art von vielen Leuten geliebt, aber von einigen auch gefürchtet. Ich konnte immer etwas von dem in seinem Tun entdecken, was er tief in sich fühlte. Ich spürte seine Zerrissenheit und die unermessliche Angst davor, dass die Wahrheit seines Wesens einmal publik würde."

„Aber entschuldige, wie bist du damit umgegangen, wo bist du mit deinen Gefühlen abgeblieben? Es muss dir doch ähnlich wie Vati ergangen sein?" Die Mutter hat Tränen in ihren Augen. Klaus spürt, dass sie froh ist, dass er endlich auch nach ihrem Befinden fragt. Er nimmt aber auch ihre Angst wahr, sich ihren eigenen, so lange schon unterdrückten Gefühlen zu stellen.

„Am Anfang erging es mir wie Vati. Wir waren gute Schauspieler, wie sich bis heute gezeigt hat. Aber dann bemerkte ich, wie sehr sich dein Vater bemühte, wie viel Kraft er brauchte, um dieses Spiel durchzuhalten. Als dann immer öfter auch heftige Aggressionen auftauchten, da brauchte ich alle Kräfte, um ihn zu schützen, ihn zu beruhigen und ihm Geborgenheit zu schenken, so gut ich es vermochte. Die Zeit verging und irgendwann war alles nur noch Routine, Selbstverständlichkeit. Ich war zu beschäftigt mit meiner Funktionsfähigkeit, als dass ich mich meiner eigenen Gefühle erinnert hätte. Nun ja, und da warst ja auch noch du, der mich, der uns brauchte."

Klaus sitzt seiner Mutter gegenüber und schweigt. Er sieht sehr nachdenklich aus, unsicher.

„Was ist los, Klaus?"

„Ich denke gerade über mich nach. Vati war mein großes Vorbild und ich habe mich bemüht, ihm gerecht zu werden. Er sollte doch stolz auf mich sein und du natürlich auch. Aber da sind auch Dinge, die ich nicht verstanden hatte und die ich versucht habe, einfach zu verdrängen."

„Was meinst du mit Dinge, die du verdrängt hast?"

„Na ja, ich fühlte mich sehr oft nicht wohl, bei dem, was ich tat. Ich habe mich bemüht, der zu sein, den ihr euch gewünscht habt, aber innerlich gab es auch noch etwas anderes, einen anderen. Ich habe auf die Spatzen geschossen, weil es alle erwarteten, auch wenn es in mir drinnen sehr wehtat. Doch Vati meinte, es wäre gut so und ich wollte das glauben. Es war besonders seltsam, wenn ich die Leute verprügelt habe. Ich hatte das Gefühl, etwas Tolles, etwas Richtiges zu tun, wenn ich auf die Schwachen einschlug und Vater auf mich stolz zu sein schien. Es spornte mich sogar immer wieder an, Vati damit zu beweisen, dass ich sein Sohn war. Nur tief in mir tat es weh. Es war, als würde ich auf mich selber einprügeln, und das konnte ich nicht verstehen. Reden konnte ich auch nicht darüber. Es hätte Vati sicher nicht gefallen, wenn sich sein Sohn plötzlich als ein Weichei darstellte. Ich wollte euch doch nicht enttäuschen."

„Klaus, jetzt rede nicht um den heißen Brei herum. Was ist eigentlich los? Was zum Teufel willst du mir hier mitteilen? Raus damit, ich will es jetzt wissen!"

„Na ja, ich habe mich irgendwie immer bei den Jungen wohler gefühlt, aber nicht mit dem, was ich tat. Mädchen waren immer ein wenig wie du, ich meine, sie waren nur Freundinnen. Sie haben mich begehrt und bewundert, was ich doch für ein toller Hecht war, nur, mehr war da nicht. Ich meine, ich bin 27 Jahre alt und hatte noch nie eine Freundin, na ja, du weißt schon, was ich meine. Als ich 13 war, da habe ich plötzlich Gefühle in mir entdeckt, die so ganz anders waren als sie hätten sein sollen. Es waren Jungs, auf die ich abfuhr, und keine Mädchen, das konnte ich nicht verstehen, das durfte ich nicht zulassen. Vater hätte das nicht verstanden und verkraftet, dachte ich damals. Jetzt erscheint mir das alles so unreal, so unsinnig. Mit allen Kräften versuchte ich diese Gefühle loszuwerden oder zu verstecken. Und je mehr ich mich anstrengte, desto öfter habe ich mich geprügelt."

„Oh mein Gott, sag mir, dass dies nicht die Wahrheit ist."

„Doch, so leid es mir tut, es ist die Wahrheit. Die Mädchen haben sich um mich bemüht und ich habe versucht mich einzulassen.

Doch bei jedem Kuss spürte ich, dass etwas nicht stimmte. Aber was oft vermeintlich richtig zu sein scheint, das muss nicht immer richtig sein, wie ich es gerade, auch durch die Bilder, deutlich gemacht bekomme. Ich habe überzeugend einen so harten Kerl rübergebracht, damit mir die Jungs nicht zu nahekamen. Jungs in meiner Nähe lösten immer wieder heftige Gefühle in mir aus, das durfte nicht sein."

„Habe ich das jetzt richtig verstanden, du willst mir erklären, dass du schwul bist?"

Klaus schaut sie an, zögert ein wenig, denkt kurz nach, ehe er antwortet.

„Ich war schon 22 Jahre alt, da traf ich einen Typen, der mich faszinierte. Er hatte eine männliche, sehr sportliche Figur, einen kräftigen Körperbau und war irgendwie anders, viel weicher. Es tat gut, in seiner Nähe zu sein, besonders wenn wir allein waren. Wir trafen uns hin und wieder an einer Stelle am See, an der uns niemand so schnell störte."

„Wo war das? Ich meine, wo am See habt ihr euch getroffen?"

„Dort bei den alten Villen, die Stelle heißt Aalmulde."

„Ich kenne die Stelle, es ist vermutlich die gleiche, an der wir uns früher mit unseren Freunden trafen und wo ich deinen Vater kennenlernte. Kann man da immer noch so gut baden wie früher?"

„Ach so, das hast du mir nicht erzählt."

„Ich hielt es nicht für wichtig, aber das war ein Irrtum, wie es scheint. Schau dir die Bilder mal genauer an, dann kannst du es erkennen."

„Na ja, eines Abends trafen wir uns wieder dort und es war ein Superwetter. An dem Abend war eine Großveranstaltung in der Stadt, und so waren wir schon sehr früh allein. Während wir redeten, spürte ich eine Wärme in mir, wie ich sie bis dahin nicht kannte. Die Nähe zu ihm fühlte sich wundervoll an und ich bemerkte gar nicht, wie wir uns immer dichter kamen. Ihm entging auch nicht, wie ich ihn anschaute. Da saß ein schöner Mann vor mir, der sich anscheinend auch für mich interessierte und ich entglitt in einen wunderschönen Traum. Die Sonne ging langsam unter und wir schauten uns in die Augen. Dann berührte er mich und ich spürte einen sehr heftigen und ungeheuer leidenschaftlichen Reiz in mir. Die Welt um mich herum hatte ich völlig vergessen, da berührten sich unsere Lippen und ein zauberhafter Abend blieb mir als Erinnerung."

„Und dann? Was geschah dann? Wie bist du damit umgegangen?"

„Ich ging nach Hause. Auf dem Weg spürte ich noch diese angenehme Nähe und die Berührungen. Doch je weiter ich mich von der Stelle entfernte und meinem Zuhause näherkam, desto mehr wurde aus dem Erlebten etwas Negatives. Die wundervollen sexuellen Reize und die damit verbundenen faszinierenden Gefühle verwandelten sich immer mehr in Selbstablehnung und Selbsthass. Am nächsten Tag war dann die Sache mit der Polizei, als ich den einen Typen auf dem Markt verdroschen hatte."

„Wenn das dein Vater gewusst hätte, vielleicht … aber er hat es nicht gewusst."

„Seit der Sache mit der Polizei habe ich mich immer weiter in mich zurückgezogen, meine Gefühle noch besser unterdrückt und versucht, euch ein guter Sohn zu sein. Bis mir dieser Karton mit den Bildern in die Hände fiel, schien auch alles in bester Ordnung. Nie im Leben hatte ich Bilder erwartet, auf denen mein Vater einen Kerl küsst und meine Mutter eng umschlungen mit einer Frau rummacht. Was ich da zu sehen bekam, war so überraschend und in dem Moment so unerträglich für mich, dass ich dich damit konfrontieren musste. Mein Bild von unserer Familie zerbröckelt auf einen Schlag und in mir werden Gefühle wachgerufen, die ich nicht zulassen konnte und intensiv bemüht war zu verdrängen. Die größte Überraschung aber ist die, dass es in unserer Familie viel mehr Gefühle gegeben haben muss oder musste, und wir doch sehr viel weicher sind als ich es je geglaubt hätte. Was ich verdrängte, war die Wahrheit, war ich selbst und was ich versuchte zu leben, war nicht mehr als nur ein Schauspiel. Der Apfel fällt nicht weit vom Stamm, wie viel Wahrheit in diesen Worten liegt, wird mir ganz langsam klar." Die Mutter steht auf, geht zu Klaus hinüber und sie nehmen sich in die Arme.

„Wie gern würde ich jetzt auch Vati umarmen, er fehlt mir so sehr und jetzt noch mehr."

Schwule

Stark und klug ein Mann,
der jede haben kann.

Anstatt nach schönen Frauen,
tut er nach Männern schauen.

Ist nicht wie jeder Mann,
weil er auch weich sein kann.

Wenn einer seinesgleichen liebt,
ihn jeder in die Ecke schiebt.

Kann wahre Liebe ganz allein
nur zwischen Mann und Frau sein?

Hoffentlich lernt man in der Schul,
Mann ist normal, auch wenn man schwul.

Eine harte Probe

Es war ein Jahr voller Überraschungen. Am Jahresanfang musste ich gleich wieder – zum dritten Mal in zehn Wochen – mit dem Rettungsdienst in die Klinik fahren. Der Blutdruck und das Herz wollten nicht so richtig mitspielen und beinahe hätte ich Weihnachten letztes Jahr schon nicht mehr erleben können. Ja, es wurde schon sehr eng und ich war und bin sehr froh, dass mir die Medizin helfen konnte.

Zum ersten Mal hatte ich auch die Angst gespürt, ich könnte den nächsten Tag nicht mehr schauen. Doch bei allem, was ich daraus auch als gut und wichtig mitgenommen habe, es machte keinen Spaß, es war einfach nur scheiße. Immerhin traute ich mich über Wochen nicht mehr ohne Angst aus dem Haus und habe so oft die Füße hochgelegt wie wohl noch nie in meinem Leben vorher. Dann aber konnte endlich das Problem der Blutdruckeskapaden erkannt und gelöst werden. Ich durfte mich, auf die Aussage meines Kardiologen hin, der Angst vor weiteren Attacken entledigen. Allerdings musste ich mich dafür auf viele Tabletten einlassen, die ich nicht so gerne nehme, aber was hilft es, jeder Taler hat drei Seiten.

So verlief der Jahresanfang doch noch ganz positiv, ohne weitere Beeinträchtigungen. Plötzlich aber bekam ich Schwindelanfälle, die ständigen Anpassungen der Medikamente forderten ihren Preis. Nur zur Sicherheit wurde ein Kopf-MRT angewiesen. Es gab noch einen Termin im März, das schien völlig in Ordnung, denn ich machte mir keine wirklichen Sorgen. Nach meiner Erwartung würde es, wie immer, heißen: alles okay. Wenn ich schon mal dachte, es könnte doch etwas sein, dann lief es eigentlich immer so ab. Dieses Mal aber riefen die Schwestern aus der Praxis meines Neurologen an und meinten, dass beim Einlesen meiner Krankenkassenkarte etwas nicht funktioniert hätte, was mir schon etwas merkwürdig vorkam. Als mein Neurologe selbst anrief, er wollte mich besuchen und dafür einen Termin absprechen, da ahnte ich noch nichts von dem, was er mir berichten würde.

Er kam am 13. März um 9:30 Uhr zu mir nach Hause. Als ich ihn fragte, weshalb er mir persönlich einen Besuch abstatten würde, denn wir wollten zusammen trainieren, da meinte er, ich solle erst einmal einen Kaffee kochen. Wir setzten uns und er zog ein beschriebenes Blatt aus der Tasche. An diesem heftete ein Überweisungsschein, was mir sofort auffiel. Damit war klar, es musste sich ein Befund ergeben haben. Da ich diesen sowieso nicht verstehen würde, las er ihn mir vor und erklärte mir die Worte. Ich hörte ihm aufmerksam zu, und als das Wort Tumor in meinem Kopf ankam, da dachte ich sofort an meinen Vater, der ja, wenn ich mich richtig erinnere, mit vier Tumoren in der Lunge und neun Tumoren im Kopf vor einigen Jahren verstorben war. Seltsamerweise beunruhigte mich diese Nachricht trotzdem nicht. Ich dachte noch so, na ja, da ist ein kleines Etwas in meinem Kopf, aber nichts, was mich wirklich bedrohen könnte. Etwas verwundert war ich dann doch, als er mir gleich die Überweisung und einen Termin beim Chefarzt in der Klinik in die Hand drückte. Wenn ich mir keine Gedanken machen brauchte, weshalb also diese schnelle Reaktion?

Bereits fünf Tage später ging ich also zum Termin. Meine Schwester kam extra zu Besuch, um dem Gespräch beizuwohnen, die Erinnerungen waren auch bei ihr präsent. Als er uns die Bilder zeigte und erklärte, da bekam ich eine ganz neue Einstellung zu dieser Angelegenheit. Was mir eben noch als Kleinigkeit im Kopf herumschwirrte, das brauchte nun plötzlich Platz. Wie ich in der Schule gelernt hatte, wo ein Körper ist, können nicht zwei sein, da erschien ein ziemlich großes Gebilde auf dem Bildschirm, welches sich in mein Hirn drängte. Das Gespräch verlief gut, der Chefarzt erklärte uns alles und beantwortete jede unserer Fragen. Ich ging nach Hause, mit der Aufforderung, mich damit auseinanderzusetzen, ob ich eine OP wollte oder nicht. Klar hatte ich die Entscheidungsnotwendigkeit, aber hatte ich auch die Freiheit? Eigentlich hätte ich gleich sagen können, los geht's, aber eine Nacht lang soll man ja drüber schlafen. Drei Tage später rief ich ihn an und sagte der OP zu. Eine weitere Woche war vergangen, als ich auf Station eintraf.

Das Dreibettzimmer ließ mir die Wahl eines Bettes in der Mitte oder am Fenster. Ich besetzte die Mitte. An der Schrankseite lag ein Patient, der einen ähnlichen Tumor hatte, aber bereits operiert war. Bei ihm allerdings kam die Hilfe etwas zu spät. Das Problem hatte ihn unerwartet umgehauen und es kam zu einem schweren Unfall. Erst aus dem Verlauf heraus wurde sein Tumor erkannt und sofort entfernt. Er war gut drauf und das machte mir den Tag etwas leichter. So konnte ich ihn als Ablenkung benutzen, was für mich von immenser Bedeutung war. Leider habe ich eine Schwäche, die nicht immer gut ankommt und oft sehr belastend für mich und andere sein kann, meine extreme Nervosität. Nun gut, den Tag und den Abend hatte ich gut herumbekommen, dann harrte ich dem Morgen.

Kein Frühstück, was mich sonst verärgern könnte, jetzt hatte ich keinen Appetit. Langsam aber sicher übermannte mich diese Nervosität, diese ungeheure Spannung. Meine Reaktionen schliefen ein und fast teilnahmslos lag ich da und erwartete die unvermeidliche OP. An meinem Bett standen zwei Schwestern und eine Ärztin, sie sprachen mir, meiner Problematik wohl bewusst, immer wieder Mut zu und zeigten viel Verständnis. Ich spürte, wie das Verständnis sich in Fragen verwandelte. Dann bekam ich die „LMAA-Pille", auf die ich nichts gab, denn sie wirkt bei mir nicht. Ein weiteres Problem, Beruhigungsmittel wirken bei mir gar nicht und das ist ein ernstes Problem für mich wie für alle Beteiligten. Es drückte die Planung, ich wurde aus dem Zimmer gefahren und in den OP umgelagert.

Man schob mich in die OP-Vorbereitung. Dort hatte ich einen Bekannten, was mir in dem Moment nicht wirklich hilfreich war. Alle bemühten sich mit allen Kräften, doch ich konnte mich nicht länger kontrollieren. Schon fing ich an, wie so oft bereits, heftigst zu zittern, bis der ganze Körper in eine Art Zitterkrampfanfall überging. Nein, es war oder ist kein Krampfanfall, aber es beschreibt meine Situation wohl am besten. Der Anästhesist versuchte mit allen Mitteln, mir Zugänge zu legen. Zunächst musste er meine linke Hand anbinden, um halbwegs arbeiten zu können. Er musste wohl schon einiges versucht haben, um mich ruhigzustellen, als er schließlich aufgab. Ich hörte ihn sagen, dass er keine weiteren Anstrengungen zur Beruhigung unternehmen wolle und alles nur noch über die Narkose abgewickelt werden würde. Dann setzte man mir eine Maske auf und forderte mich auf, tief durchzuatmen. Direkt nachdem ich hörte „Jetzt kommt das Gas", spürte ich noch für einen winzigen Augenblick, wie die Attacke sich legte, sich eine unglaubliche Ruhe einstellte. Ein Frieden, wie er mir gerade recht kam. Dann war es auch schon dunkel.

Meine erste Erinnerung ist die, dass meine Ehefrau und meine Tochter neben dem Bett in der Intensivstation standen. Es ging mir erstaunlich gut und ich konnte mir nicht sicher sein, ob ich wirklich ganz beisammen war oder irgendwelche Beeinträchtigungen entwickelt hatte. Ein erstes Problem stellte der Schlauch dar, welcher mich mit Sauerstoff versorgen sollte. Dieses quirlige Ding wollte nicht in meiner Nase bleiben. Die Damen amüsierten sich köstlich und lachen auch heute noch gerne darüber.

Entgegen meiner Erwartung konnte ich keinerlei Schmerzen feststellen. Dabei hatte ich wirklich damit gerechnet, denn so ein großes Loch in den Kopf gebohrt zu bekommen, das musste doch zu Schmerzen führen. Dieser Verlauf war überraschend, aber ich habe es dankend angenommen. Ein weiterer Vorteil lag in dem Blasenkatheter. Für mich in dieser Richtung eine neue Erfahrung. Allein die Freiheit, trinken zu können und nicht ständig die „Ente" im Kopf haben zu müssen, empfand ich als überaus hilfreich. Die ständige Kontrolle meines Zustandes nahm ich dankend an. Und als ich dann am Morgen doch noch leichte Kopfschmerzen bekam, die sich bis in die Augen ausbreiteten, da war ich für das Schmerzmittel dankbar. Endlich etwas zum Essen, und schon fühlte ich mich relativ gut.

Am Vormittag kamen die Physiotherapeuten und ich durfte, musste aufstehen. Nur kurz am Bett, erst sitzen und dann stehen. Es ging und fühlte sich toll an. Für mich immer wieder das Größte, wenn ich auf meinen eigenen Beinen stehen und gehen darf, die Freiheit des selbstständigen Handelns. Klar konnte dieser kleine Akt noch nicht zum freien Bewegungsablauf führen, deshalb musste ich mich sogleich wieder flach hinlegen.

Nach dem Mittag konnte ich auf die Normalstation zurückverlegt werden. Für das Pflegepersonal war bereits erstaunlich, dass ich munter war wie ein Fisch im Wasser. Nur hin und wieder übermannte mich dann doch eine Müdigkeit, die mich schlafen ließ. Meine extreme Nervosität und die OP forderten auch von mir mehr, als ich imstande war zu leisten. Ruhephasen holte sich mein Körper ganz von selbst, auf die Natur ist eben doch Verlass. Alles regelte sich weitestgehend von ganz allein.

Nach drei Tagen wollte ich dann aber doch den Blasenkatheter wieder loswerden. Was für eine gewisse Zeit ganz nützlich war, das wurde nun doch eher lästig. Die Schwester meinte sogar, es gäbe Leute, die wollten das Ding gar nicht wieder hergeben, nichts für mich. Raus mit dem Schlauch und endlich wieder auf die Toilette gehen dürfen. Klar, nur mit der Abnahme meines Versprechens, dass ich bei dem kleinsten Anzeichen eines Problems sofort den Alarmknopf drücken würde. Ich versprach alles, nur um mich frei bewegen zu dürfen. Die „Ente" oder gar der Schieber, das musste nicht wirklich sein. Es lief unglaublich gut und immer noch für alle, auch mich selbst, überraschend problemlos. Schmunzelnd nahm ich die Sorgen des Chefarztes entgegen, dass er die Narbe leider nicht unter meinem Haarschopf verstecken konnte. Klar wurden aus angekündigten circa acht Zentimetern schlappe 16. Ich, für meinen Teil, hatte und habe bis heute kein Problem damit. Wie hätte das auch funktionieren sollen, bei meinem spärlichen Haarwuchs.

Nach zwei Wochen wurde ich entlassen. Alles verlief viel besser als erwartet und ich bekam immer mehr Zweifel, ob das wirklich schon alles gewesen sein sollte. Doch auch zu Hause schien alles perfekt zu laufen.
Erst nach weiteren zwei Wochen verspürte ich leichte, ganz leichte Kopfschmerzen. Ich gab nichts darauf und machte mir auch keine Sorgen. Anfang der vierten Woche postoperativ telefonierte ich noch mit meinem Neurologen und erklärte ihm, dass ich zwar ganz leichte Probleme hätte, diese aber nicht so gravierend seien, als dass sie beängstigend wären. Schon am Donnerstag jener Woche donnerten die Kopfschmerzen deutlicher am Morgen. Insgesamt aber verlief der Tag noch ganz ordentlich.
Am Freitag ging ich einkaufen. Alles schien noch bestens, na ja, eben bis auf den Kopf. Auf dem Weg vom Einkaufen nach Hause

rempelte ich eine ältere Dame heftigst an. Ich entschuldigte mich und wusste nicht, weshalb ich so unkontrolliert unterwegs war. Zu Hause packte ich aus und ließ alles liegen, bemerkte dies aber nicht mehr. Einige Dinge kamen mir plötzlich nicht ganz richtig vor und machten mich sehr nachdenklich. Da bemerkte ich, dass ich meine Bewegungen nicht mehr kontrollieren konnte, und rief deshalb bei meiner Ehefrau auf der Arbeit an. Die musste sofort bemerkt haben, dass ich nicht mehr richtig sprechen konnte, und kam umgehend zu mir. Wie sie mir hinterher sagte, war mein Haushalt eine große Katastrophe. Den Einkauf hatte ich nicht eingeräumt, obwohl Tiefkühlartikel dabei waren. Ich kann nicht genau sagen, wie viele Stunden das so offen gelegen hatte, bevor meine beste Freundin sich an ein erstes Aufräumen machte.

Klar war: Tasche packen, den Einweisungsschein nicht vergessen und mit dem Taxi ab in die Notaufnahme. Ja, den Einweisungsschein hatte mir mein Neurologe für alle Fälle ausgeschrieben, sicher ist sicher.

In der Notaufnahme war es relativ leer, es war Mittag. Der Neurologe, der zu mir kam, konnte schnell meine einschneidende Behinderung feststellen. Geradeaus laufen ging nicht, ich fiel in seine Arme. Die Fingerspitzen auf die Nase, eine Unmöglichkeit. Sofort wurde ein MRT gemacht und das Ergebnis war niederschmetternd.

Schnellstens verlegte man mich auf Station und machte noch ein EEG, danach hieß es absolute Bettruhe und einen Tropf. Die Einschränkung wurde etwas gelockert auf eine erweiterte Bettruhe, damit ich zumindest zur Toilette gehen und mich waschen konnte.

In den nächsten Tagen mussten meine Bettnachbarn miterleben und erdulden, wie sich diese extreme Verschlechterung auswirkte. Alles fiel mir runter, selbst vermeintlich einfachste Dinge gelangen mir nicht. Das Telefonieren klappte fast gar nicht, und wenn, dann schlief ich beim Sprechen einfach ein.

Was mich bis heute überrascht, ich habe es bei allen Einschränkungen immer noch mitbekommen. Dieser Fakt machte mir das Leben nicht gerade leichter. Vielmehr bekam ich ein schlechtes Gewissen, weil ich die Anrufer so im Stich gelassen hatte. Doch es war ja die Krankheit und nicht ich, deshalb konnte ich es wenigstens nicht allzu schwer auf mir lasten lassen.

Zwei Wochen später wurde ein weiteres MRT gemacht. Die Kontrolle ergab, dass keine deutlichen Verbesserungen festgestellt werden konnten.

Am nächsten Tag wurde ich entlassen, mit der Begründung, die antibiotische Behandlung könne auch zu Hause fortgeführt werden, in Form von Tabletten. Dass ich noch nicht wirklich imstande war, meine täglichen Aufgaben selbstständig zu erfüllen, spielte scheinbar keine Rolle. Dabei hatte ich mich im Krankenhaus sogar dabei ertappt, das Insulinspritzen vergessen zu haben. Wie aber sollte dies nun gehen? Ich verstand zwar die Klinik, aber verstand sie mich?

Kurzerhand wurde meine Ehefrau für die nächsten zwei Wochen krankgeschrieben und wohnte bei mir als Pflegekraft. Ich kann kaum beschreiben, wie dankbar ich ihr für diesen notwendigen Dienst war. Zumindest hatte ich das Gefühl, ich würde so unter Kontrolle stehen und dass nichts passieren könne.

Bei aller Notwendigkeit und allem Verständnis für die Situation, ich denke, es wurde für uns beide auch eine überaus anstrengende Zeit. Doch meine Gesundheit machte Fortschritte, und so überstanden wir diese kritische Phase mit Bravur.

Ungefähr 13 Wochen nach der OP hatte ich das Abschlussgespräch mit dem Chefarzt. Er zeigte mir die Bilder der MRT-Kontrollen.

Als ich alles nebeneinander sah, den Tumor vor der OP, die Akutphase der Entzündung und die letzte Aufzeichnung, da bekam ich noch im Nachhinein einen ganz heftigen Schlag. Der einstige Tumor erschien winzig gegen diese Ausbreitung der Entzündung mit riesigem Ödem und Eiterbildung. Da war ich doch ganz froh, dass ich diese Attacke überlebt hatte.

Wie schön, wenn es endlich wieder bergauf gehen kann. Der Chefarzt hatte mir alle Freiheiten zugesprochen, und das ließ sofort Träume erwachen. Sport, endlich wieder in den Sport einsteigen können, ein tolles Gefühl. Schon in der ersten Woche begann ich mich zu bewegen. Dehnung und Fahrrad fahren sollten mir einen guten und relativ schnellen Einstieg ermöglichen.

Bei aller Freude wollte ich mich aber auch nicht übernehmen. Deshalb war ich vorsichtig wie wohl noch nie.

Es vergingen genau neun Tage, als ich in der linken Seite ein heftiges Ziehen spürte. Immer öfter musste ich mich hinlegen und entspannen. Diese Entwicklung setzte mich erneut außer Funktion. Es war ein Mittwoch, da rief ich schon wieder die Freundin an und musste ein ernstes Problem melden. Das Training für den nächsten Tag mit meinem Neurologen musste ich absagen. Ich hielt es für zwingend notwendig, mich bei meinem Kardiologen vorzustellen.

Unangemeldet setzte ich mich in sein Wartezimmer und hoffte auf eine schnelle Lösung. Als ich ihm meine Situation erklärt hatte, wollte er mich nicht mehr nach Hause lassen und sofort mit dem Rettungswagen in die Klinik überstellen. Ich war etwas überrascht, aber ich wusste irgendwie auch, es musste etwas geschehen. Also ab in die Klinik, in der ich ja schon beinahe zu Hause war. Doch es lief nicht so, wie man sich das vermutlich vorstellt.

Auf der Fahrt spürte ich langsam eine Unruhe in mir aufsteigen. Mein Bauch spielte total verrückt und dann überkam mich diese Nervosität, diese unglaubliche Unruhe. Ich erklärte dem Rettungssanitäter, dass ich leider öfter solche Nervositätsprobleme hätte und dies nichts Beunruhigendes sei. Ich wies auch darauf hin, dass ich nicht in der Lage sei, dieses Verhalten zu steuern, und dass es irgendwann einfach von allein wieder abklingt. In diesem Zusammenhang muss ich zugeben, dass mich diese Aktionen sehr viel Energie kosten und ich dann nur noch schlafen möchte.

So lieferten sie mich in der Klinik ab und dort erschien die Diagnose einfach: ein psychischer Anfall, nichts weiter. Ich vermutete, so wie sich die Mediziner gaben, dass sie mich nicht für ernst genommen und auch das Anschreiben des Kardiologen nicht wirklich gelesen hatten.

Schon bekam ich wieder ein Bett auf Station. Die Termine für die Untersuchungen wurden kurzerhand gecancelt und ich durfte das Wochenende dort verbringen, ohne dass auch nur irgendetwas geschehen sollte. Doch am Samstag Spätnachmittag setzte erneut eine Situation ein, die mich zwang, mich ins Bett zu legen. Der hinzukommende Arzt konnte meine Lage wohl gut erkennen und meine Beschreibung tat den Rest dazu. Zumindest hatte ich von dem Augenblick an das Gefühl, man würde mir zuhören, ich würde wieder ernst genommen.

Für den Montag standen zwei Termine an, die Myokardszintigrafie und die Herzkatheteruntersuchung. Letztere sollte allerdings nur durchgeführt werden, wenn das Ergebnis der Szintigrafie es für notwendig erachten lassen würde, eine Folgeuntersuchung einzuleiten.

Als ich aber sehr früh in den Bereich der Herzkatheteruntersuchung geschoben wurde, gab es noch gar keinen Befund. Vermutlich lieferte das Untersuchungsergebnis von vor einigen Monaten bereits einen klaren Hinweis. Die damalige Herzkatheteruntersuchung hatte zwei größere Gefäßverengungen beschrieben. Nun also wurde erneut ein Bild meiner Gefäße gemacht, und siehe da, es gab eindeutige Veränderungen, die zwei Stents notwendig machten. Wie die Frau Dr. Oberärztin mir sagte, bekam ich zwei neuartige bioresorbierbare Stents eingesetzt, etwas aktuell ganz Neues. Zugegeben, in dem Moment war mir das beinahe egal. Die Situation auf diesem doch sehr unbequemen Tisch und meine überaus angespannte innere Situation machten es mir nicht leicht, die Zeit zu überstehen. Auch die gereichte Beruhigungstablette hatte, wie zu erwarten war, leider keine Wirkung, und so musste ich da nur noch irgendwie durch. Einige Dinge habe ich wohl gar nicht mehr so richtig mitbekommen. Dann schob man mich wieder in mein Zimmer, wo meine Ehefrau bereits wartete. Ich kann mich nur so beschreiben: Ich war fix und fertig. In dem Augenblick wollte ich nur noch schlafen.

Die Nacht verlief ohne Probleme, und als ich erwachte, hatte ich ein seltsames, aber sehr positives Gefühl. All die Belastungen, die gestern noch da waren, waren jetzt weg. Ich fühlte mich so unglaublich frei und unbeschwert. Im Verlaufe des Tages rief ich verschiedene Leute an, um mich zu melden und Informationen weiterzureichen. Dabei musste ich feststellen, dass ich einige bereits am Vortag angerufen hatte, was nun zu Verwirrungen führte. Es zeigte mir nur, dass ich ziemlich heftig in Mitleidenschaft gezogen worden war und die Kontrolle nicht hatte aufrechterhalten können. Das regelte sich wieder fast von selbst, da brauchte ich mir keine Gedanken zu machen.

Interessanterweise wurde ich nicht wie geplant zwei Tage später entlassen, sondern gleich am nächsten. Dies galt nicht nur für mich, auch andere wurden kurzerhand rausgeschmissen.

Endlich wieder zu Hause! Gleich am folgenden Tag musste ich zu meinem Kardiologen, denn er würde bald in den verdienten Urlaub gehen. Gesagt, getan. Wie dieser mir dann erklärte, müsste ich auch die Kehrseite annehmen und für ein ganzes Jahr auf leistungssportliche Aktivitäten aller Art verzichten. Ebenso wurden alle Anstrengungen untersagt, wie Gartenarbeit, Grabungen oder Steine schleppen, joggen und Bäume fällen wurde ebenfalls gestrichen.

Das ist eine harte Prüfung, aber ich hänge auch an meinem bisschen Leben. Damit sollte es schon fast geschafft sein, wenn, ja wenn da nicht diese Stelle vom Zugang beim Herzkatheter wäre. Diese hat sich wohl entzündet oder was auch immer. Sie ist geschwollen und rot und sie drückt auf die Nerven. Deshalb war ich die Tage wieder in der Klinik, habe die Mediziner draufblicken lassen. Niemandem gefällt das, für alle ist es nicht normal, dennoch lautet die Ansage: abwarten. Nach drei Tagen durfte ich erneut kommen und dann hieß es, ich müsse mich auf etwa drei Monate einstellen, ehe das Problem sich auflösen würde.

Ist es damit jetzt wirklich gut? Wird sich auch dieses letzte Übel in drei Monaten in Nichts aufgelöst haben oder muss ich mich auf eine weitere Klatsche einstellen? Ist dies nur eine harte Probe, auf die ich gestellt werde, oder gibt es da noch negativere Begründungen?

Die Zeit wird es hoffentlich richten! Aber ich las neulich einen Spruch, in dem es darum ging, wer sich stets nur um seine Furcht vor dem Tod kümmert, der wird ihn nicht als Geschenk annehmen können. Sollte diese ganze gesundheitliche Entwicklung nur der Hinweis darauf sein, dass ich mich mehr dem Leben widmen muss und weniger dem Tod? Ich meine, wenn alles seinen Grund haben sollte, dann muss auch diese Geschichte ihren eigenen Hintergrund besitzen. Mit jedem gesundheitlichen Niederschlag hat sich meine Angst vor dem Tod verstärkt und mich aus dem Leben herausgezogen. Immer wenn ich glaubte, es würde nun wieder bergauf gehen, dann bekam ich erneut einen heftigen Schlag. Alles, was ich derzeit noch tue, ist, mich auf meine Gesundheit zu konzentrieren und jedes Zipperlein zu einer Katastrophe zu machen. Ich fürchte den Tod, den unkontrollierbaren Tod so sehr, dass ich nicht mehr imstande bin zu leben. Eine sehr harte Probe, aber wohl auch eine, die mich auf den rechten Weg zurückbringen kann. Ich muss mein Schicksal nur richtig verstehen lernen, dann wird es mich nicht mehr so belasten. Ich lebe noch, das sollte die positivste Nachricht sein.

Scheiß auf ...

Die Schwester ist schon wieder da. Sie kontrolliert den Blutdruck und anderes. Nein, es geht mir diesmal nicht gut. Ich fühle mich schwach und kraftlos, obwohl ich ein Kämpfer bin. Mit solch einer Situation hatte ich nicht gerechnet. Meine Gedanken toben hin und her, aber es scheint keine Lösung für mich zu geben. Die Hoffnungslosigkeit nimmt täglich zu. Dabei lief es doch so gut in letzter Zeit.

Ich war dieses Jahr endlich einmal in den Urlaub gefahren. Die Hektik meines Alltags war längst zu einer quälenden Normalität geworden. Dem Stress wollte und konnte ich nicht mehr Paroli bieten. So zog es mich an ruhige Orte dieser Erde. Geld spielte nicht wirklich eine Rolle. In den vergangenen Jahren hatte ich mir keine Zeit gelassen, es auszugeben. Also lag es auf der Bank und wartete auf diesen Urlaub.

In einem Fernsehbericht hatte man davon gesprochen, dass es in der Wüste besonders still sein sollte. Deshalb wollte ich mit aller Macht dorthin. Und wahrlich, je weiter ich in die Tiefe dieser mir unbekannten Welt eindrang, desto leiser wurde es. Am Anfang dachte ich tatsächlich, es wäre ganz still. Kein Laut drang mehr an mein Ohr. Dann machte der Wind aber doch noch Geräusche, ganz sanft und leise. Auch hörte ich nach einer Weile den heißen Sand unter meinen Füßen stöhnen. Ich nahm sogar das Klirren der winzigen Steinchen wahr, wenn sie die Düne herunterrieselten und aneinanderschlugen. Mein Atem erschien mir so laut, dass ich glaubte, man könnte ihn in der nächsten Stadt hören. Der Herzschlag erinnerte mich an den Motor eines Traktors. Dieser gab dann noch richtig Gas, als ich bemerkte, ich hatte mich verlaufen. Die Rettung kam mit einer Karawane, welche mich aus der heißen, trockenen Stille befreite. Die Ruhe blieb mir als Vorbote des Todes im Gedächtnis.

Auf der nächsten Etappe folgte ich dem Ruf der Berge. Dort oben, wo die schneebedeckten Gipfel sich mit grünen Tälern den

Raum teilten, würde ich meine Ruhe finden. Gut ausgerüstet machte ich mich auf, die Höhen und Tiefen der Berge zu erkunden. Es war herrlich. Das Wetter meinte es gut mit mir, sodass ich jede Sekunde, jede Stunde, jeden Tag genoss. Seit einiger Zeit traf ich schon keine Menschen mehr. Vom Autolärm war dort oben nichts zu spüren. Erholung pur, nur der Wind machte in den Bergen mir unbekannte und manchmal beängstigende Geräusche. Je höher ich in die Felsen flüchtete, desto fantastischer erschien mir die Natur. Ein Steinadler, der hoch über mir seine Kreise zog, wurde zu einem ganz eigenen, besonderen Erlebnis.

Ein Schauer lief mir über den Rücken, wenn ich den Nebel gespenstisch zwischen den Hängen schweben sah. Oft schob der Wind sanft Wolkenformationen auf mich zu. Wie eine bedrohliche Wand, die alles zu verschlingen schien, was sich ihr in den Weg stellte. Immer wieder musste ich mich dann aber doch in meinem Zelt verkriechen, um den Wetterunbilden zu widerstehen. Ein nicht enden wollender eisiger Wind, der bedrohlich über mir hinwegfegte, überredete mich schließlich zum Rückzug.

Zugegeben, es war schon ewig her, dass ich die Berechtigung erhalten hatte, ein Schiff auf die weite See hinausführen zu dürfen. In diesen ausgedehnten Ferien raffte ich mich endlich wieder auf und mietete mir eine Jacht. Euphorisch machte ich die Leinen los und segelte, den belebten Hafen hinter mir lassend, hinaus in die Einsamkeit des Ozeans. Nicht lange und es begegneten mir keine Schiffe mehr und auch die Möwen blieben aus. „Land in Sicht", darauf wollte ich mit aller Macht verzichten. Schließlich umgaben mich nur noch Wasser, ein kreisrunder Horizont und die Unendlichkeit des Himmels. Ich holte die Segel ein und ließ mich einfach treiben. In der Plicht liegend genoss ich die Ruhe, die Sonne und das sanfte Wiegen durch die Wellen. Nur hin und wieder erinnerte mich der winzige silbrige Punkt eines in großer Höhe vorüberziehenden Flugzeugs daran, dass ich irgendwann in die Welt meines Alltags zurückkehren musste.

Dann schlief der Wind ganz ein und die Wasseroberfläche glich einem Spiegel. Die Sonne brannte heftig und unter dem aufgestellten Verdeck hörte ich hin und wieder meinen knurrenden Magen. Der Vorrat an Nahrungsmitteln ging zu Ende. So sehr ich diese

Ruhe genüsslich in mich aufnahm, ich war gezwungen, den Heimweg anzutreten. Wegen der Flaute fuhr ich mit der Kraft des Motors. Der aber schien noch keine Lust zu haben, in den Hafen einzulaufen, und blieb einfach stehen.

Als ich ihn nicht wieder in Gang bekam, wurde mir doch ein wenig mulmig im Bauch. Es wurde Zeit, mich um Hilfe zu bemühen. Wenn ich die Rationen betrachtete, die immer weniger wurden, spürte ich doch einen gewissen Wunsch in mir nach dem Geklapper von Besteck auf einem Teller in einem vollbesetzten Restaurant. Die Aussichten auf eine lange Zeit ohne Essen lassen den Lärm und den Stress des Alltags doch schnell unbedeutend erscheinen. Ich setzte dann verängstigt einen Notruf ab.

Jetzt liege ich in der Klinik, ans Bett gefesselt. Zunächst dachte ich, es wäre eine Folge meines ereignisreichen Urlaubs gewesen, welche meinen Gesundheitszustand so in die Knie zwang. Dies ist leider ein Irrtum. Die Ärzte diagnostizierten Leukämie und machen mir nicht wirklich große Hoffnungen. Die Ruhe in meinem Zimmer und im ganzen Haus wird bedrohlicher und macht mir Angst. Es ist kaum mehr zu hören als das leise Piepsen der Überwachungsgeräte und die Schritte des Personals. Die Schwester fragt kaum hörbar nach meinem Befinden und ich forsch nach dem, was es denn zum Mittag geben wird.

„Nicht so laut, bitte. Sie wissen doch, auf welcher Station Sie liegen. Die Patienten brauchen absolute Ruhe und Sie auch."

„Ja, Schwester, ich weiß das", flüstere ich, ehe es mich übermannt. „Scheiß auf die Ruhe, ich lebe schließlich noch", schreie ich sie an. Das Leben selbst ist nicht leise, jetzt wird mir dies auf eine schreckliche Weise klar, und die Ruhe, die ich so sehr herbeigewünscht hatte, ist zu einer unerträglichen Bedrohung geworden.

Im Namen der Ehre?

Liebe leben!
Vertrauen geben!
Im Namen der Ehre?

In wessen Namen?
Besessenheit,
Politik,
Gewehre,
Wirtschaft,
vertretbares Leid?

Das ist gescheit?

Für Tod und Leid geehrt,
dagegen mein Herz sich wehrt!

Ein Gedankenaustausch

Den Stein des Anstoßes brachte der „Anbieter" ins Rollen. Er schrieb eine kleine Geschichte und forderte die Leser auf, ihre Meinung dazu zu äußern, wie immer diese auch ausfallen möge. Mit einem Leser geriet der „Anbieter" in einen regen Gedankenaustausch. Diesen Leser nenne ich einfach nur den „Einsteiger". Ich bitte zu entschuldigen, dass ich die Texte in ihrem Ursprung belassen habe. Sie entstanden aus einer erhitzten Diskussion und entbehren einiger schreibtechnischer Anforderungen.

Es begann damit, dass der „Anbieter" diesen Text am 14.05.2007 um 19:36 Uhr zur Diskussion stellte:

Schuld und Sühne

Mit den meisten Menschen verbringt man nur Zeit, um sich gegenseitig die Langeweile zu vertreiben, die einen sonst überfallen würde. Es ist fast, als gäbe es eine unausgesprochene Vereinbarung, ich vertreibe dir die Langeweile und du dafür mir. Man trinkt viel, um es überhaupt auf so engem Raum auszuhalten, und nennt das dann Spaß.

Partys hatte ich bald schon satt, obwohl ich bereits für mein exzessives Feiern bekannt war. Trotzdem machte ich noch eine Weile mit, ließ mich treiben in einem Getümmel aus im Grunde entsetzlich gelangweilten Menschen, die sich ihre Langeweile nicht eingestehen wollten. Meistens saß ich einfach nur da, und wenn mich jemand fragte, ob alles in Ordnung war und Interesse heuchelte, nur damit er nicht alleine nach Hause gehen musste, dann schwieg ich und blickte in die Ferne.

Wenn ich mir die Menschen so ansah, und ich sah sie oft und lange an, dann fühlte ich mich alt, so entsetzlich alt und war erstaunt, wenn ich mich im Badezimmer im Spiegel betrachtete und mir ein junges Gesicht entgegenblickte, keine Falten und keine grauen Haare waren zu sehen. Trotzdem versammelte ich die Kinder, als die ich sie sah und die sich meine Freunde nannten, Wochenende für Wochenende um mich. Ich verachtete sie und beneidete sie. Beobachtete sie, wie sie immer und immer wieder das gleiche Spiel spielten, die gleichen Gesten, die gleichen Worte, und wie sie dieses Spiel nie müde wurden. Sie hielten mich für geheimnisvoll und ich genoss es, gab mich unnahbar und doch präsent genug, um sie nicht zu erschrecken. Kein Junge wagte es länger als eine Nacht es mit mir aufzunehmen, nach und nach entschieden sie sich für eines der jungen Dinger.

Eines Abends erschien ein Mädchen in Begleitung einiger junger Männer. Das war nichts Außergewöhnliches, die wenigsten kannte ich. Aber dieses Mädchen unterschied sich von den anderen, schon bald saß sie allein an einem Tisch, die Jungen, die mit ihr gekommen waren, hatten sich anderen Mädchen zugewandt. Aber sie schien sich daran nicht zu stören, ihre Finger spielten mit dem Kronkorken der Bierflasche, die noch immer voll vor ihr stand, und ihre Augen verfolgten das Geschehen, der Rest wirkte merkwürdig teilnahmslos.

Ich musste sie lange angesehen haben, schließlich begegneten sich unsere Blicke, wir fixierten uns, bis es ihr unangenehm wurde und sie lächelte. Sie stand auf und durchquerte den Raum, keiner bemerkte, wie sie sich zu mir setzte und sich vorstellte.

Anna hieß sie. Eine ganze Weile schwiegen wir und ich fühlte mich ihr seltsam verbunden. Ich spürte, wie sie mich unverhohlen von der Seite musterte und schließlich fragte sie mich, was ich so mache. Für einen kurzen Moment verspürte ich den Drang, ihr etwas aus meinem Leben zu erzählen, etwas Wichtiges, ihr einen meiner Gedanken zu schenken, aber ich schwieg.

Aus Verlegenheit fing sie an zu reden, erzählte von sich und ihrer Liebe zu Naturwissenschaften, dass sie Chemie studieren wolle und später dann forschen. Sie hatte sich in Begeisterung geredet, sprach über Mikroorganismen und dabei untermalten ihre Hände ihre Worte und ihre Wangen röteten sich, zwischendurch nahm sie kleine Schlucke aus der Bierflasche und strich sich die blonden Strähnen aus dem Gesicht.

Ich hatte immer noch kein Wort gesprochen, aber das schien sie nicht zu stören. Ich atmete ihre Jugend und ihre Unschuld. Schließlich unterbrach ich sie mitten im Satz.

„Liest du?"

Irritiert blickte sie mich an, ein wenig war ich selbst erschrocken über meine Stimme, die brüchig klang, unsicherer als sonst.

„Ja, ich lese schon. Aber wenn du Literatur meinst, also Goethe oder so, nein, das nicht."

„Ich lese. Du hast mich doch gefragt, was ich mache. Ich lese."

„Den ganzen Tag? Nur lesen, sonst nichts? Was liest du denn?"

Ohne ein weiteres Wort stand ich auf, holte ein Buch aus dem angrenzenden Raum und drückte ihr eine zerfledderte Ausgabe von „Schuld und Sühne" in die Hand.

„Lies das."

Fragend blickte sie mich an, bedankte sich und schwieg dann, blätterte in dem Buch, blickte mich unbehaglich an und ging, ohne sich von den anderen zu verabschieden.

Ich wartete Woche um Woche, doch sie kam nicht.

Ich wurde immer launischer, herrschte meine Gäste an, bis immer weniger kamen und auch die letzten schließlich fernblieben. Aber das störte mich nicht, sie waren mir ohnehin nur noch lästiger geworden und ich vermisste niemanden. Trotzdem wartete ich auf die Rückkehr des Mädchens.

Eines Tages klingelte es schließlich. Schüchtern trat sie ein. Blickte sich um.

Der Raum wirkte groß und leer ohne Menschen, ohne Musik. Ohne Rauch. Mitten im Raum stand ich, schaute sie an, doch sie wich meinen Blicken aus. Legte das Buch auf den Tisch und schritt zur Tür. Doch dann drehte sie sich noch einmal um.

„Wen musstest du töten?"

„Geh jetzt", sagte ich freundlich und lächelte. Eilig schritt sie zur Tür und verschwand.

Lange stand ich da und blickte auf die Tür, die hinter ihr ins Schloss gefallen war. Dann ging ich ins Badezimmer und sah mich im Spiegel an. Die Haut umspannte straff meine Knochen, die Haare, kräftig und glänzend, spotteten meinem wahren Alter.

Aber wenn ich die Augenbrauen hob und mein Gesicht sich zu einer Grimasse verzog, dann konnte ich mir vorstellen, wie ich aussehen würde, wenn ich endlich so alt wäre, wie ich mich fühlte.

Die Aufgabe:

Ich habe mich mal wieder versucht. Hierbei interessiert mich brennend, ob klar wird, was ich damit sagen will, oder ob ich dem Leser wieder zu viel Eigenleistung abverlange und ihn gar nicht erst da hinbekomme, wo ich ihn hinbekommen möchte.

Jeglicher Kommentar erwünscht.

Erste Antwort von „Einsteiger" 16.05.2007, 10:05 Uhr:

Hallo „Anbieter",

ich muss gestehen, dass ich dieses Buch nicht gelesen habe. Doch irgendwie kenne ich das, was Du beschreibst. Auch ich habe mich in etwa so gefühlt, nur ohne die Partys und ohne dass es zu wirklichen Freundschaften kam. Ich hatte immer das Gefühl, was die Leute um mich herum tun, ist so unwichtig. Die Oberflächlichkeit, mit der sich die Menschen begegnen, scheint mich oft erdrücken zu wollen. Vielleicht habe ich ja auch nur etwas verpasst in meiner Entwicklung, doch ich glaube zu spüren, dass der Mensch, dass seine Menschlichkeit immer mehr hinter der Oberflächlichkeit, den politischen und wirtschaftlichen Interessen einiger weniger verblasst. Die Auseinandersetzung mit den Dingen des Lebens, mit der Liebe, dem Tod, dem Leid, der Geburt, was ist Leben, was ist der Sinn des Lebens, was brauche ich selber zum Leben, scheint nicht mehr gefragt zu sein. Zu viele lassen sich einfach nur führen, ohne darüber nachzudenken. Spaß und Aktion, vermeintliche Größe und Stärke, Verlust von Mitgefühl und Respekt vor dem Leben, besonders dem individuellen Leben, stumpfen die Menschen immer weiter ab.
Ich selber drücke es so aus, dass sich der Mensch immer besser steuern lässt und so, ohne es zu bemerken, freiwillig zur Schlachtbank läuft.

Aber ich sehe vielleicht nur Dinge, die keiner sieht, weil es sie nicht wirklich gibt. Möglicherweise habe ich mich in meine ganz eigene Welt zurückgezogen und schaue nur von dort aus auf das Leben um mich herum. Ich glaube, dass ich mich viel zu oft so fühle, wie Du es hier beschreibst. Einsam, am Rande und doch auch irgendwie dabei, nicht fliehen können.

So, nun habe ich meine Meinung geschrieben und vielleicht hast Du ja etwas ganz anderes gemeint.
Vielleicht liegt der Schlüssel ja in dem Buch „Schuld und Sühne".

Die Antwort von „Anbieter" 20.05.2007, 17:40 Uhr:

Hallo „Einsteiger".

Schon mal vorab, Du hast das ziemlich getroffen, was ich mir dabei gedacht hatte, gibst mir aber mit der „eigenen Welt" eine neue Nuss zu knacken. Denn wenn Du recht hast, dann trifft das ja auch auf mich zu und dann wird doch automatisch infrage gestellt, ob ich eine Kritik an der Gesellschaft, wie hier vorgenommen, überhaupt vornehmen darf. Da werde ich mich mal mit beschäftigen.
Das Buch muss man dazu auch nicht gelesen haben. Da gibt es einen Mann, der glaubt, dass es eine Gruppe von Menschen gibt, die aufgrund ihres Intellekts berechtigt sind, sich außerhalb von Recht und Ordnung zu stellen. Der Höhepunkt dieser Freiheit ist folgerichtig auch, dass diese Menschen damit auch das Recht haben, ungestraft nicht so wertvolles Leben zu töten. Natürlich zählt er sich selbst zu dieser Gruppe und bringt daher auch gleich mal zwei Menschen um. Dann kommt aber sein Gewissen, er stellt sich der Polizei und kommt in ein Straflager. Soweit in Kürze der Inhalt der Originalgeschichte. Vielleicht hilft es Dir bei Deinen für mich sehr interessanten Gedanken weiter.

Antwort von „Einsteiger" 21.05.2007, 09:00 Uhr:

Hallo „Anbieter",

ich denke, wir sind alle nicht perfekt und machen unsere eigenen Erfahrungen und Entwicklungen durch. Wenn wir dann plötzlich bemerken, dass wir etwas verändern sollten, sollten wir es auch tun. Kritik zu üben, bedeutet doch auch, dass es etwas zu verändern gibt. Kritik bedeutet nicht, dass man keine Fehler oder Irrtümer begehen kann. Einen Fehler machen bedeutet, einen Fehler zu machen und ihn nicht zu korrigieren. Kritik an wem auch immer, aus ehrlichen Gründen, ist ein Hilfeversuch und heißt nicht, sich über die Dinge zu stellen. Du darfst nach meiner Einschätzung und unmaßgeblichen Meinung ruhig und ausgelassen kritisieren.

Bis bald,
„Einsteiger"

Antwort von „Anbieter" 21.05.2007, 16:21 Uhr:

Hallo „Einsteiger",

ich glaube, jetzt hast DU mich missverstanden. Ich denke schon, dass ich weiterhin meine Kritik üben werde.
Ich habe Deinen Satz da unten allerdings so verstanden, dass ich, wie wohl jeder irgendwie, eine Welt nach eigener Vorstellung aufbaue und aus dieser Warte heraus Moralvorstellungen entwickle, an denen ich die anderen messe. Und ob das immer so gut ist, das ist die Frage, die sich mir hier jetzt stellt.
Mit welchem Recht verurteile ich also gleich im ersten Satz all jene, die wie die Schickimickiszene in München zu Partys pilgern, um sich die Langeweile zu vertreiben? Den Satz, den DU da unten in Deiner ersten Antwort geschrieben

hast, den finde ich sehr bemerkenswert und darüber lohnt es sich doch auch nachzudenken?
Grundsätzlich werde ich weiterkritisieren, so ich denn was zu kritisieren habe.
Trotzdem vielen Dank für Deine aufmunternden Worte.

Lieben Gruß
„Anbieter"

Antwort von „Einsteiger" 22.05.2007, 09:55 Uhr:

Hallo „Anbieter",

ich noch einmal. Vielleicht habe ich Dich gar nicht missverstanden.
Sollte ich mit meiner eigenen kleinen Welt an anderen kleinen Welten Anstoß nehmen, dann äußere ich das und wir nennen dies Kritik. Ich glaube, dass dies so lange gut ist, wie ich bereit bin, meine eigene Welt zu überprüfen und gegebenenfalls zu verändern. Sicher kann es nicht gut sein, stur und steif auf seiner eigenen Meinung zu bestehen. Sobald sich jemand solche Gedanken macht wie: „Mit welchem Recht verurteile ich also gleich im ersten Satz all jene, die wie die Schickimickiszene in München zu Partys pilgern, um sich die Langeweile zu vertreiben?", ist alles in Ordnung.
Dabei will ich nicht vergessen, dass es zu viele Faktoren gibt, die ein Leben beeinflussen, welche mir unbekannt und daher unverständlich sind oder sein können. Kritik zu üben, bedeutet nicht, zu werten, sondern die Feststellung, dass etwas nicht mit meiner Welt übereinstimmt. Wie ich mit diesem für mich spürbaren Unterschied umgehe, das ist die Frage.
Ein kleines Beispiel: Oft verhalten sich die Leute sehr merkwürdig, wenn ich mit meinem Hund komme. Jetzt könnte ich sagen, die spinnen doch oder wie kann man so viel

Angst haben. Doch ich weiß ja nicht, weshalb sie so reagieren, deshalb gehe ich sehr oft auf die Leute zu und frage nach. Meist ergibt es sich, dass die Menschen auf einen Verdacht hin so reagieren. 97 % der Begegnungen enden damit, dass die Menschen meinen Hund streicheln oder ausgiebig mit mir über dieses Thema reden. Ich habe sogar oft den Eindruck, dass die Menschen ein ganz kleines bisschen verändert sind, wenn wir auseinandergehen. Sehr oft ärgere ich mich über die zunächst seltsamen Verhaltensweisen der Leute, doch würde ich sie bewerten und dann reagieren, dann könnte es durchaus sein, dass niemand meinen Hund anfassen würde.

Solange sie mich und meinen Hund nicht kennen und in ihren eigenen kleinen Welten feststecken, wird sich ihr Verhalten nicht verändern. Ich versuche, ihre Welt ein wenig zu verstehen und mit meinem Verhalten ihre Welt zu verändern. Ich kritisiere eine mir fremde Welt und versuche deshalb auf diese einzugehen. Manchmal aber muss ich diese Welten auch einfach so akzeptieren. Meine Erwartung darf nicht sein, meine Welt als die einzig richtige Welt anzusehen und sie den Menschen aufzwingen zu wollen. Verständnis und Mitgefühl, ein wenig Toleranz und großen Respekt vor den Menschen kann aber auch sehr viel positive Veränderung bringen. Dies aber ist wiederum meine persönliche Sicht auf die Dinge.

Nun gut, ich schweife schon wieder aus.

Viele Grüße,
„Einsteiger"

Antwort von „Anbieter" 22.05.2007, 13:27 Uhr:

Hallo „Einsteiger",

wie schön, ich diskutiere ja wirklich gerne, also sind Deine Antworten immer gern gelesen.

Deine Ausführungen sind natürlich richtig. Aus diesem Grund habe ich bisher mit meiner Meinung ja auch kaum hinter den Berg gehalten.
Aber es treibt mich eben doch um.
Nehmen wir das Beispiel mit unserer Lesung. Da habe ich mich letztendlich auch erdreistet, eine Wertung der eingereichten Texte vorzunehmen. Ich habe also meine eigenen Messlatten angesetzt und alles verworfen, was diesen Ansprüchen nicht genügte. Bin ich hier schon zu weit gegangen? (Rhetorische Frage! – Damit habe ich mich auseinandergesetzt und mich trotzdem zu diesem Handeln entschieden, da ich denke, dass die objektiven Argumente überwogen.)
Zurück zur Geschichte. Weil ich diesem seichten Geplapper auf den beschriebenen Partys nichts abgewinnen kann, darf ich dann jene kritisieren, die das machen?
Habe ich recht? Dann dürfte ich freilich kritisch auf all jene schauen, die sich da küssen und herzen und in Wirklichkeit nur ihre eigene Langeweile bekämpfen wollen.
Wenn nicht, und der Umstand, dass ich einer Minderheit damit angehöre, legt den Verdacht ja nahe, steht diese Wertung infrage, denn es ist eine Wertung. Ich stelle doch mich über all jene, denn ich habe erkannt, was passiert, und ziehe die Konsequenzen daraus, indem ich vereinsame.
Insoweit also eine Parallele zu dem Original. Und der Hauptdarsteller dort ging zu weit. Er sah das ein.
Ich sehe das jedenfalls noch nicht ein, wähne mich noch immer auf der Seite der Guten.
Aber bin ich einer der Guten oder bin ich nur zu blind, die Wahrheit wirklich zu sehen? Bin vielleicht ich derjenige, der zu bedauern ist, weil er die Zeichen der Zeit nicht erkennt? Spannende Frage, die Du da für mich aufgeworfen hast.

Bis dann!

Antwort von „Einsteiger" 27.05.2007, 10:44 Uhr:

Hallo „Anbieter",

ich kann mich immer noch nicht von Deinem Thema lösen. Irgendwie habe ich ein negatives Gefühl bei dem Wort „werten". Doch ist meine Einstellung zu diesem Wort nicht durch die Menschen geprägt worden? Wie sieht es denn aus, wenn ich den Begriff in die Wissenschaft verlege? Bewerten, auswerten und andere Formulierungen geben mir zu verstehen, dass es sich um richtige und notwendige Geschehen handelt. Eine Wertung, die ich abgebe, ist doch nur ein Ergebnis, welches sich aus meinem derzeitigen Wissen begründet. Bewerten wir nicht bereits schon vor der Geburt das, was uns widerfährt? Etwas, das uns gut tut, speichern wir als etwas Gutes ab, was uns nicht gut tut, als etwas Schlechtes. Die bittere Medizin bewerten Kinder als etwas Negatives. Doch wenn sie sich der positiven Wirkung bewusst werden, dann wird das einstmals negativ Bewertete zu etwas Positivem. Ich denke, dass wir immer etwas bewerten, für uns ganz persönlich. Diese Wertung aber muss nicht in seiner einmal gefassten Form von Bestand bleiben. Wir entwickeln uns weiter und machen neue Erfahrungen und erhalten neues Wissen. Daraus ergibt sich eine sich ständig verändernde Bewertung der Dinge. Schwierig wird es in Situationen, wie Du sie in Deiner Geschichte beschreibst. Du bewertest die Menschen über den Kamm, ohne dass Du für jeden Einzelnen eine Wertung abgibst. Du unterstellst in diesem Falle, dass etwas so sei, aber ohne die Gewissheit, dass es die Realität ist. In der Betrachtung des Einzelnen könnte sich das Bild völlig verschieben.
Vielleicht geht einer zur Party, weil er seine Langeweile überbrücken möchte. Ein anderer geht dorthin, um andere Menschen kennenzulernen. Der Nächste geht zu dieser Party, weil er endlich einmal frei hat und ein wenig Spaß und Ablenkung gebrauchen kann. Mancher versucht vielleicht nur seiner Einsamkeit zu entfliehen und stellt dort

dann fest, dass es ihm nicht gelingt. So bewertet er die Party als etwas Negatives. Würde er dort seiner großen Liebe begegnen, dann wäre es vermutlich die beste Party der Welt. Also bin ich überzeugt davon, dass die Menschen ständig die Dinge um sie herum auswerten und bewerten müssen, um ihr eigenes Leben zu gestalten. Ich glaube auch, dass das „Werten" nur dann etwas Negatives bedeuten kann, wenn verschiedene Variablen zusammenkommen. So halte ich eine Wertung nur dann für falsch, wenn sie ohne entsprechendes Hintergrundwissen entsteht und als unveränderbar bestehen bleibt. Demnach ist Deine Bewertung unserer Texte für die Lesung mit entsprechendem Wissen entstanden und somit richtig zu dem Zeitpunkt. Deine Bewertung in der Geschichte aber ist eher oberflächlich und mehr aus Deiner eigenen Unzufriedenheit geboren, deshalb eher nicht berechtigt.

Vielleicht passt es nicht, aber wenn ich einen Computer nehme, dann sieht es doch ganz normal aus. Dem Computer werden Daten zugeführt und er berechnet diese nach seinen ihm zur Verfügung stehenden Programmen. Dann ist das Ergebnis als richtig zu bewerten. Das gilt aber auch, wenn ich weiß, dass es bereits bessere Programme für diese Berechnung gibt. Füttere ich nun den Computer mit dem besseren Programm, wird er ein anderes Ergebnis auswerfen. Auch dieses Ergebnis ist richtig. Also gibt es für dieselbe Aufgabe zwei vermutlich nicht identische Ergebnisse, die trotzdem jeweils als richtig zu bewerten sind, wenn ich die entsprechende Information darüber habe, dass derselbe Rechner mit verschiedenen Programmen gearbeitet hat. Wenn ich dieses Wissen um die zwei Programme nicht habe, dann könnte ich davon ausgehen, dass der Rechner einen Schaden hat. Ich könnte also die richtigen Ergebnisse als falsch bewerten und den Rechner wegschmeißen, nur weil mir Informationen fehlten. Grundsätzlich denke ich, ist das Werten ein Mittel zum Leben, zum Überleben. Jedoch sollte ich ständig offen bleiben und mögliche Veränderungen in die Wertung einfließen lassen, um diese immer wieder zu überprüfen und gegebenenfalls anzupassen. Auch dürfte es sehr wichtig sein, mindestens in Bezug auf Menschen, sich selber nicht auszuschließen. Die eigene Einstellung ist für eine Bewertung sicher nicht zu unterschätzen.

Viele Grüße,
„Einsteiger"

Antwort von „Anbieter" 29.05.2007, 05:27 Uhr:

Hallo „Einsteiger"!

Ich habe da kein Problem mit, nur immer her mit Deiner Meinung, es schadet nie, auch mal andere Stimmen zu hören.
Ich stimme Dir weitestgehend zu. Ich MUSS ständig werten, sonst würde ich gar nicht überleben: Ist dieses Zeug essbar oder macht es krank? Kann ich diesem Menschen vertrauen oder lieber nicht? Und so weiter. Das ganze Leben ist eine Aneinanderreihung von Entscheidungen, die auf Wertungen beruhen. So weit ist mir das auch klar.
Es geht um diesen Punkt, den Du auch ankreidest. Du sagst, ich schere alles über einen Kamm und sagst, dass das so nicht machbar ist. Hier widerspreche ich natürlich. Es ist zwar richtig, dass eine Einzelbewertung zu möglicherweise anderen Ergebnissen kommt, aber darum genau geht es ja nicht. Ich führe jetzt mal aus, dass ich eine gewisse Anzahl an Vergleichsbeispielen brauche, um eine allgemeingültige Aussage zu treffen. Also in meinem Fall die These, dass man nur aus Langeweile zu diesen komischen Partys geht. Wenn diese Aussage wegen der Generalisierung unzulässig ist, dann müsste ich wissen, wieso das so ist? Mir ist ja bewusst, dass es immer regelbestätigende Ausnahmen gibt. Sage ich also, Frauen können nicht wirklich Auto fahren, dann stimmt das nur bedingt, da es Frauen gibt, die es können. Trotzdem bleibt die Kernaussage stehen und ist auch

richtig. Genauso ist es mit meinen Partygängern. Natürlich gibt es noch Ausnahmen. Genau die sucht mein „Held" ja auch und findet sie, wie wohl in der jungen Frau. Trotzdem halte ich an meiner Aussage fest. Es ist so, dass es lediglich dem Entrinnen der Langeweile geht. Zeichen der Zeit, oder besser Unzeichen derselben.

Wir haben alles zerstört, was Familie ist, Familie ist erzkonservativ und deshalb schlecht, also wurde sie im Zuge der 68er-Generation langsam aber sicher abgeschafft. Eltern überlassen dem Staat die Hege der Kinder und ihrer Eltern (Altersheime). Familie bedeutet Verpflichtung, man müsste sich kümmern und, noch schlimmer, man müsste gelegentlich auf eigene Vorteile verzichten. Also weg damit. Freunde? Ich meine jetzt Menschen, die dieser Titulierung auch wert sind. Ich meine damit nicht Kollegen, Bekannte, mit denen man sich gut versteht, sondern Freunde, die einen besser kennen als man sich selbst, absolute Vertrauenspersonen. Gleiches Fazit, so eine Freundschaft bedeutet Einengung und steht damit der „neuen Zeit" im Wege. Es lebe die Unverbindlichkeit, Ja ist Vielleicht, Nein ist auch Vielleicht, was interessiert mich heute mein Geschwätz von gestern und Werte werden notfalls stündlich neu definiert. Nur nicht festlegen, nur keine Stellung beziehen, einfach nur proklamieren, was einem gerade durch den Kopf geht. In der Folge kümmert man sich auch nicht mehr um Sachen, die gehaltvoll sind, da sie ja in der Regel eine Stellungnahme provozieren oder erwarten. Auseinandersetzung mit dem Dritten Reich und seinen Gräueln? Bloß nicht, ist ja langweilig. Ist es zwar nicht, aber mit dieser „Begründung" ist man raus aus der Nummer, denn man müsste ja sonst sagen, wie man das Ganze wertet. Und dann stellt sich heraus, dass man unzureichende Kenntnisse hat, und so beißt sich der Hund in den eigenen Schwanz. Logische Folge aber ist, man vereinsamt. Es gibt keinen Menschen mehr, dem man so weit vertraut, dass man einen Vertrauten hat, und es gibt keinen Menschen, der einem so weit vertraut. Bliebe man konsequent, müsste man alleine zu Hause bleiben. Aber da man genau das nicht will, werden eben auch gehaltvolle Beziehungen verwässert. Freunde werden gewechselt wie anderenorts die Unterwäsche etc. Jetzt wäre man aber an dem Punkt, wo man sich genau das eingestehen müsste und, oh Graus, gegensteuern. Aber das würde ja bedeuten, sich zu positionieren. Also redet man sich das Ganze so überzeugend schön, dass man selbst daran glaubt, dass man aus Interesse auf solche Partys geht. Selbstbetrug der klassischen Art.

Nun aber wieder zur Wertung durch mich: Ich stelle also dieses falsche Verhalten fest und erhebe mich über all diese Menschen, da ich die „Wahrheit ja erkannt habe", also die „Weisheit mit Löffeln fraß". Und hier ist jetzt die Frage, die Du da unten mal aufgeworfen hast, ist das noch zulässig oder mache ich damit genau den gleichen Fehler wie Raskolnikow in der Originalgeschichte? Das treibt mich um. Grundsätzlich sage ich, dass es nicht nur mein Recht, sondern sogar irgendwo meine Pflicht ist, wenn ich meine „Besserstellung" ernst nehme, dass ich es anprangere. Unterschwellig sehe ich aber schon, dass ich damit eine Klassifizierung vornehme, die aus meinem christlichen Wertekanon heraus als falsch anzusehen ist. Ein Dilemma, fürwahr. Hinzu kommt Dein Beispiel mit dem Computer. Hier stimme ich Dir zu, die Ergebnisse des Computers werden immer richtig sein, da er aufgrund seiner Programmierung nie zu einem anderen Ergebnis kommen kann. Andererseits kann er menschliche Verhaltensweisen nicht berücksichtigen, und die handeln irrational, was ein Rechner nicht kann. Ergo ist so was für ihn auch nicht zu berücksichtigen. Und aus demselben Grund ist so etwas auch nicht programmierbar. Darf ich aufgrund dieser Tatsache jetzt aber so etwas nicht mehr bewerten?

Sicher, eine Meinung als Ergebnis einer Wertung muss immer veränderbar sein, sonst ist sie nichts wert. Andererseits sollte man auch aufpassen, dass man sich nicht zu oft korrigiert. Denn rein in die Kartoffeln, morgen wieder raus aus den Kartoffeln und übermorgen wieder rein in dieselben ist

eher kontraproduktiv und führt wohl dazu, dass man eher wie meine beschriebene Gesellschaft wahrgenommen wird, nicht wie ein Rufer in der Wüste. Andererseits ist Beharren auf einer nachweislich falschen Meinung genauso ein Murks. Es ist auf jeden Fall schwierig, hier einen Goldenen Weg zu finden.
Ich bleibe am Ball!

Die Antwort von „Einsteiger" 29.05.2007, 12:05 Uhr:

Hallo „Anbieter",

ich bin schon wieder an Deiner Frage dran.
„Ich stelle also dieses falsche Verhalten fest und erhebe mich über all diese Menschen, da ich *die Wahrheit ja erkannt habe*, also die *Weisheit mit Löffeln fraß*. Und hier ist jetzt die Frage, die Du da unten mal aufgeworfen hast, ist das noch zulässig oder mache ich damit genau den gleichen Fehler wie Raskolnikow in der Originalgeschichte? Das treibt mich um.
Grundsätzlich sage ich, dass es nicht nur mein Recht, sondern sogar irgendwo meine Pflicht ist, wenn ich meine *Besserstellung* ernst nehme, dass ich es anprangere. Unterschwellig sehe ich aber schon, dass ich damit eine Klassifizierung vornehme, die aus meinem christlichen Wertekanon heraus als falsch anzusehen ist. Ein Dilemma, fürwahr."
Hast Du die Wahrheit erkannt? Ist es wirklich Deine Pflicht, andere zu bewerten? Brauchst Du eine Besserstellung, eine Klassifizierung, wenn ja, wozu? Etwas scheint mir vernachlässigt zu werden. Du sprachst von Deiner Einsamkeit. Ich unterstelle nun, dass Du diese Bewertung brauchen könntest, um Deine Einsamkeit zu begründen. Du möchtest der Einsamkeit entfliehen, aber entfernst Dich dabei von den Menschen immer weiter. Party machen könnte ich jetzt als etwas sehr Menschliches bezeichnen. Früher hieß es nur feiern, stört allein der Begriff? Menschlich sein bedeutet auch

irrational zu sein, unvollkommen zu sein, unberechenbar und schwankend zu sein, Schwächen zu zeigen. Mir scheint, die Frage dreht sich mehr um den Menschen im Allgemeinen. Ich kenne das von mir selber, dass ich nicht über die Dinge lachen kann, über die sich andere ausschütten vor Lachen. Ich sehe dahinter oft mehr als die anderen. Du sprichst von Vertrauen, welches sich nicht mehr finden lässt. Du sprichst von der Auflösung der Familien, von Verpflichtungen und vom Verzicht. Ich lese daraus Deinen Wunsch nach mehr Menschlichkeit. Dieser kann aber nicht auf einer Party oder einer Feier erfüllt werden.

Alles, was Du beschreibst, ist Deine Sehnsucht nach mehr Miteinander, Vertrauen, Geborgenheit, sich fallen lassen können, geliebt zu werden, Mitgefühl und Verständnis. Wenn ich Dich richtig verstehe, dann kenne ich das selber viel zu gut. Doch glaube ich, wäre dieser Weg nicht sehr förderlich für die Wirtschaft. Leider bin ich der Meinung, dass die menschlichen Wege zu sehr von den wirtschaftlichen und politischen Wünschen gelenkt werden. Ich kann dem nicht folgen, mich dem nicht einfach ergeben, und daher fühle ich mich einsam. Deshalb musst Du die Partygäste über einen Kamm scheren, sonst würdest Du vermutlich nicht anders sein als diese da. Ich weiß nicht, was Recht ist. Aber ich versuche mich als Menschen zu betrachten und zu schauen, ob es aus meiner persönlichen Situation Gründe gibt, die eine solche Bewertung rechtfertigen sollen. Was wäre denn, wenn Du Dich wie die Partygäste auf den Spaß einlässt? Wenn Du Dich für eine kurze Zeit von Deinen Gedankengängen, von Deinen Grübeleien trennen würdest, wärest Du deshalb ein schlechterer Mensch? Auch muss eine Neubewertung nicht gleichbedeutend sein mit einer Revidierung. Etwas neu zu bewerten, kann auch bedeuten zu verbessern. Beispiel: Das Atom war einstmals das kleinste Teilchen, welches den Menschen bekannt war. Heute hat sich dieses Wissen längst überholt.

Es ist eine Weiterentwicklung und nicht rein in die Kartoffeln und wieder raus.

Ich glaube, bei der Beantwortung der Frage nach dem Recht zu werten, ist die persönliche Situation von Bedeutung. Geht es eben wirklich um die Bewertung der Partygäste oder doch nur um ein sehr persönliches Problem? Dann kann die Frage mit "Ja" beantwortet werden, wenn es für Dich persönlich und in dieser Situation hilfreich sein kann und nicht festgeschrieben bleibt. Unberechtigt ist sie sicher in Bezug auf die Gäste selber, da ich ihnen etwas unterstelle, ohne das entsprechende Wissen zu besitzen oder mit einzubringen.

Den goldenen Weg finden wir vermutlich erst, wenn unser Leben bereits zu Ende ist. Bis dahin werden wir uns diesen Fragen immer wieder stellen. Ich persönlich denke, es wird erst dann negativ, wenn wir uns diesen Fragen verweigern. Vielleicht haben wir uns schon zu weit von den Menschen entfernt, als dass wir sie so akzeptieren könnten, wie sie nun einmal sind. Könnte sein, dass wir uns selbst nicht akzeptieren, warum eigentlich? Im Übrigen glaube ich nicht, dass dieses Problem allein aus einem christlichen Wertekanon heraus zu betrachten ist. Was ist menschlich, was bin ich für ein Mensch, was halte ich selber für menschlich und damit für richtig?

Viele Grüße,
„Einsteiger"

Die Antwort von „Anbieter" 30.05.2007, 16:52 Uhr:

„Hast Du die Wahrheit erkannt? Ist es wirklich Deine Pflicht andere zu bewerten? Brauchst Du eine Besserstellung, eine Klassifizierung, wenn ja, wozu?"
Das ist nicht die Frage, oder besser, nicht mehr. Wie ausgeführt, besteht irgendwo das ganze Leben aus Wertungen und Bewertungen. Und wenn ich feststelle, dass „Big Brother" nur Müll ist, dann stellt sich mir die Frage, wieso so viele Leute das schauen. Und wenn ich dann folgerichtig

genau die Leute, die das schauen, frage, warum sie es tun und die Antworten höre, dann ist genau das schon eingetreten. Ich brauche das nicht, es stellt sich zwangläufig als Konsequenz der Bewertung ein. Und ich lasse es die anderen spüren.
Nun dieser lange Absatz: Ich stimme Deinen Ausführungen größtenteils zu. Es geht zwar vordergründig um die Langeweile und Einsamkeit der anderen, nicht meiner Hauptperson, jedoch ist auch sie einsam, weil sie ja keine Gleichgesinnten findet, sondern nur in diesem Sumpf von Gleichgültigkeit und Oberflächlichkeit schwimmt.
Ich fühle mich ertappt, wenn Du aufzählst, was ich mir Deiner Meinung nach wünsche, denn das ist richtig. Ich gebe aber weniger Wirtschaft und Politik Schuld an der Misere, obwohl sie davon profitieren. Schuld gebe ich der Gesellschaft, die ein solches Handeln der Wirtschaft und der Politik erst ermögliche.
Was Deinen Vorschlag betrifft, so kann ich den für mich leider gar nicht übernehmen. Ich finde keinen Spaß daran, Smalltalk zu führen, nichtssagende Floskeln von mir zu geben, die schon wenige Minuten nach dem Aussprechen keine Bedeutung mehr haben. Ich werde dabei nicht abschalten können, es wird vielmehr noch schlimmer werden. Ergebe ich mich dieser Oberflächlichkeit und mache den „Spaß" einfach mit, dann verrate ich mich doch selbst?
Dieser Spaß, der sich in immer skurriler werdenden Fernsehshows manifestiert – derzeit entscheiden in den Niederlanden die Zuschauer, wer eine Niere bekommt – bringt doch die Menschheit, die Gesellschaft nicht voran oder weiter? Mache ich jetzt selbst da mit, betäube ich dann nicht nur die Vernunft, die stets in mir aufschreit, dass dieses Vorgehen der sogenannten Spaßgesellschaft kontraproduktiv ist und angeprangert gehört?
Wäre ich nicht vergleichbar mit jenen Jugendlichen, die sich der HJ aus Vernunftgründen entzogen, dann aber doch eintraten, weil sie durch die Isolierung in eine Position gerieten, die sie den anderen unterstellte? HJ kann gerne auch

durch FDJ oder ähnliche Strukturen ersetzt werden. Nein, ich glaube, mich dem einfach zu ergeben, geht gerade nicht. Und es sind ja nicht die Partys, da ich die Argumentation, wie Du jetzt siehst, hier mal auf die Realityshows gelenkt habe. Die Partys in meiner Geschichte stehen bildlich für all die Aktivitäten, die heute so unternommen werden, was uns heutzutage als Spaß verkauft wird. Aber es war einfacher, die Party zu wählen, da mein Geschichten-Ich ja irgendwo nach seinem Pendant suchen musste. Ich möchte jetzt nicht den Eindruck erwecken, ich müsse immer nur ernste Gespräche oder Gespräche über ernste Themen führen, ich kann durchaus mal ausgelassen feiern und richtigen Spaß haben. Das eine schließt das andere eben nicht aus. Es ergänzt sich sogar. Es läuft nur aus dem Ruder, wenn man eines derart bevorzugt, wie es die sogenannte Spaßgesellschaft eben heute tut, finde ich.

Ja, okay, diese Form der Neubewertung wird von mir unterstützt. Jede Maxime gehört einer ständigen Überprüfung unterzogen. Ich wollte halt nur genau die Ergebnisse ausschließen, die bei den „Orwellschen Schafen" herauskommen, also jene Menschen, die ihre Meinung der herrschenden Situation anpassen.

Als Beispiel mögen da viele ehemalige Offiziere der NVA dienen, die sich plötzlich in der Bundeswehr tummelten. Und wechselte das System wieder, wohin auch immer, genau diese Menschen wären in der dann existierenden Armee und tief in ihrem Herzen schon immer völlig überzeugt gewesen, die Umstände hätten sie aber gehindert, sich zu offenbaren. DAS wollte ich von dieser Neubewertung ausschließen. So, wie Du sie darstellst, ist sie freilich mehr als geboten.

Widerspruch zu dem folgenden Absatz: Ich verweise auf meine Ausführungen der letzten Antwort. Ich darf sehr wohl die Gäste meinen und sie über einen Kamm scheren, wenn ich aufgrund rationaler Denkprozesse zu diesem Ergebnis komme. Wie ausgeführt, ist es eine Generalisierung, die der Wirklichkeit nicht immer gerecht wird, die aber in ihren Grundzügen von im Beispiel jetzt den Partygästen erfüllt wird.

Zustimmung zum folgenden Absatz, allerdings nicht zu der Frage der Akzeptanz. Ich sehe jetzt nicht, wieso mangelnde Akzeptanz seines Selbsts der Auslöser für das sein soll, was wir hier machen. Ich sehe eben nur, dass die anderen wie eine Herde Schafe auf einem Weg rennen, der meines Erachtens zu einem Schlachthof führt. Und ja, wenn man ihnen dann nicht mehr folgt, wird man früher oder später abgehängt. Zwar entgeht man dann wohl dem Schlachthaus, aber man ist dann irgendwo allein, was einem Herdentier nun mal nicht so besonders gefällt.

Nein, natürlich nicht allein aus einem christlichen Wertekanon heraus, auch aus allen anderen Religionen und deren Wertevorstellungen heraus, aber das Ergebnis kann doch nur das gleiche sein, da die Grundbotschaft aller Weltreligionen gleich ist? Ich für mich nehme natürlich den christlichen Wertekanon, weil ich mit diesem aufgewachsen bin, ihn kenne und er eben vorherrschend ist in den Gebieten der Welt, in denen ich mich größtenteils herumtreibe.

Ich danke Dir für Deine nachdenklichen und nachdenklich machenden Worte. Es freut mich, mich über so etwas auch mal mit jemand anders auszutauschen als immer mit …

Einen schönen Tag wünsche ich Dir.

Antwort kam von „Einsteiger" 31.05.2007, 11:12 Uhr:

Hallo „Anbieter",

ich kann Dir nur zustimmen, es tut auch mir sehr gut, mit jemandem über meine Gedanken reden zu können. Bislang hatte ich schon die Befürchtung, ich könnte ganz allein mit meinen Ansichten dastehen. Ich fürchtete sogar schon, dass ich meinen Verstand verlieren könnte.

Jetzt aber glaube ich, doch auf dem richtigen Weg zu sein. Ich verstehe Deine Wertung über die Partygäste und bin ganz Deiner Meinung. Doch habe ich immer wieder dieses Gefühl in mir, ich dürfte nicht so bewerten. Es ist ein Gefühl, als würde ich damit jemandem Unrecht tun. Deine Worte helfen mir, hier eine bessere Position zu finden.

Was die Schuld betrifft, da denke ich, wird es nicht so einfach. Sicher sind Wirtschaft und Politik nicht allein schuld, aber sie nutzen mit ungeheurer Rücksichtslosigkeit die Schwächen der Menschen aus. Die Politik sollte hier, meines Erachtens nach, energisch eingreifen, doch sie fördert diese Entwicklung noch. Wo findet sich die Menschlichkeit in der Gesellschaft, wenn sie nicht einmal in der Politik zu finden ist? Das, was in den Medien läuft, was an Werten vermittelt wird, das wird zunehmend von der Wirtschaft und der Politik vorgelebt. Wie ich es in einigen Geschichten und Texten bereits versuchte auszudrücken, haben die Kräfte der Macht und des Geldes in ihrem wahnsinnigen Rennen nach der Vorherrschaft eine psychologische Meisterleistung abgeliefert. Die Schwächen der Menschen herauszukristallisieren und bis auf den Tod auszureizen, ist in vollem Gange. Deshalb sind mir Deine Worte vom „zum Schlachthof führen" nicht unbekannt.

Eine Form dessen ist die Gestaltung der Themen in den Medien, in ihrer großen Vielfalt. So werden die Menschen mit permanenter Berieselung nach dem (von oben) gewünschten, zukünftigen Erfolg zu Marionetten geformt. Das, was mir täglich begegnet auf der Straße, in den Medien und sogar in der Familie, zeigt mir deutlich, warum wir uns hier über unser ganz persönliches Erleben von Einsamkeit austauschen. Doch je deutlicher ich die Entwicklungen sehen kann, desto einsamer fühle ich mich. Dieses Gefühl der sich anscheinend ständig verstärkenden Einsamkeit könnte, so fürchte ich, mich eines Tages zerbrechen. Leider glaube ich, dass ich etwas sehen kann, aber keine reale Möglichkeit finde, an dieser Entwicklung etwas zu verändern. Hilflosigkeit, die mich erdrückt und die mich krank macht. Ich gebe

zu, dass ich nicht so genau weiß, ob ich dieses Wissen, dieses Erkennen der Zusammenhänge wirklich haben möchte. Ich jedenfalls bemerke immer mehr, wie ich mich weiter und weiter von den Menschen zu entfernen drohe. Selbst in meiner Familie finde ich nicht den Halt, den ich brauche. Sie erklären mich zum Spinner und hören mir gar nicht mehr oder doch nur sehr schlecht und selten zu. Vielleicht sehen andere Menschen die Dinge ebenso, wie wir es tun, aber ohne einen Ausweg, diese Entwicklung zu verändern, ergeben sie sich schließlich und endlich lieber und sagen sich, lieber heute eine Party als morgen einen Herzinfarkt? Was die „Bäumchen-Wechsel-Dich" angeht, so habe ich mich auch schon immer gefragt, wie das möglich sein kann. Doch auch hier bin ich der Ansicht, dass ich mehrere Seiten betrachten muss. Die Offiziere der ehemaligen NVA haben ja nicht nur ihre Einstellungen geändert und ihrem abgelegten Schwur zuwidergehandelt. Nein, auch die Politik hat es zugelassen und gefördert. Wie kann sich ein Staat auf solche Menschen verlassen, die ihren eigenen Standpunkt ständig dem anpassen, was für sie am günstigsten erscheint. Vielleicht ist es für sie so richtig. Sie brauchen nicht diese oder jene Gesellschaftsform, sondern ihr Militär. Sie sind vielleicht in dieser eigenen kleinen Welt zu Hause. Wo hätten sie sonst hingehen können? Wie viele Menschen haben sich dem System angepasst, in dem sie lebten oder leben? Gilt dies nicht in gewisser Weise für jeden von uns? Ich möchte die Menschen nicht in Schutz nehmen, aber ich glaube, dass gerade in dieser Richtung eine große Angst mitentschieden hatte und auch heute noch mitentscheidet. Allein dieses Thema könnte sicher noch reichlich Stoff bieten, um sich auszutauschen.
Die Akzeptanz bezieht sich auf die Frage, ob ich nicht auch feiern und ausgelassene Partys erleben möchte. Die Antwort lautet: ja. Doch bin ich deswegen gleich ein Mensch wie diese Partygäste aus Deiner Geschichte? Ich akzeptiere mein Bedürfnis nach ausgelassener Freude und Spaß, wie sie andere auch erleben. Dann ist die Bewertung nicht

mehr auf die Partygäste bezogen, sondern auf die gesamte Gesellschaft. Die Frage nach der Akzeptanz meiner Selbst eröffnet mir einen besseren Blick auf die Situation, denke ich. Ich hinterfrage meine eigene Position und mache mir so den Unterschied zu Deinen Partygästen deutlicher.
Auch mir tut es sehr gut, mich mit Dir über so wichtige und dabei doch sehr schwierige Themen auszutauschen. Es ist unsere Gefühlswelt, die uns sensibel auf die Geschehnisse in der Welt aufmerksam macht. Sollten unsere Seelen bereits Erfahrungen gemacht haben mit solchen Gefühlen? Und ist es in dieser Welt unsere Aufgabe, durch diese Erfahrungen mehr zu sehen als andere und dieses Sehen in dieser Welt zu fördern?

Viele Grüße,
„Einsteiger"

Der vorerst letzte Beitrag 03.06.2007, 08:15 Uhr:

Moin „Einsteiger",

na ja, ein wenig anders sind wir mit diesen Gedanken schon. Ja, das ist ja eben die Frage, die mich umtreibt. Es ist ja auch irgendwie verhext. An sich ist jede Generalisierung mehr als fragwürdig, andererseits muss man sich fragen, warum gerade bei Satire beispielsweise genau das das Charakteristische ist. Wenn ich sage, Frauen können nicht Auto fahren, dann ist diese Aussage durch eine einzige Frau, die es doch kann, ja bereits widerlegt. Aber liegt nicht trotzdem viel Wahrheit in der Aussage, denn die meisten Frauen können es tatsächlich nicht. Und wenn man das weiß, kann man sein eigenes Fahrverhalten darauf einstellen und somit einen unfallfreien Verkehrsfluss mit ermöglichen. Ähnlich sehe ich es bei meinen Partygästen. Und auch der ICH ist ja dort, und der nimmt sich von dieser Langeweiletheorie aus. Und er findet genau dort ja auch die Frau. Also sind auch Menschen, die seine Theorie widerlegen, auf diesen Partys. Damit wird die Generalisierung erkennbar. Und deshalb denke ich, dass man es so machen darf. Sowohl die Wertung als auch ihre Dokumentation.

Für mich ist das eher die Frage nach dem Huhn und dem Ei. Haben wirklich Wirtschaft und Politik unsere Gesellschaft geschaffen oder hat unsere Gesellschaft die Wirtschaft und Politik geschaffen, die wir jetzt kennen? Ich bin mir zumindest bei der Wirtschaft sicher, dass sie, seit sie existiert, immer nur ein Ziel verfolgt hat, und ich denke, das tut sie auch heute noch. Wenn sie also wirklich ausschlaggebend sein sollte, dann läuft das schon seit der Steinzeit, oder?

Bei der Politik ist es zwar etwas schwieriger, aber wenn man es etwas großzügiger betrachtet, ging es viel zu oft allein um persönliche Macht, und auch heute suchen viele Politiker während ihrer Amtszeit nur den Absprung zu Machtpositionen, die sie später ausfüllen können, bekanntestes Beispiel der letzten Zeit dürfte der ehemalige Wirtschaftsminister Müller sein. Also auch hier ziemlich klare Ausprägung und eben bekannte Ausprägung. Wenn wir das aber seit Jahrtausenden kennen, was Politik und Gesellschaft wollen, wieso haben wir uns das so lange gegeben? Waren die Menschen früher so dumm, das nicht zu erkennen? Und glaubst Du wirklich, dass die Politik, Deiner Meinung nach ein Teil des Übels, wirklich Abhilfe schaffen kann? Ich fürchte nein. Ich denke, wir, also die Gesellschaft, haben die Politiker geschaffen, die wir heute haben. Und je mehr wir uns der Oberflächlichkeit hingeben, umso skrupelloser werden die Politiker ihr persönliches Machtstreben ausleben. Und die Wirtschaft? Nun, sie steht wohl außerhalb dieses Geschehens, es ist meiner Meinung nach eine Welt für sich, die nach eigenen Regeln funktioniert. Das wäre nicht weiter schlimm, wenn das keine Auswirkungen auf uns hätte. Und das macht es für uns so unerträglich, denn das, was wir schaffen, fällt auf uns zurück. Und was da zurückfällt, ist alles andere als positiv.

Somit bleibt als Fazit, dass meines Erachtens Politik und Wirtschaft schon immer so waren, wie sie heute sind und ihre „Chance" nutzen. So böse das klingt, die meisten Menschen sind so, das ist leider das Geheimnis der Evolution, der Stärkere wird gewinnen. Welchem Menschen darf man denn noch trauen? Was macht mein „bester Freund", wenn er sich zwischen einer Beförderung mit Gehaltserhöhung und der Freundschaft entscheiden muss? Ich war beeindruckt, als Juliane „Die Bürgschaft" rezitierte. Gibt es so ein Vertrauen noch?
Kennst Du einen Menschen, der sich in so einer Situation für Dich als Bürge bereitstellen würde? Oder gibt es da einen Menschen, für den Du Dich in so einer Situation verbürgen würdest, mit Deinem Leben haften? Ich denke, hier liegt die Ursache des Übels. Je mehr Pflichten wir abgelegt haben, ja, je mehr Rechte wir für uns eingefordert und erhalten haben, desto größer wurde der Egoismus des Einzelnen und setzte damit eine Spirale in Gang, die sich bis heute dreht, und zwar immer schneller. Mag sein, dass es ähnlich Denkende wie uns gibt, wenn sie aber die Entscheidung fällen, die Du jetzt aufzeigst, lieber Party als Herzinfarkt, dann haben sie aufgegeben und können wohl kaum noch als Gleichgesinnte gewertet werden, oder?
Ich will das NVA-Thema jetzt nicht auswalzen. Auch mag ich die Position des Staates jetzt nicht wirklich kritisieren, hätten wir alle Militärs entlassen, wäre einmal viel Wissen verloren gegangen, was wir schon bemerkten, weil alle Soldaten mit Beziehungen zur Stasi entlassen wurden, und zum anderen hätte es dann wie Siegerjustiz ausgesehen. Im Osten wird die Vereinigung erkämpft und der Westen besetzt alle Positionen des Staates? Ohne Einheimische wenigstens einzulernen? Ist auch schwer, hier eine wirklich richtige Entscheidung zu treffen. Ich habe für mich das getrennt. Ich habe den militärischen NVA-Mann anerkannt, denn das Handwerk ist ja das gleiche, wenn die aber anfingen, von freiheitlich-demokratischer Grundordnung zu sprechen, wenn die mir was von Innerer Führung erzäh-

len wollten, dann habe ich den Raum verlassen. Worum es aber bei diesem Beispiel gehen sollte, war natürlich nur das beschriebene Verhalten dieser Menschen. Es ist mir schon unverständlich, wie man seine Meinung so ändern kann. Mit meinem Ehrgefühl ist das jedenfalls nicht vereinbar. Ich hatte ja sogar Schwierigkeiten, dass wir hier acht Jahre lang eine rot-rote Koalition hatten.
Zu dem Absatz mit der Akzeptanz verweise ich jetzt mal auf meine Ausführungen oben.
Ja, es bleibt schwierig. Meine Gefühlswelt ist da in der Tat sehr zerrissen. Und ich fürchte, dass ich auch durch alles Diskutieren und Argumentieren keine Änderung herbeiführen kann. Wer wird sich denn selbst Grenzen auferlegen, wenn er das Leben auch ohne Pflichten haben kann? So werde ich wohl weiterleben müssen und es irgendwie ertragen, dass man mich für ein wenig „abgehoben" hält, teilweise sogar für ein wenig meschugge. Und auch, wenn man mir rüde Ansichten unterstellt, werde ich weitermachen, denn ich weiß, dass ich recht habe.

Schönen Sonntag noch,
„Anbieter"

Einen schönen Tag wünschen wir den Lesern dieser kleinen Auseinandersetzung über ein stets aktuelles Thema unserer Zeit.

Der kleine Frosch Willi ...

... auf einem großen Blatt der Seerose fragte die Libelle: „He, was machst du da?"

Diese aber schien seine Frage nicht gehört zu haben.

„He, was machst du da?", fragte Willi noch einmal etwas energischer.

„Ich lege meine Eier in das Wasser an den Pflanzen ab."

„Warum?", fragte der kleine Frosch weiter.

„Warum, warum, weil wir das nun einmal so machen, dumme Frage."

„Und wozu trägst du dann deinen Mann mit dir herum?"

„Mein Gott, bist du neugierig. Der passt auf, dass mich keiner stört."

„Beim Eierlegen?"

„Ja genau, beim Eierlegen, jetzt gib endlich Ruhe."

Der kleine Frosch fand das gar nicht nett und hüpfte, um die Libellen zu ärgern, in einem hohen Bogen direkt neben ihnen in das Wasser.

Dies erschreckte die Libellen so, dass sie sich auf der Stelle entfernten.

Der Frosch schwamm zu einem anderen Blatt, setzte sich direkt an den Rand und schaute in den dunklen Abgrund des Teiches.

Da stieg etwas aus der Tiefe nach oben, der Sonne entgegen. Neugierig schaute Willi dem Teichmolch zu, wie dieser an die Wasseroberfläche kam und ... ja was machte er da nur, wollte Willi wissen.

„He, was machst du da?"

„Ich brauche etwas Luft zum Atmen."

„Warum bleibst du denn nicht hier oben, dann brauchst du nicht immer rauf- und runterschwimmen und kannst immerzu frische Luft atmen?"

„Da unten gibt es feine Sachen zum Essen."

„Was magst du denn gern essen?"

„Mückenlarven, Libellenlarven und so einiges andere."

„Wo kommen die her?"

„Die Mücken und die Libellen legen ihre Eier in das Wasser und daraus schlüpfen dann die Larven. Dann komme ich mit meinen Freunden und wir verspeisen sie mit viel Freude."

„Etwa alle?"

„Nein, natürlich nicht. Es müssen ja noch welche übrig bleiben, die wieder ihre Eier in das Wasser legen, damit wir immer reichlich zu essen haben. Mach es gut."

Gerade wollte der Teichmolch wieder abtauchen, da erwischte ihn ein großer stattlicher Frosch, der von unten angeschwommen kam und ihn zu verschlingen versuchte. Kopfüber verschwand der Molch in seinem Maul. Willi war zu Tode erschrocken. Hin und wieder flutschte der Schwanz des Molches noch einmal heraus. Dann war er ganz verschwunden. Der kleine Frosch saß nachdenklich auf dem Rand des Seerosenblattes in der Sonne. Da vernahm Willi ein Flüstern. Es kam von einem Blatt etwas entfernt von ihm. Ein alter Frosch versuchte ihn zu warnen.

„Hallo Kleiner, sieh zu, dass du da wegkommst. Achtung, hinter dir schleicht sich ..." Dann machte es „Platsch" und der alte Frosch war verschwunden. Willi drehte sich um.

„Einen schönen guten Tag. Wer bist du denn?", begrüßte er das seltsame Wesen.

„Ich bin Klara, die Ringelnatter. Und wer bist du?"

„Ich bin Willi. Was machst du hier?"

„Mir knurrt der Magen, habe großen Hunger."

„Was magst du denn besonders gern essen?", fragte Willi in seiner kindlichen Neugier.

„Kleine Fische, Molche, Schnecken und ganz besonders mag ich Frösche, die sind lecker."

„Wo kommen die her?"

„Das ist mir ganz egal, Hauptsache sie schmecken und ich werde satt."

Willi hatte noch immer nicht begriffen, in welcher Gefahr er sich befand. Da tauchte ein kleiner Frosch direkt vor Klara aus dem Wasser auf und kletterte auf das Blatt der Seerose, genau vor das Maul der Ringelnatter. Noch ehe Willi etwas sagen konnte, packte Klara den Frosch und verschlang ihn mit Genuss. Jetzt hatte auch Willi verstanden. In Zukunft würde er sehr viel vorsichtiger sein als bisher. Er schwamm auf die andere Seite des Teiches, setzte sich auf das größte Blatt, das er finden konnte, und ließ sich von der Sonne wärmen. Mit großem Erfolg konnte er zukünftig immer wieder der hungrigen Klara und ihren Freunden entwischen, weil er von dieser Minute an sehr, sehr, seeeeeeehr aufmerksam und vorsichtig war.

Logisch!

Ich gebe zu, ich habe noch vor wenigen Monaten nicht so gedacht, nicht so empfunden. Heute bin ich beinahe ein anderer Mensch geworden. Doch was mich heute bewegt und meinen Alltag beeinflusst, das hätte ich so nicht wirklich erwartet. Nein, ich bin auch noch nicht alt, denke ich, aber immer öfter habe ich das Gefühl, ich würde am Ende meines Lebens angekommen sein. Damit habe ich bisher theoretisch kein Problem gehabt und die Logik war so verständlich und einleuchtend. Der Verstand versucht es mir andauernd zu erklären und zu rechtfertigen, nur im Bauch kommt das nicht an. Daher drehen sich meine Gedanken in viele Richtungen und suchen nach einer akzeptablen Lösung für mich.

Es ist, als würde ich ein neues, ganz anderes Leben übernehmen. Bis vor einigen Monaten gab es solche Gedanken nur in der theoretischen Auseinandersetzung mit diesem Thema. Jung und Alt, Leben und Tod, Leben und Sterben, das erschien mir so weit weg und deshalb auch nicht belastend oder besonders schwierig. Selbst meine vielen Wege zum Friedhof, die mich mit diesem Thema auch konfrontierten, sie erfüllten mich mit Respekt und Achtung, aber nicht mit Angst und Schrecken. In mir spürte ich eine Kraft, die mich vor dem Altwerden schützte und mein Älterwerden nicht als Belastung auf meine Schultern legte. Die Gegenwart hatte die meiste Aufmerksamkeit und Träume von der Zukunft ließen keinen Platz und keine Notwendigkeit erkennen, mich mit diesem Problem tiefer zu beschäftigen.

Einen ersten tatsächlichen Ansatz erfuhr ich, als ich mich mit meinem Hund in ein Alters- und Pflegeheim begab. Die vielen Gespräche und die Umgangsweise mit den Bewohnern zeigten mir ein Bild vom Alter, welches ich auf keinen Fall erleben wollte. Ihnen helfen konnte ich leider nicht, denn ich litt entsetzlich unter diesen Erfahrungen, sodass ich meine Besuche nach einigen Jahren einstellen musste. Doch auch dann kratzte es nur in den Momenten an mir, in denen ich direkt damit konfrontiert wurde. Nachdem ich mich dort herausgenommen hatte, tauchte diese spürbare Bedrohung erneut ab in die Tiefe meiner Seele. Ich war ja noch jung und diese vermeintlich zwangsläufig kommende Situation war noch so unendlich weit weg.

In der Zwischenzeit redete ich mit vielen Nachbarn über Gesundheit und die Kraft, mit der man sich am Leben festhalten sollte. Ich versuchte sie zu motivieren und ihnen Energie abzugeben, um sie zu stärken und ihnen so ihr Dasein ein ganz klein wenig schöner und leichter zu machen. So oft ich es konnte und kann, verschenke ich ein Lächeln und damit ein wenig Liebe und Vertrauen. Zumindest glaube ich daran, dass es den Menschen guttut, wenn sie spüren können, sie werden gesehen und man kann sie fühlen. Auf meine Weise wollte ich mich wohl rechtfertigen dafür, dass ich noch nicht so leide und nicht so alt bin wie viele dieser Leute. Eine 85-jährige Frau liegt mir immer wieder besonders am Herzen und ich rede mit ihr, wenn es möglich ist. Mit meiner ganzen Konzentration versuche ich die richtigen Worte zu finden und die Dinge, so gut es mir möglich ist, zu erklären. Manchmal scheint mir etwas zu fehlen und dann muss ich mich zurücknehmen.

Meine Gesundheit ist schon lange nicht mehr die beste, aber mir fehlte immer noch ein Einschnitt, der mich auf irgendeine Weise ausbremsen würde. Daher fiel es mir aus der theoretischen Sicht nicht schwer, diese Gespräche zu führen. Heute glaube ich sogar, einige Menschen haben immer gespürt, dass mir das Wissen, die Erfahrungen fehlten, die ihre Situation verständlicher machten. Ich blieb stets ein Theoretiker, der sich um diese Menschen bemühte und kämpfte.

Jetzt ist es über ein Jahr her, dass mein Hund mich verlassen hat. Dieser Tag brachte mir eine Erfahrung, die mein Leben völlig aus dem Gleichgewicht rückte. Ja, es drückte so heftig, wie ich es nicht erwartet hatte. Seit einigen Jahren hatte ich versucht, mich genau auf diesen Moment vorzubereiten, und in meiner Theorie schien das auch ganz leicht. Klar war mir, dass es nicht ganz leicht sein würde, aber der Verstand ist eine starke Macht. Seit dem 24.07.2013 um 12:02 Uhr weiß ich, es war ein neues und unerwartet hartes Gefühl, welches mich getroffen und fast zerschmettert hätte. Seither ist mir viel bewusster geworden, was es bedeutet, wenn jemand sagt, mit jemandem ist ein Stück seines Herzens gegangen. Plötzlich erschien es mir so, als würde ein Teil von mir herausgerissen und mit ihm begraben worden sein. Alles Vorherige konnte nicht annähernd beschreiben, was in jenem Moment mit mir geschah. Ich glaube, der Versuch, mich mittels meines Verstandes über die Zeit zu tragen, war der Anfang meiner erweiterten gesundheitlichen Einschränkungen. Die nicht richtig ausgelebte Trauer, die tief in mir sitzt und mich von innen her zerfrisst, habe ich völlig unterschätzt. Ich denke, ich bin nicht kaltherzig genug, um so cool reagieren zu können.

Im November letzten Jahres begann dann der medizinische Albtraum. In meinem ganzen Leben war ich nicht so oft in der Klinik wie in den letzten neun Monaten. Dabei bin ich wohl etwa fünfmal gerade noch vor dem Tod ausgerissen. Mein ganzes Leben hatte sich verändert und ich musste mich immer wieder motivieren, nicht aufzugeben.

In dieser Zeit machte ich Bekanntschaft mit etwas, das ich bis dahin gar nicht kannte, ich bekam wahnsinnige Todesangst. Sie zwang mich beinahe in die Knie, aber ich bin ein Kämpfer und deshalb suchte und suche ich mir immer wieder Wege, die mir durch diese Hölle helfen. Plötzlich rede ich, wenn ich mit meinen Nachbarn spreche, nicht mehr von ihnen, sondern von uns. Auf einmal gehöre ich selbst zu dieser Gruppe der Gesellschaft. Die Ferne aber, die ich bislang wahrgenommen hatte, sie ist auf brutalste Weise ausgelöscht worden. Es wird einige Zeit in Anspruch nehmen, ehe ich mich von diesen Tiefschlägen erholt haben werde.

Die Verknüpfung von Leben und Tod, die einmal so logisch und verständlich, so natürlich erschien, fühlt sich nun völlig anders an. Nein, sie hat ihre Natürlichkeit nicht verloren, aber die Endlichkeit ist für mich umso deutlicher spürbar geworden. Alles, was ich früher theoretisch so gut verstanden hatte, war und ist sicher nicht falsch, aber es fühlt sich heute total anders an. Jetzt bin ich selbst betroffen und nicht mehr außerhalb des Geschehens. Es ist ein wenig so, als würde ich mir einen Film ansehen und plötzlich von ihm aufgesogen, um darin mitzuspielen. Einen Film kann ich immer wieder starten, aber mein Leben wird zu Ende gehen und aus die Maus.

Diese bittere Realität kann ich so deutlich wahrnehmen, als würde ich mich bereits in den letzten fünf Minuten des Films befinden.

Ein Spaziergang auf dem Friedhof ist nicht mehr nur die Besichtigung eines Parkgeländes, es ist die Gewissheit, dass auch ich dort einen Platz einnehmen werde, und die Zeit bis dahin ist nicht mehr so unendlich lang.

Was also mache ich mit der Zeit, die mir bleibt? Ich habe mir vorgenommen, dass ich die Menschen, Jung und Alt, dazu anstoßen möchte, über diesen ganz natürlichen Vorgang nachzudenken. Wobei nicht die Endlichkeit des Todes im Vordergrund steht, sondern die Entwicklung, die ihm vorangeht. Unsere Welt verändert sich so schnell, dass die älteren Menschen leicht auf der Strecke bleiben könnten. Unser technisiertes Dasein lässt kaum Zeit und Platz für die, die sich nicht mehr mit diesen Spielarten auskennen und so langsam aus der Gesellschaft ausgegrenzt werden. So viel Verständnis ich für die Jugend habe, sie ist die alte Generation von morgen. Derzeit geht die Entwicklung anscheinend dahin, dass wir die Alten einfach aus dem Leben herausnehmen und sie ablegen wie alte Akten. Die ganze Diskussion um die Renten, sie ist nicht ein Problem der Alten oder der jungen Menschen, sie ist eine Notwendigkeit menschlichen Zusammenlebens. Auch die medizinischen Fortschritte sind nicht ohne die Menschen denkbar, die zum Ende ihres Lebens auf sie angewiesen sein könnten. Jeder, der meint, diese Medizin ist nur für die jungen Leute, die arbeitende Bevölkerung gedacht, der sollte sich einmal hinterfragen, ob er mit 50 oder 60 Jahren bereit sein wird, freiwillig dem Tod zu folgen.

Aus meinem eigenen Erleben heraus kann ich sagen, so logisch der Weg von der Geburt bis zum Tod auch erscheint und wenn ich ihm noch so viel Verständnis entgegenbringe, er hat eine Belastungsintensität, die kaum zu beschreiben ist. Die Probleme, die anscheinend durch die immer älter werdenden Menschen ausgelöst werden, sind ein Problem unserer Gesellschaft. Da wir Menschen die höchstentwickelte Lebensform sein sollen, müssten wir dann nicht gerade unsere Lebensweise so anpassen, dass wir alle mit Respekt und Achtung älter und alt werden können?

Logik und Verständnis können den Kreislauf des Lebens nicht anhalten, aber sie könnten ihn schöner machen und einen respektvolleren Umgang ermöglichen. Die hilfreiche Technik, die uns zur Verfügung steht, benutzen wir nicht, um unser Zusammenleben zu verbessern, sondern um unsere Verantwortung zu umgehen und unser falsches Verhalten zu rechtfertigen. Vermutlich sind alle Menschen dieser Erde auf der Suche nach dem Glück. Doch ich kenne nicht einen Menschen, der tief in seinem Herzen glücklich geworden ist, weil er sich irgendeine Technik leisten konnte. Aber ich kenne sehr viele Leute, die ein Gespräch, ein Lächeln, eine winzige Aufmerksamkeit glücklicher gemacht hat. Mit dem Glück ist es ähnlich wie mit der Liebe, wir können nichts tun, um es zu bekommen, aber wir können es spüren, wenn wir die Jagd nach irrsinnigen Träumen aufgeben. Das möchte ich an einem Beispiel erklären. Wenn Kollegen und Bekannte aus dem Urlaub in den nördlichen Staaten zurückgekommen waren, dann beschrieben sie eine wohltuende Entspannung, weil sie das Fahren dort als viel ruhiger und somit deutlich angenehmer empfunden hatten. Den Vorschlag, diese Beschränkungen auch in Deutschland einzuführen, lehnten sie jedoch beharrlich und kategorisch ab. Sie könnten sich das Gute nach Hause holen und leben lieber mit dem Stress und den vielen negativen Begleiterscheinungen. Ist das logisch und verständlich?

Beides, Liebe und Glück, kann man verschenken, denn sie sind mit der Geburt in uns. Wir müssen dieses nur zulassen, uns ihrer bewusst werden und dann sollten wir alle glücklich werden können. Logischerweise können wir dem Kreislauf des Lebens nicht entkommen, aber vielleicht den belastenden, unglücklich machenden Gefühlen.

Der Atem

Atem.
Atmen ist Leben.
Atmen macht frei.
Alle tun es, auch die Erde.

Atmen ist der Austausch von Stoffen.
Atmen bedeutet sammeln von Energie.
Atmen ist ein Nehmen und Geben.
Wenn der Atem steht,
nichts mehr geht,
große Not,
Tod.

Winter-Weihnachtshofflohmarkt

Keiner würde es vermutlich glauben, wenn ich ihm dies einfach so vom Hörensagen erzählte, aber ich war dabei, als sich diese Geschichte zutrug.

Es war, wie man mir erzählte, für die Betreiber der erste Versuch, einen Winter-Weihnachtshofflohmarkt auf dem Gelände der Pension „De lütte Slaapmütz" zu organisieren. Ich hatte mich dort einquartiert, nachdem wir uns ein Jahr zuvor in Schwerin bei den Schirmkindern am Pfaffenteich getroffen hatten. Dorthin hatte mich mein Pausenspaziergang geführt, zwischen Ankunft und Abfahrt auf einer Durchreise. Wir kamen damals zufällig ins Gespräch. Das mit dem Zufall sehe ich heute etwas anders, nichts ist zufällig, sonst könnte ich diese Geschichte gar nicht erzählen. So lud mich die Familie ein, in ihrer Pension zu übernachten, sollte ich mal wieder in der Gegend sein und etwas Zeit im Gepäck haben. Dies tat ich auch und es erklärt meine zeitliche Anwesenheit.

Der Tag verlief gut, soweit ich das beurteilen konnte, bis ... ja, bis plötzlich etwas Unglaubliches geschah.

Alles begann am Vormittag bei bestem Winterwetter. Der Frost machte sich ans Werk und kroch in die Beine der Besucher des Flohmarktes und in die der Verkäufer. Das Geschäft lief nicht wirklich zufriedenstellend, aber dieses Zusammensein in einer Gemeinschaft, diese ungewohnte Nähe, lud jeden Anwesenden ein, doch noch ein wenig zu bleiben. So taten der Glühwein, die Bratwürste und das Stockbrot ihr Übriges dazu. Wie zu erwarten war, wurde es früh dunkel. Die Leute drängelten sich um den Feuerkorb und den Grill. Es roch lecker und die leise Musik machte deutlich, dass wir mit großen Schritten auf das Weihnachtsfest zustapften. Auch ich brauchte ein wenig Wärme und schob mich ganz dicht an die lodernden Flammen heran. Plötzlich explodierten kleine Gasansammlungen in dem brennenden Holz und sprengten so die Funken auseinander. Alle Wärmesuchenden traten vor Schreck von der

Feuerstelle zurück, auch ich. Da begann es auf einmal unter meinen Füßen leicht zu beben. Die Vibrationen wurden stärker, sodass es jeder auf dem Hof spürte. Der flammende Korb schien sich genau in der Mitte dieses unerwarteten Ereignisses zu befinden. Die Leute hatten sich bestimmt schon zwei bis drei Meter vom Feuer entfernt, da passierte es.

Die Erde verschluckte die Wärmequelle einfach. Der Boden brach unter ihr weg und schon entschwand der glühende Ball im Dunkel der Tiefe. Entsetzen machte sich breit und die Menschen versuchten sich zwischen ihrer Angst und der großen Neugier zu entscheiden. Ich mahnte zur Ruhe, aber einige schienen um ihr Leben zu laufen. Dabei wurde glücklicherweise niemand verletzt. An jenem Abend konnte sich die ansonsten so bekannte Gaffergier nicht durchsetzen. Wahrscheinlich war genau dieses Verhalten dafür verantwortlich, dass die Geschichte so glimpflich verlief.

Als nur noch die Pensionsbesitzer, deren Familie und natürlich ich anwesend waren und wir uns wieder etwas gefangen hatten, näherten wir uns erneut langsam diesem Höllenschlund. Die Kinder hätte wohl niemand daran hindern können dabei zu sein. Deshalb hielten sie sich an ihren Eltern und Großeltern fest. In einer vermeintlich sicheren Entfernung blieben alle stehen. Der Hausherr holte einige Seile aus dem Geräteschuppen. Die brauchten der Chef des Hauses und ich. Er hatte mich gefragt, ob ich ihm helfen würde, gesichert bis an den Rand des Geschehens vorzudringen. Mit einer Taschenlampe leuchtete der Grundstückseigner in die Tiefe des Grauens. Doch außer einer bedrohlich vor uns liegenden schwarzen Leere konnten wir nichts entdecken. So versuchten wir die Gefahr vorerst mit einigen Brettern zu verdecken und gingen dann hinein, wo wir noch ein Glas vom Hochprozentigen auf den Schrecken tranken.

Die Zeit zwischen Tag und Morgen wurde zu einer Ewigkeit. Keiner konnte diese Nacht schlafen, was sicher verständlich war. Nur die Kinder, die in dem ganzen Durcheinander nicht zur Ruhe gekommen waren, konnten sich ihrer Müdigkeit nicht lange widersetzen. Die Dunkelheit der vorweihnachtlichen Stunden hielt das Tageslicht damals besonders lange zurück. Am Frühstückstisch herrschte eine erdrückende Stille. Es war wohl eine Mischung aus Angst, Müdigkeit und Neugier, die im Raum lag und jeden einzelnen gefangen hielt. Ausgerechnet, oder besser ganz selbstverständlich, fanden sich auch die Kinder sehr früh zum allmorgendlichen Treffpunkt in der Küche ein. Keiner der Erwachsenen hatte es gewagt etwas zu sagen, aber Kinder sind da etwas offener.

„Papa, was war das gestern? Wieso ist das Feuer in die Erde gefallen?" Einer der Buben war in seiner Neugier nicht zu bremsen. Und da sich Gott sei Dank kein anderer angesprochen fühlte, lagen alle Blicke auf dem Vater. Der schaute sich um und wendete sich dann seinem Sohn zu.

„Hör mal, ich weiß auch nicht genau, was da gestern passiert ist. Deshalb musst du mir versprechen, weit von dem Loch entfernt zu bleiben. Das ist jetzt kein Spiel und mit sieben Jahren kannst du das schon verstehen, oder? Wir werden uns das nachher ansehen, wenn es hell genug ist."

„Ja, aber ..."

„Nichts aber! Es ist wichtig, dass du dich dieses Mal genau an das hältst, was ich dir sage, okay?"

„Ja, ja, ist gut. Immer muss ich der Kleine sein und die Großen dürfen alles." Sein Blick ließ deutlich die Wut spüren, die in ihm aufkeimte. Dann richtete er sich auf, schaute seinen Vater an und wollte gerade etwas sagen.

„Nein, du machst das, was ich dir aufgetragen habe, Punkt!" Der Junge ging etwas traurig und sehr wütend in sein Zimmer.

Es war ein kalter Tag mit blauem Himmel und kein Lüftchen war zu spüren. Die Sonne verschaffte sich viel Platz und erleuchtete nicht nur die Natur, die Häuser und Menschen, auch den Bretterstapel auf dem Hof. Wir gingen hinaus und nahmen langsam das Holz beiseite. Vor uns lag ein Loch von ungefähr zwei Metern im Durchmesser. Erneut versuchten wir uns mit Seilen zu sichern, denn wer konnte schon wissen, was noch passieren würde. Dieses Mal aber hatten wir eine Lampe samt der Verlängerungsschnur an einem Band befestigt und ließen diese behutsam hinunter. So wie es aussah, musste es sich um einen alten Brunnen handeln. Die Schnur reichte nicht bis zum Boden, aber wir waren uns einig, dass sich in der Tiefe das Licht spiegelte. Es konnte nur Wasser sein, was sonst sollte sich dort unten befinden und uns die Lichtstrahlen wieder entgegenwerfen. Also zogen wir den Leuchtkörper langsam wieder nach oben. Dabei bemerkten wir nun zwei dunkle Löcher in der Brunnenwand. Sie machten den Eindruck, dass sie ausreichen, einer oder mehreren Personen drinnen Platz zu bieten. Die ganze Sache blieb uns doch zu undurchsichtig. Es war eben ein alter Brunnen, der nun zu einer Gefahr wurde, den wir erneut mit einer Konstruktion aus Holz abdeckten. Die Erwachsenen waren bereits zufrieden, dass es nichts Schlimmes war und niemand am Vortage an dieser Stelle gestanden hatte. Die Kinder mussten ihren fantastischen Traum aufgeben, dass es sich hier um mehr handeln könnte als nur um einen doofen alten Brunnen.

In der Nacht schlief der Knabe sehr unruhig. Immer wieder schrie er auf und jeder im Haus konnte es hören. Am Morgen erzählte der Kleine, dass jemand in seinem Zimmer gewesen sei. Was sollten Erwachsene auch anderes denken, als dass es seine Fantasie oder ein schlechter Traum gewesen sein musste. Aber der Bube ließ nicht von seinen Erzählungen ab. Auch in den nächsten Tagen berichtete er von irgendwelchen Gestalten, die sich im Haus und speziell in seinem Zimmer aufgehalten hätten. Ich war auch ein Erwachsener und glaubte dem kleinen Lümmel nicht wirklich. Doch etwas in seiner Stimme und seiner Beharrlichkeit machte mich vorsichtig. Plötzlich kam mir der Gedanke an einen Film, den ich vor längerer Zeit gesehen hatte. Darin berichteten Kinder von seltsamen Dingen und die Eltern wollten ihnen auch nicht glauben. Später befreiten sie dann doch gemeinsam die Elfen aus ihrer Gefangenschaft. Und Peter Pan brauchte doch auch seine Fantasie, um die ihn umgebende, befremdliche Welt zu verstehen. Also ging ich in der nächsten Nacht nicht zu Bett. Allerdings hatte ich mir meinen Urlaub ein klein wenig anders vorgestellt. Als endlich Ruhe im Haus eingetreten war, setzte ich mich an die Tür meines Zimmers und öffnete sie einen Spalt.

Die Uhr schlug Mitternacht und plötzlich sah ich einen dunklen Schatten durch den Flur huschen. Kaum dass er im Kinderzimmer des Jungen verschwunden war, hörte ich die Stimme eines alten

Mannes. Ich schlich bis an die Tür. Leider konnte ich nicht verstehen, was er da erzählte, aber ich war mir ganz sicher, es war nicht der Knabe, den ich hörte.

Am nächsten Morgen kam der Junge völlig unausgeschlafen an den Frühstückstisch und berichtete von einem alten Mann, der ihm etwas Seltsames erzählt habe. Die Eltern, schon fast verzweifelt, schimpften mit ihm, er solle den Unsinn doch endlich lassen. Jetzt war es an mir, dem Kleinen zu helfen. Meine Bestätigung seiner Aussage verblüffte die Anwesenden. Somit durfte der Junge nun genau wiedergeben, was sich ereignet hatte.

„Ja, da war wieder dieser Schatten und ich hatte ganz viel Angst und versteckte mich unter meiner Bettdecke. Doch dann zog mir diese Gestalt die Zudecke weg und setzte sich auf mein Bett. Ich verkroch mich in die hinterletzte Ecke. Da sagte der Mann was von einem Schatz und dass er noch immer ganz tief im Brunnen sitzen würde und auf seine Befreiung wartete. Dann knarrte eine Tür und der schwarze Mann verschwand plötzlich wieder."

„Das mit der Tür, das war ich. Ich hatte mich aus dem Zimmer geschlichen und an seiner Tür gehorcht." Leider konnte ich nur diese Erscheinung bestätigen und nicht das, was der Junge gehört hatte. Das aber reichte allen aus und plötzlich flogen so viele Gedanken in Worte gefasst durch den Raum. Daraufhin machten wir uns einen Schlachtplan. So gingen wir alle zur Kirche, um mit dem Pfarrer zu sprechen, ob dieser in irgendwelchen Unterlagen etwas über das Grundstück herausfinden könnte. Dort mussten vermutlich die ältesten Aufzeichnungen, was den Ort angeht, zu finden sein. Er konnte dann tatsächlich von einem Ereignis berichten, welches sich Ende des 17. Jahrhunderts zugetragen haben sollte. Danach lebte damals auf dem Grund und Boden eine Bauernfamilie. Der Großbauer war geizig und man erzählte sich, dass er sein Geld irgendwo auf dem Hof verstecken würde. Seine Kinder konnten es trotz wiederholter Suche nicht finden. Eines Tages war der Alte verschwunden und niemand wusste wohin. Von einem Tag zum anderen ward er nie mehr gesehen. Die Hinterbliebenen durchsuchten jeden Winkel des Anwesens, ohne Erfolg. Später gruben sie einen neuen Brunnen, auf dem Grundstück unseres heutigen Nachbarn, welches früher zu diesem Bauerngehöft gehörte. Den Brunnen aber, den wir jetzt wiedergefunden hatten, den verschlossen sie nur oberflächlich. Nach den Überlieferungen glaubten die Familie und die Nachbarn, der alte geizige Bauer sei eines Nachts in trunkenem Zustand in den Brunnen gestürzt und dort ersoffen. Mit Sicherheit konnte der Pfarrer nur sagen, dass der Alte nie wieder gesehen wurde. Die Zeit macht vergessen, und so blieb diese Geschichte bis heute verschollen.

Die Informationen waren interessant, aber doch auch sehr märchenhaft. Dennoch war die Neugier stärker und es wurde nach einer Möglichkeit gesucht, wie man der Sache auf den Grund gehen konnte. Schnell tat sich eine passable Lösung auf. Der Vater wollte in den Brunnen hinabsteigen und schauen, ob es irgendwelche Überreste gab, die Licht in das Dunkel bringen konnten. So bauten wir ein Gestell aus Balken und Brettern, in dessen Mitte eine Rolle eingehängt wurde. Zwei gute neue Seile wurden gekauft, der alte Rettungsgurt von der Feuerwehr angelegt und schon ließen wir den mutigen Mann hinunter. An einer ebenfalls an einer Leine befestigten Verlängerungsschnur führte der neugierige Grundstückseigner einen Scheinwerfer mit sich. Damit leuchtete er nun auch die finsteren Löcher aus, die wir schon entdeckt hatten. Kurz über dem Wasserspiegel fand er in dieser Aushöhlung etwas, das ihm gar nicht zu gefallen schien. Er brüllte plötzlich los, dass wir ihn heraufziehen sollten. Wir beeilten uns und drehten die improvisierte Kurbel so schnell wir konnten. Sicher auf seinen Beinen stehend berichtete er davon, dass er dort unten ein Skelett gefunden hätte und dass hinter diesem zwei Truhen stehen würden.

Jetzt wurde es ernst und wir brauchten die Hilfe von Fachkräften. Polizei und Feuerwehr kamen herbei und bargen den Fund. Die Untersuchung ergab, dass der Tote von hinten erstochen und dann in den Brunnen gestoßen worden sein musste. Der Tod trat vermutlich jedoch nicht sofort ein, sodass der geizige Bauer sich in seine Höhle zu seinen Truhen retten konnte und dort verstarb. Die beiden Truhen stellten sich als der Schatz heraus, den die Familie des Alten nie gefunden hatte. Was damals wirklich geschehen war, konnte nicht mehr ausreichend geklärt werden, aber der Schatz des alten Geizkragens gehörte nun den aktuellen Eigentümern des

Grundstücks. Der Wert reichte aus, dass sie sich all ihrer finanziellen Verpflichtungen entledigen konnten. Für den Buben wurde ein Konto eingerichtet, das ihm eine zufriedene Zukunft ermöglichen würde. Dann konnte die alte Wasserquelle saniert werden und hilft seither bei der Bewirtschaftung des Grundstückes.

Ich wohne seit jenem Geschehen stets kostenfrei in der Pension, die ich nur als wirklich interessanten und familiären Ort empfehlen kann. Übrigens, die Chefin ist Frisörmeisterin und das ist manchmal auch sehr praktisch.

Der Feuerkorb des Winter-Weihnachtshofflohmarktes steht wie immer an gleicher Stelle, nur dass ihn eine dicke Eisenplatte davor schützt, in die Tiefe zu fallen. Sie können das gern in der Pension „De lütte Slaapmütz" bei Schwerin hinterfragen. Hin und wieder berichtet noch ein Gast davon, einen dunklen Schatten in der Nacht gesehen zu haben. Die Seele des alten Bauern muss wohl noch lange durch das Haus geistern, denn eine Aufklärung war und ist nicht mehr möglich. Wer weiß schon so genau, was sich alles auf jenem Grundstück zugetragen haben wird. Geiz und Menschenverachtung sind jedenfalls keine erstrebenswerten Dinge. Sie können für lange Zeit nur Unglück bringen.

Psychologie

Schmetterlinge im Bauch sind es,
aber auch die Enttäuschung.

Liebe und Wut gehören dazu,
Traurigkeit, der Tod kommt im Nu.

Angst ist ein großer Teil,
Aggression muss sein im Leben.

Freude, zu Tode betrübt,
sich selber Schmerzen zugefügt.

Depressionen, Hoffnungslosigkeit,
Suizid, zum Sterben bereit.

Nerven liegen blank, autsch,
der Therapeut hat eine Couch.

Kindheit und Eltern,
Freunde, Familie, Kinder,
innen ist Dunkelheit.

Unsicherheit, zurückziehen,
vor der Realität fliehen.

Zusammenhänge erkennen,
auf ein besseres Leben brennen.

Sie ist überall, begreifst sie nie,
die Psychologie.

Der Optiker

Der Augenarzt bescheinigte mir eine Verschlechterung meiner Sehstärke. Somit kam ich nicht um einen Besuch beim Optiker herum und hatte mir eine passende Sehhilfe bestellt. Den Tipp, zu diesem Fachmann zu gehen, bekam ich von meiner Oma.

Mein Weg führt mich direkt zu diesem Augenoptiker. Endlich kann ich meine neue Brille abholen. In einem abgelegenen Winkel der Stadt gibt es einen Laden, in dem ein alter, gebrechlicher Mann arbeitet. Dort hatte ich die Brille bestellt. Genauer gesagt bin ich dorthin gegangen wegen der Empfehlung meiner Oma und weil der Laden abseits vom wilden Trubel der Stadt liegt. Ich brauche meine Ruhe für solche Angelegenheiten. Etwas in dem Geschäft machte mich auch ganz ruhig und entspannt.

Ich trete ein, die Glocken über der Tür melden mich sofort an. Ein Verkaufsraum, der sich gewaltig von anderen unterscheidet. Alles Mobiliar besteht aus altem, knorrigem Holz. Es ist recht dunkel hier, und wenn nicht draußen geschrieben stehen würde „Ihr besonderer Optiker", hätte ich diesen kleinen Laden wohl nie gefunden und betreten.

Der schmale und schwach wirkende ältere Herr betritt den Raum.

„Guten Tag Herr ..." Er hat meinen Namen nicht im Kopf.

„Rommig, Roland Rommig", versuche ich seinem Gedächtnis auf die Sprünge zu helfen.

„Ach ja richtig, Herr Rommig. Sie wollen Ihre neue Brille abholen."

„Ja richtig, es wird immer schlechter mit den Augen, da wird es Zeit."

Der alte Mann geht nach hinten in seine Werkstatt. Langsam müht er sich die altehrwürdige Treppe hinauf, eine Hand stützend am Handlauf. Mein Blick wandert neugierig durch den Verkaufsraum. Es sieht aus, als täte hier ein Hausputz gut. Die alten eingestaubten Bücher in den Regalen und die vielen Kleinigkeiten, welche im Raum verteilt herumliegen, sehen aus, als hätte sie schon geraume Zeit niemand mehr berührt. Dieser Alte mit seinen grauen Haaren und seinen knochigen Händen kann hier wohl kaum noch Kunden haben. Nichts von modernen Einrichtungen und technischen Geräten, wie man sie von anderen Läden kennt, ist hier zu finden. Dies macht mich schon ein wenig misstrauisch. Allerdings tut es mir gut, in Ruhe meine Wünsche äußern zu können. In diesem Raum, der offensichtlich aus längst vergangener Zeit stammt, spüre ich nicht diesen Zeitdruck, den Stress und die Hektik des sogenannten normalen Lebens.

Nach kurzer Zeit kommt der Mann in ruhigem und gleichmäßigem Schritt zurück. Er reicht mir die Brille herüber.

„Bitte, probieren Sie einmal, ob sie richtig sitzt."

Ich nehme sie und betrachte sie kurz. Ein feiner Metallrahmen hält die Gläser und die Bügel lassen sich nach außen über eine Feder spreizen. Dann setze ich die Brille auf. Der alte Mann reicht mir ein Blatt beschriebenes Papier „Können Sie alles lesen, was dort geschrieben steht?"

In aller Ruhe lese ich ein Stück von dort und ein Stück von da. Um den Unterschied besser wahrnehmen zu können, schiebe ich die Brille hin und wieder nach oben. Die Schrift wird mit der Länge des Textes immer kleiner. Den unteren Teil kann ich ohne Sehhilfe nur noch als Striche erkennen.

Sehr positiv überrascht sage ich: „Es ist verblüffend, wie sehr eine Brille mir die Schwächen meiner Augen deutlich machen kann. Ich glaube, ich habe nur noch die Hälfte meiner Umgebung wirklich sehen können. Das geschah so langsam, dass ich es erst bemerkt habe, als ich nicht mehr richtig lesen konnte."

„Ja", sagt der Alte, „es ist wirklich erstaunlich, wie wenig die Menschen heute sehen. Ich hoffe, dass Sie nun einen neuen und besseren Eindruck von dem bekommen, was Sie umgibt."

Ich frage noch: „Was bekommen Sie von mir?", und schaue ihn erwartungsvoll an.

„Nichts, es ist alles in Ordnung."

„Sind Sie sicher?", frage ich nach. „Muss ich nicht zuzahlen, die kann doch nicht die Kasse bezahlen?" Der alte Mann wirft mir einen freundlichen Blick herüber.

„Nein, diese Brille ist für Sie kostenfrei. Gehen Sie und genießen Sie Ihre neue Lebensqualität und seien Sie nicht zu eitel, die Brille steht Ihnen ausgezeichnet."

Etwas verwundert bedanke ich mich und verlasse das Geschäft. Zunächst trage ich die neue Sehhilfe in der Tasche. Vor dem Schaufenster eines Juweliers bleibe ich stehen, schaue mich um und setze die Brille auf. Ich muss zugeben, dass ich alles viel klarer sehen kann. So manche Kleinigkeit blieb mir bisher ohne dieses Teil verborgen. Darunter auch einige liebliche und sehr feine Dinge. Nun kann ich zum Beispiel die filigranen Arbeiten der Goldschmiede in ihren Feinheiten erkennen. Auch die interessante Konstruktion des Flügels einer Libelle bleibt mir nicht mehr verborgen, denke ich so beim Anblick einer goldenen Brosche, die im Schaufenster ausliegt.

Das macht mir Mut und ich beschließe, mich langsam an die Brille zu gewöhnen. Bisher dachte ich, ich könnte ohne eine solche auskommen, doch der Beweis ist erbracht und also ist es an mir, sie zu nutzen. Die Sehhilfe noch in der Tasche versteckt, betrete ich das nächstgelegene Kaufhaus. An einer ruhigen Stelle schaue ich mich um. Dann nehme ich die Brille, setze sie auf und betrachte die Gegebenheiten erneut. Was ist das? Ich sehe doch Dinge, die ich nicht glauben kann. Schnell reiße ich die Brille von der Nase, lasse meinen Blick im Kreisbogen durch den Raum wandern und bin erleichtert. Der Schreck sitzt mir noch tief im Bewusstsein, da versuche ich es noch einmal. Wieder geschieht es, dass ich etwas sehen kann, für das ich keine Erklärung habe.

Ich schließe die Augen, dann mache ich sie langsam wieder auf. Ich sehe neben den Menschen viele große und kleine schwebende Gestalten. Es macht mir Angst, denn ich habe keine Ahnung, was das ist. In mir wächst neben der Angst auch eine Neugier. Sachte und mit viel Vorsicht blicke ich mich um und sehe nichts. Wo sich kein Mensch befindet, sind diese Erscheinungen auch nicht vorhanden. Es mag die Neugier sein, die mich anhält, genauer zu beobachten, was passiert.

Eine Frau hat einen Schuh angezogen und steht vor dem Spiegel. Eine Gestalt befindet sich dicht neben ihr und scheint ihr etwas ins Ohr zu flüstern. Diese seltsame Figur sieht der Frau irgendwie ähnlich. Sie stellt den Schuh wieder weg und probiert einen anderen.

Jetzt scheint dieses Phänomen zu lächeln. Wieder flüstert die Gestalt der Frau etwas ins Ohr. Diese nimmt nun dieses Paar Schuhe und geht zur Kasse. Die Gestalt und die Frau sehen zufrieden aus.

An einer anderen Stelle sehe ich ein Mädchen umherlaufen. Es sind zwei dieser merkwürdigen Erscheinungen bei ihm. Die eine sieht aus wie eine Frau und die andere wie ein Mann. Das Kind tobt unbeschwert zwischen den einkaufswilligen Menschen umher. Plötzlich schiebt jemand einen Schuhkarton auf den Gang. Das Kind ist zu schnell, als dass es die Gefahr erkennen könnte, und stolpert über diesen. Ich traue meinen Augen nicht, was ich nun dort sehen und miterleben kann. Die männliche Gestalt wirft sich unter das stürzende Kind und die weibliche versucht von oben zu ziehen. Das Mädchen fällt. Doch ohne einen Schaden zu nehmen, landet es auf dem Boden. Ich blicke über den Rand der Brille hinaus und sehe nichts, außer diesem Kind am Boden liegend. Jetzt hebe ich den Kopf wieder etwas an und durch die Brille schauend sehe ich, dass unter dem Mädchen immer noch die eine Gestalt liegt. Das Kind erhebt sich, als wäre nichts geschehen. Keine Beule, kein Schmerz und ohne Einschränkung tobt es weiter.

Diese völlig andere Sicht der Dinge ist zu neu und zu anstrengend, sodass ich die optische Hilfe wieder abnehme. Noch nie ist mir der Begriff Sehhilfe so deutlich vor Augen geführt worden. Um mich ein wenig abzulenken, verlasse ich das Kaufhaus und gehe in ein Café. Hier bestelle ich mir ein Kännchen Kaffee und einen Cognac.

Von meinem Fensterplatz aus habe ich einen schönen Blick auf den Park, der sich neben dem Restaurant befindet. Nach einer Weile kommt mir der Gedanke, die Brille noch einmal zu probieren. Entschlossen setze ich sie auf und betrachte die Bäume und Sträucher. Es sind nur Bäume und Sträucher, sonst nichts. Als ein Vogel meinen Blick kreuzt, sehe ich diesen in Begleitung ebensolcher Erscheinungen, wie ich sie im Kaufhaus das erste Mal sah, vorbeifliegen. Langsam drehe ich mich um. An einem Tisch mir gegenüber sitzt ein Mann und verspeist ein Stückchen Torte. Neben ihm versuchen drei dieser seltsamen, lebenden Wolken ihn scheinbar davon abzuhalten. Die eine spricht in sein Ohr und die anderen ziehen an seinen Händen. Der Mann schüttelt sich vor Unbehagen, doch er isst weiter. Plötzlich fällt er vom Stuhl. Auch hier haben sich zwei der seltsamen Gestallten unter ihn geworfen. Der herbeigerufene Arzt stellt fest, dass der Mann schwer zuckerkrank ist. Er findet eine kleine Tasche mit Insulin und Spritzen sowie ein Blutzuckermessgerät. Schnell wird er hinausgetragen und in eine Klinik gefahren.

An einem anderen Tisch sitzen Kinder mit ihren Eltern. Die beiden Buben stopfen den Kuchen und das Eis in sich hinein. Auch dort befinden sich Gestalten und streichen den Jungen über die Köpfe. Es sieht aus, als würden sie sagen: Tut euch ruhig etwas Gutes. Bei den Eltern schweben die merkwürdigen Gestalten einfach daneben. Sie beobachten nur, als brauchten sie nicht einzugreifen.

In Anbetracht dieser wundersamen Geschehnisse kommt mir der Gedanke, mir noch einen Cognac zu gönnen. Da fällt mein Blick auf ein Bild, welches mir gegenüber an der Wand hängt. Im Spiegelbild entdecke ich hinter mir eine Gestalt, welche mir irgendwie bekannt vorkommt und mir mit dem Zeigefinger droht. Sofort lasse ich den Gedanken an den Cognac fallen. Schon ist die Gestalt aus meinem Blick verschwunden. Ich verstaue die Brille, bezahle und gehe.

Intensiv versuche ich mir diese Erscheinungen zu erklären.

Es ist Sommer und die Sonne tut richtig gut, so setze ich mich im Park auf eine Bank. Die Augen geschlossen, halte ich mein Gesicht der Sonne entgegen. Die wohltuende Wärme durchströmt meinen Körper. Während ich darauf hoffe, eine gesunde Hautfarbe zu bekommen, vertiefen sich meine Gedanken in dem Brillenphänomen. Jedoch finde ich keine Lösung. Nur eine Vielzahl von Gedanken rast mir durch den Kopf und bringt mich durcheinander.

Da spüre ich, wie mich jemand am Ärmel zieht. Ich öffne die Augen und sehe nichts. In diesem Moment registriere ich die enorme Hitze in meinem Gesicht. Schnell hole ich die Brille aus der Tasche und tatsächlich sitzt neben mir auf der Bank eine Gestalt und fächelt mir kühlende Luft zu. Brille ab, keiner da. Brille auf, und schon sehe ich diese lebende Wolke in menschenähnlicher Form wieder. Genau wie in dem Café scheint mir diese Gestalt irgendwie bekannt zu sein. Plötzlich glaube ich, die Lösung zu haben. Das, was ich durch diese Brille sehe, sind die Ahnen, die uns auf eine besondere Weise begleiten. Wie oft habe ich schon versucht, Hilfe bei meinen Ahnen zu bekommen. Doch habe ich sie bisher nicht spüren können. Jetzt verstehe ich auch den Spruch über der Tür: „Ihr besonderer Optiker".

In diesem Augenblick bemerke ich, dass meine Ahnen mir versuchen etwas zu zeigen. Sie ziehen mich von der Bank und führen mich durch den Park. Von Weitem kommt mir eine Frau entgegen. Es ist Sophie, meine erste Liebe. Vor etwa 35 Jahren haben wir uns kennengelernt.

Ich weiß nicht mehr, weshalb wir uns damals trennten. Jetzt aber spüre ich eine gewisse Aufregung. Ihre Ahnen schieben sie direkt auf mich zu. Dann bilden unsere nur für mich sichtbaren Helfer einen Kreis, als wollten sie uns nicht gehen lassen. Eine zögerliche Begrüßung und die üblichen Fragen sind schnell gesagt und oberflächlich beantwortet.

„Magst du noch ein wenig reden?", fragt Sophie.

„Ja, gern", antworte ich etwas überrascht.

Wir gehen zurück zu der Bank, auf welcher ich noch eben gesessen habe. In respektvollem Abstand voneinander setzen wir uns. Ich schaue sie an und stelle fest: Sophie ist eine attraktive Frau. Sie ist eine große, sehr weibliche Erscheinung. Ihre weiche, sanfte Stimme tut mir gut. Ein warmherziges Lächeln strahlt mir entgegen. Wir sind etwa gleich alt, bis auf wenige Tage. Die Zeit hat auch in ihr Gesicht geschrieben. Ich finde es gut, dass Sophie nicht versucht, ihr Alter zu vertuschen. Ihre natürliche Erscheinung, ihre Einfachheit und ihre Herzlichkeit tun mir sehr gut.

Wir erzählen noch eine Weile. Mal betrachte ich Sophie über den Rand meiner Brille hinaus und dann wieder durch sie hindurch. Ich kann spüren, dass mich meine Ahnen anstoßen, mich doch dichter an Sophie zu setzen. Ich bleibe, wo ich bin, und dann versuche ich einen Abschluss zu finden. Der Tag ist bisher doch sehr anstrengend verlaufen und Sophie braucht ihre besondere Aufmerksamkeit, die ich jetzt nicht mehr aufbringen kann. Wir tauschen die Telefonnummern aus, aber verabreden uns nicht. „Du, ich muss noch einiges erledigen", sage ich etwas stotternd.

„Ich habe auch noch Termine, aber es ist schön, dass wir uns getroffen haben und mit dir zu reden. Vielleicht telefonieren wir mal, sprechen über alte Zeiten", erwidert mir Sophie.

Wir stehen auf, um uns zu verabschieden. Da bemerke ich, wie sich unsere Ahnen bei den Händen halten und uns näher zusammenbringen wollen. Ich nehme die wundersame Brille ab und verstaue sie in meiner Tasche. Gern gebe ich dem Druck nach und umarme Sophie. In diesem Augenblick macht es Bumm. Es ist, als würden all die Gefühle von damals wieder da sein. Plötzlich spüre ich die Liebe wieder, welche uns schon vor langer Zeit verbunden hat. Sophie geht es ähnlich, sagt mir meine Wahrnehmung. Ein wundervolles Gefühl erwacht in mir. Es ist beinahe wie Liebe auf den ersten Blick, nur dass wir uns eben schon kennen. Schmetterlinge im Bauch, und schon fällt alles viel leichter.

Dann gehen wir, jeder seinen eigenen Weg. Ich setze die Brille wieder auf und schaue Sophie nach. Wie in einem Geisterfilm schweben die Gestalten um sie herum. Ich bin etwas überrascht, denn unsere Ahnen, oder was sie auch immer sein mögen, winken sich noch einmal gegenseitig zu. Sie vermitteln mir den Eindruck, sie gehören zusammen, also auch Sophie und ich?

Auf meinem Weg durch die Stadt spüre ich erneut ein Ziehen an meiner Jacke. Mit der wundersamen Sehhilfe versuche ich mich zu versichern, dass es keine Täuschung ist. Wahrlich, kurz vor der Bauernbank bemühen sich meine Ahnen, mich zu stoppen. Ich kann den Sinn nicht ausmachen, die Straße ist leer. So will ich meinen Weg fortsetzen. Doch diese Gestalten machen mich unsicher. Es muss einen Grund geben, warum sie sich so ins Zeug legen, und so bleibe ich stehen. Direkt vor der Bauernbank höre ich ein Geräusch. Ein dumpfes, kratzendes Geräusch, etwas spritzt mir ins Gesicht. Eines der Wesen zeigt auf die Scheibe der Bank. Ein Loch ist zu sehen. Die Kugel hatte mich um Haaresbreite verpasst. Schon höre ich die Sirenen der herannahenden Polizei. Ein Gesicht quetscht sich von innen an die Scheibe und der Lauf einer Pistole liegt dicht an der Schläfe der Person. Mit meiner Brille kann ich die Hinweise meiner seltsamen Begleiter wahrnehmen und reagieren. Ich entferne mich rückwärts und verschwinde in der nächsten Haustür. Deutlich ist der Schusswechsel zu hören, den sich die Polizisten und die Bankräuber liefern. Ich liege am Boden, die Hände hinter dem Kopf verschränkt. Dann tritt Ruhe ein. Das lauter werdende Gemurmel auf der Straße sagt mir nach einer Weile, die

Gefahr ist vorbei. Auch die helfenden Geister halten mich nicht mehr davon ab, meinen Weg fortzusetzen. Sie haben mir soeben das Leben gerettet.

Meine Unsicherheit über diese seltsamen Erscheinungen führt mich zurück zu dem Optikerladen. Als ich die Straße herunterkomme, muss ich erstaunt feststellen, dass es das Geschäft nicht mehr gibt. Wie vom Erdboden verschluckt, als hätte es den alten Mann und seinen finsteren, altehrwürdigen Laden niemals gegeben. Ich betrete den dunklen Hausflur des Hauses, welches an der Stelle steht, wo ich den Optiker zu finden glaubte. Aber nichts deutet auf mein Erlebnis hin. Also schweige ich darüber und gehe nach Hause.

Immer wieder nutze ich die geheimnisvolle Brille von dem sonderbaren Optiker. Ob meine Oma wusste, dass dieser Fachmann solche seltsamen Sehhilfen verkaufte? Wo mag er wohl jetzt seinen Laden aufgemacht haben?

Silvester

Weihnachten ist bereits Vergangenheit und die Knallerei hält sich noch in Grenzen. Doch die Zeit fliegt dahin, in wenigen Tagen, Stunden ist schon der Jahreswechsel.

Silvester, und die Sonne scheint vom Himmel, als wollte sie die Menschen friedlich stimmen und ihnen ein Glücksgefühl vermitteln. Bei fast zehn Grad ist es sehr mild für diese Jahreszeit.

Obwohl wir in der Vergangenheit auch schon mal Temperaturen von 13-14 Grad zu Weihnachten hatten, ist es trotzdem sehr ungewöhnlich. Beinahe könnte auch ich auf den Gedanken kommen, es wird Frühling. Die Vögel scheinen sich bereits darauf einzustellen, denn sie singen in den schönsten Tönen ihre verführerischen Lieder. Die Gänseblümchen blühen, wie zum Teil auch schon andere Frühlingsboten. Nur der Wind treibt sein Spiel mit dem herumliegenden Laub. Mit aller Kraft macht er sich daran, die letzten sich sträubenden Blätter von ihren Ästen zu zerren. Er rüttelt und schüttelt die Bäume, dass deren Zweige ob seiner Kraft wild umherschlagen oder beinahe ängstlich zittern. Schon brechen die ersten Zweige ab und rauschen unkontrolliert zu Boden.

Ein laut explodierender Knallkörper reißt mich aus meinen Gedanken. Ich sitze an diesem Silvestervormittag in meiner Küche mit einem Glas Tee in der Hand und schaue aus dem Fenster. Die Knaller und Raketen sollen ja die bösen Geister vertreiben. Vermutlich liegt der einzig wahre Sinn des lauten jährlichen Treibens darin, dass die Taschen einiger Leute immer voller werden. Was bleibt, ist ein höllischer Lärm und eine große Menge Dreck. Dazu kommen noch eine Vielzahl von Verletzungen und die Folgen von überhöhtem Alkoholkonsum. Aber Silvester bringt die Menschen auch wieder ein wenig zusammen, denn die meisten Menschen feiern nicht allein.

Doch meine Tür wird geschlossen bleiben. Niemand kommt und ich gehe auch nicht zu irgendjemandem. Ich bleibe allein und werde die Zeit schon irgendwie vertreiben. Immer wieder versuche ich mich positiv zu stimmen, doch ist da etwas tief in mir, das wehtut.

Früher haben auch wir einige Silvesterknaller gekauft, wegen der Kinder. Wir sind schon am Nachmittag hinausgegangen und haben böse Geister verjagt. Die Böller in mehrere Portionen aufgeteilt, standen wir alle gemeinsam öfter draußen und machten unseren eigenen Lärm. Später aber, wenn die Kinder müde wurden und ihre Augen nicht mehr aufhalten konnten, brachten wir sie ins Bett, dann schliefen sie ohne Probleme bis zum frühen Morgen.

Ja, damals waren wir noch eine intakte Familie, oder glaubten, dass dies so sei.

Heute sind die Kinder groß und die Eltern leben getrennt. Knaller kaufen wir schon lange nicht mehr und auch sonst ist, zumindest mir, jeglicher Reiz an Silvester verflogen. Es ist ein Tag wie jeder andere, versuche ich mir immer wieder einzureden. Doch es ist ein Tag, der mir viele Ängste und die ganze Einsamkeit meines Daseins auf die Seele drückt.

Über die letzten zwei Jahre entwickelte sich eine tiefe Freundschaft zu einer sehr lieben Frau. Nein, das ist so nicht richtig, ich muss es anders sagen. In mir wuchsen für diese Frau Gefühle heran, wie ich es noch nie erlebt hatte. Am Anfang war ich sehr vorsichtig und versuchte, mir nichts einzureden. Die Erlebnisse mit dieser Frau wurden jedoch viel mehr für mich als nur eine Freundschaft. Was in mir passierte, war so wundervoll, so unbeschreiblich schön, zu schön, als dass es wahr sein könnte, sodass ich mich immer wieder selbst zu kontrollieren versuchte. Was war das, was ich fühlte? Es wurde immer stärker und ich kam zu dem Schluss, dieses Gefühl kann nur Liebe sein, eine starke, tiefe Liebe. Seltsam, noch nie, meinte ich, hatte ich so intensiv für jemanden empfunden. Dabei hatte ich mich schon öfter in meinem Leben verliebt, aber dieses Mal war es anders. Das erstaunte mich umso mehr, war ich doch schon über 25 Jahre verheiratet gewesen und immer davon überzeugt, meine Frau mit meinem ganzen Herzen geliebt zu haben. Was geschah bloß mit mir?

Leider blieben diese Gefühle nur einseitig und all die Hoffnungen auf eine wunderschöne Beziehung musste ich aufgeben. Dabei hatte ich mir dieses Jahr das Weihnachtsfest und Silvester ganz anders vorgestellt. Gemeinsam mit dieser tollen Frau vor dem Weihnachtsbaum sitzen und sich liebevoll in die Arme nehmen. Von dem, was sich dann noch hätte ereignen können, will ich besser gar nicht reden. Träume sind Schäume und meine zerplatzten plötzlich und mit einer Geschwindigkeit, dass ich nur noch einen heftigen Schmerz spürte.

Geblieben sind kurze wie seltene Telefonate und ein heftiges Verlangen nach dieser lieblichen und zärtlichen Person. Mein Herz kann und will sie noch nicht loslassen, auch wenn mein Verstand bereits weiß, wir passen nicht wirklich zusammen. Was mir täglich begegnet, ist dieser heftige, nicht enden wollende Schmerz und dieses erdrückende Gefühl von Einsamkeit. Jeder Gedanke an diese Frau, jede Erinnerung an unsere zauberhaften gemeinsamen Erlebnisse lässt in mir ein tolles Gefühl frei. Daraus entwickelt sich dann eine Folter, als würde ich durch einen Fleischwolf gedreht.

Die Zeit läuft unaufhaltsam weiter und mein Mittag war heute sehr einfach. Reis gekocht, Möhren und Zwiebeln in der Pfanne mit ein wenig Öl angebrutzelt. Dann den Reis drauf und gleichmäßig verteilen. Paprika kleingeschnitten und Champignons, mit Pfeffer und Salz würzen, schon fertig. Nichts Besonderes eben, aber ein warmes Essen.

Während sich meine Hände mit dem Abwasch befassen, treibt es mich in meinen Gedanken wieder zu meiner Familie, dieser engelhaften Frau und mir selbst. Doch ich kann sie nicht ordnen. Alles geht durcheinander und die Gedanken überschlagen sich.

Das kann nicht gut sein, deshalb vertrete ich mir für eine Weile die Füße. Ein Spaziergang um den See wird mich sicher wieder beruhigen und die trüben Anwandlungen verschwinden lassen.

Es ist bereits dunkel, als ich wieder zu Hause ankomme. Ein frisch gekochter Kaffee, eine Schale voller Knabbereien und ein hoffentlich gutes Fernsehprogramm sollen mir helfen, diesen restlichen Tag, die letzten Stunden des Jahres leichter zu überbrücken.

Ich schalte die Sender rauf und runter, schaue aber nur flüchtig hin. Nichts will mir gefallen. Dann ein Film mit einer sehr attraktiven Dame, da bleibe ich ein wenig. Dabei hätte ich es wissen müssen, einer Liebesszene folgte die nächste. Und wieder wird mir so entsetzlich schwer ums Herz. Dort zeigen sie genau das, was ich mir doch mit meiner Liebsten hätte vorstellen können. Erst kann ich nicht wegschalten, ich träume von paradiesischer Zweisamkeit mit meinem ach so lieben Engel, aber dann halte ich es nicht mehr aus und suche irgendeinen Sender, der Musik bringt. Doch ich finde nichts, was mich wirklich anspricht.

Draußen wandert ein lautes Knäuel Worte an meinem Fenster vorbei. Schön, dass sie so fröhlich sind und nicht allein. Schon denke ich an meine Kinder, welche heute einmal zusammen ins neue Jahr feiern.

Und warum bin ich dann allein, was habe ich verbrochen?

Viel öfter sind jetzt schon Knaller zu hören, wie sie mit ohrenbetäubendem Lärm explodieren und zerfetzt durch die Luft fliegen. Ein Blick auf meine schöne alte Wanduhr sagt mir, es ist bereits 22:56 Uhr. Bald habe ich es geschafft, mit einem letzten großen Knall verabschiedet sich das alte Jahr und das neue wird begrüßt. Ich habe Angst vor dem neuen Jahr. Werde ich mit den Problemen, die auf mich zukommen, fertig werden? Warum muss ich mir solche Gedanken machen? Gesundheitsreform, Renten, Arbeitsplätze und vieles mehr werden auch im neuen Jahr viele Probleme bereiten, nicht nur mir. Also, weshalb kann ich nicht lustig sein und fröhlich in die Zukunft schauen? Man sagt, nichts ist zufällig, alles hat seinen Grund. Dann hätten auch dieser Tag und meine Situation einen tieferen Sinn. Liegt es an meinem Umfeld oder doch mehr nur an mir selbst? Die Gesellschaft kann es vermutlich nicht sein, denn die anderen können ja ausgelassen feiern. Demnach also liegt es an mir allein. Verhält es sich tatsächlich so, dass ich nie die Liebe spüren konnte? Ohne sie keine Beziehung und ohne die bleibt nur die Einsamkeit. Ich hätte ja weiter mit meiner Frau zusammenleben können. Nein, das ging nicht, weil mir ja etwas Wichtiges fehlte. Selbst bei meinen früheren Freundinnen, als ich noch jung und adrett war, fehlte mir etwas, weshalb ich die Verbindungen immer wieder auflöste.

Doch dann diese Frau, dieser Engel, dieses Wunder, welches mir begegnete. Wo ist sie wohl jetzt und warum sind wir uns ein zweites Mal in unserem Leben so nahegekommen? Warum konnte diese

Beziehung auch dieses Mal nicht zum glücklichen Ende führen? War es gar keine Beziehung, was aber war es dann? Ging es schief, weil ich geschieden bin oder weil ich nicht genug Geld habe? Nein, ich denke zu viel, das wird es sein. Ich bin eben einfach zu kompliziert, als dass es jemand mit mir aushalten könnte. Meine Frau aber hätte mich doch behalten, wieso? Was hat sie denn so geliebt an mir?

Dann kann es nur sein, dass ich mich überall eingemischt habe. Ach was, es wird wegen meines Alkoholkonsums sein. Der spielte aber, in Bezug auf diese wundervolle Frau, gar keine Rolle. Möglicherweise bin ich zu weich, nicht männlich genug, eben kein richtiger Mann. Was oder wer ist also dafür verantwortlich, dass ich hier allein sitze?

Im Fernseher zählen sie bereits die letzte Stunde ab. Irgendwie ist es mir scheißegal, was da läuft. Mich beschäftigt nur der Grund für meine jetzige Situation. Ich habe zwar ein tief in mir eingefressenes Schuldgefühl, aber das doch schon, solange ich mich erinnern kann. Ein Kind aber kann noch gar nicht schuldig sein, sagt man. Die Antwort muss also in der Familie liegen. Ich bin in diese Familie gekommen und ... da begann meine Schuld, oder etwa noch früher? Ich habe mich in diese Familie gedrängt und nun beschwere ich mich noch darüber? Habe ich mich wirklich dort hineingedrängt? Wer hat mich denn gefragt, ob diese Familie für mich die richtige ist? Bis heute bin ich mir noch nicht einmal im Klaren, war ich überhaupt ein Wunschkind? Die Antworten auf diese Fragen haben sich immer wieder verändert und nun kann ich immer noch nicht zu einem Ergebnis kommen. Bin ich vielleicht unerwünscht gewesen und haben mich meine Eltern versucht deshalb zu töten? Immer wieder habe ich die Bilder vor mir, wie ein Säugling mit einem Kissen erstickt wird. Ich sehe auch, wie dieses Kissen sich auf mein Gesicht legt. Den Lichteinfall und dieses quälende Gefühl, dass die Luft wegbleibt, schon bin ich wieder in der Gegenwart. Ist das nur eine bösartige Fantasie, von mir erzeugt, oder ein zaghafter Hinweis auf ein schlimmes Ereignis meiner Vergangenheit?

Wenn nichts zufällig ist, dann muss jemand, eine höhere Instanz, eine übermenschliche Macht bestimmt haben, dass ich in diese Familie komme. Was ist diese höhere Macht, wonach entscheidet sie und könnte es Irrtümer geben?

So recht kann ich mich diesem Gedanken nicht anvertrauen. Mit Göttern und anderen übermenschlichen Mächten habe ich nichts im Sinn. Na ja, vielleicht doch, ich glaube nur, dass dies mehr eine Hoffnung ist als eine Tatsache. Doch habe ich gelernt, dass alles zu erklären sein muss, also auch die Verteilung der Seelen in ihre neuen Familien. Dies würde allerdings bedeuten, dass ich auch daran glaube, dass es eine Reinkarnation, Wiederauferstehung oder ähnliches gibt. Zu glauben habe ich nicht gelernt, nur habe ich in der Zeit meiner irdischen Tage nie aufgegeben. Ich begann irgendwann zu hoffen, mir etwas zu wünschen. Bis heute ist nichts davon eingetroffen, mal abgesehen von meinen wundervollen Kindern.

Seit ich mich erinnere, habe ich auf die Liebe meiner Eltern gewartet, es war mein größter Wunsch. Doch dieses Gefühl, geliebt zu werden, besonders von meinen Eltern, ist mir leider verwehrt geblieben. In meiner Not, aus diesem schmerzhaften Mangel heraus, habe ich mit allen mir zur Verfügung stehenden Mitteln versucht, dieses Gefühl zu erleben. Doch dabei sind mir eine Menge Fehler unterlaufen. So reichte meine Kraft, meine Konzentration, meine ganze Aufmerksamkeit unter anderem nicht mehr für die Schule aus. Dies brachte mir immer wieder nur gegenteilige Erfahrungen von Liebe ein. Bei den ständigen Versuchen, mich so zu verändern, dass ich für meine Eltern ein liebenswertes Kind werden könnte, habe ich meine wahre Identität verloren. Ich hatte vergessen ein Kind zu sein, mit eigenen Wünschen und Bedürfnissen. Alles, was für mich zählte, war der Gedanke an das Ziel, das Gefühl, geliebt zu werden. Egal was ich dafür tun musste, ich hatte es versucht. Es sollte wohl nicht sein.

Eines Tages begegnete ich dieser Frau, nein, diesem Mädchen und seinen Eltern. In dieser Beziehung spürte ich das, was ich so sehr in meinem bisherigen Leben vermisst hatte. Alles war so ganz anders als ich es aus meiner eigenen Familie kannte. Es fühlte sich toll an, aber auch so ungewohnt. Damals war ich etwa 15 Jahre alt und konnte mit dieser neuen und so wundervollen Situation nicht gut umgehen. Vermutlich deshalb verließ ich dieses zauberhafte Mädchen und seine liebevolle Familie nach etwa drei Jahren. Die näheren Umstände dieser Trennung kann ich leider nicht mehr erklären. Nur so viel, ich habe dieses Mädchen nie vergessen und ihre Familie auch nicht, ich bin wahrscheinlich einfach vor meinen eigenen Gefühlen geflohen. Ich glaube, es war diese wundervolle neue Erfahrung, die ich dort machen durfte und die mich diese Menschen nie vergessen ließ. Beinahe könnte ich glauben, dass ich dort nur von dem kosten durfte, was ich in meiner Familie so sehr vermisst habe.

Nach über 30 Jahren haben wir uns wieder getroffen und sofort spürte ich ihre innere Wärme. Wir haben tolle Gespräche miteinander geführt. Sie war so sensibel, ein wohltuendes Verständnis und ein Leuchten konnte ich wahrnehmen. Mit ihr zusammen zu sein, das tat und tut immer noch irre gut. Es war wie ein Wunder für mich. Nach einer Weile hatte ich das Gefühl, ich liebte sie immer noch. Ich spürte erneut dieses Kribbeln im Bauch, das ich damals bereits für sie empfand. Möglicherweise habe ich diese Liebe nie aufgegeben und nun brach sie hervor, mit all ihrer Macht und Schönheit.

Mit der Zeit habe ich eine erschreckende wie wundervolle Erfahrung gemacht. In den Jahren, in denen wir uns mehr oder weniger aus den Augen verloren hatten, habe ich zwar geglaubt, andere Frauen zu lieben, aber das war vermutlich nur eine eingeredete Verstandsliebe. Diese Liebe wurde nicht vom Gefühl oder nicht wirklich vom Gefühl getragen. Doch bei meiner Frau, da bin ich überzeugt, war und ist es wirklich die große Liebe. Erst mit der alten neuen Beziehung zu diesem zauberhaften Wesen ist mir klar geworden, dass ich vermutlich mehr als einen Menschen wirklich liebe und diese Liebe nie aufgehört hat zu existieren. Gefühle, die ich nicht kannte oder nicht glauben wollte, dass es sie für mich geben könnte, machten sich breit in meinem Herzen. Plötzlich war da ein Mensch, von dem ich glaubte, dass ich vor ihm keine Angst zu haben brauchte. Ein Mensch, dem ich mich anvertrauen konnte, dem ich mein Leben anvertrauen würde. Da war ein Mensch in mein Leben zurückgekehrt, mit dem ich mir auch vorstellen konnte, gemeinsam alt zu werden. Diese Erfahrungen brachten mein

Leben heftig in Aufruhr. Eine wundervolle Hoffnung machte mein Leben leichter und um ein Vielfaches schöner und lebenswerter. Eine Zweisamkeit, wie ich sie scheinbar noch niemals erfahren hatte, kam mir vor wie der Einblick in das Paradies.

Doch eines Tages teilte sie mir mit, dass unsere Beziehung nicht mehr als eine Freundschaft sein könne. Plötzlich zerbrach mein Leben in unüberschaubar viele Kleinteile. Es zerriss mich wie eine ungeheure Explosion. Sollte ich nur geträumt haben? War alles nur meine Einbildung? Konnte das, was wir gemeinsam erlebt hatten, wirklich nur der Ausdruck von Freundschaft gewesen sein? Die Tränen schossen mir in die Augen und ich stürzte unaufhaltsam in einen tiefen, schwarzen Abgrund.

Von da an erreichte die Sonne nicht mehr mein Herz. Die kleinen Schönheiten des Lebens blieben sichtbar, aber ich konnte sie nicht mehr fühlen. Mein Verstand sagte mir, diese Blume ist schön, der Gesang der Vögel ist wundervoll, aber spüren konnte ich es nicht. Und die Wärme der Sonne schaffte es nicht mehr, meine innere Kälte aufzuheben. Hoffnung wurde ein schmerzliches Wort, das für mich nicht bestimmt war. All meine Gedanken wurden dunkel und trübe und liefen immer wieder auf ein einziges Ziel hinaus, den Tod. Er kam mir wie eine Rettung vor, ein Fluchtweg aus dieser so schmerzhaften und unlösbaren Situation. Der Tod bringt Ruhe, Frieden und Erleichterung, versuchte ich mir immer wieder und immer stärker einzureden.

Mein unbeteiligter Blick in den Fernseher macht mir bewusst, dass es kurz vor 24:00 Uhr ist. Schon bald wird dieses Jahr nur noch Geschichte sein und alles, was geschehen ist, bleibt nicht mehr als eine Erinnerung. Für mich ist es nur das Auf und Ab in meinem Leben, welches mich am Ende doch nur in meiner schmerzhaften und kalten Einsamkeit allein sitzen lässt. Warum, warum muss ich so leiden? Was habe ich denn verbrochen, dass ich nicht einmal etwas länger das Gefühl erleben darf, wie es sich anfühlt, geliebt zu werden?

Doch ich lebe noch, ich sterbe nicht. Dabei könnte mich doch meine Gesundheit plötzlich sterben lassen, einfach so. Warum reißt mich kein Autounfall in den Tod? Es fehlen mir keine Gliedmaßen und mein Gesicht ist auch nicht entstellt und auch sonst habe ich keine abschreckenden Zeichen an mir, die mir mein Schicksal erleichtern würden.

Wenn ich also nicht auf diese Weise den Grund finden kann, warum ich nicht geliebt werden darf, dann muss es einen anderen geben. Vermutlich ist es eine Art der Bestrafung. Vielleicht habe ich in einem früheren Leben schwere Verbrechen begangen. Kann es sein, dass ich diese Bilder in meinem Kopf nur falsch deute und ich nicht das Opfer, sondern der Täter war und bin? Sollte in der ungeheuren Vorstellung, dass ich versucht haben könnte meine Schwester zu töten, ein Körnchen Wahrheit sein? Ja, der Gedanke an eine Strafe kommt mir sehr passend vor, auch wenn ich keine Gewissheit dahingehend habe. Vielleicht ist es meine Strafe, heute zu leiden, wie dieses Mädchen und ihre Eltern damals gelitten haben, als ich sie verließ. Sollte es denn so sein, warum müssen dann andere Menschen mitleiden?

Wenn ich alles zusammennehme, dann ist der Gedanke an eine Bestrafung durch eine höhere Macht sehr naheliegend, es passt zu meiner inneren Einstellung. Vorausgesetzt, dass ich an diese glauben will. Genau hier hinein fügt sich auch meine letzte Erfahrung.

Seit einiger Zeit bastele ich kleine Teelichthalter in Form eines Kleeblattes. Viele hatte ich bereits verschenkt und auch dieses Mal arbeitete ich an einem Kleeblatt, das für eine besondere Gelegenheit gedacht war. Dieses Kleeblatt fertigte ich für die Mutter dieser Frau, mit der ich leider doch nicht meinen Traum erfüllen kann, an. Warum ich dies tat?

Ich habe die Zeit von damals nicht vergessen und auch nicht, wie liebevoll mich ihre Eltern aufgenommen hatten. Sie schenkten mir Gefühle, von denen ich mir nicht im Klaren war, ob es diese auch wirklich gibt. Ich glaube heute, es war etwas, das ich sehr gut mit den Worten „Liebe der Eltern" oder „elterliche Liebe" oder „elterliche, menschliche Wärme" beschreiben möchte. Sie redeten einfach mit mir und über die Dinge, die mich betrafen, und nicht irgendwelche Anforderungen oder Verhaltensregeln oder so etwas. Diese Eltern interessierten sich für mich, den Menschen.

So etwas kannte ich nicht von meinem Zuhause. Deshalb und weil ich dieses Mädchen, welches eine wundervolle Frau geworden ist, wieder getroffen habe und ich diese Gefühle von damals erneut erlebe, schrieb ich ihrem Vater erstmals zu seinem Geburtstag eine Karte. Jetzt aber hatte die Mutter ihren Ehrentag und ich wollte ihr eine kleine Freude machen. Vielleicht wollte ich ihren Eltern auch nur etwas von dem zurückgeben, was sie mir vor langer Zeit einmal geschenkt hatten.

Endlich war ich soweit und hängte diese kleine Aufmerksamkeit an die Haustür ihres elterlichen Wohnhauses. Wie gut, dass ihre Eltern ein eigenes Haus besitzen. Dann entfernte ich mich, denn ich wollte ja nicht bemerkt werden. Kaum war ich 50 Meter vom Haus entfernt, da spürte ich eine Unruhe in mir. Plötzlich machte ich mir Vorwürfe, denn ich hatte dieses Kleeblatt sehr, sehr dünn gearbeitet. Ich wollte die Sensibilität des Glückes hineinzaubern, damit diese Frau etwas davon bekommen könnte. Dann musste ich es ja vor lauter Angst noch zehnmal in Luftpolsterfolie einpacken und es schließlich in den Karton pressen. Was, wenn diese dünne Stelle nun gebrochen war? Der Gedanke wurde unerträglich. Meine Angst, doch ein schlechter, fehlerhafter Mensch zu sein, verzerrte meine Wahrnehmung und ließ mich keinen Frieden finden. Den Karton wieder entfernen ging auch nicht, ich hatte nicht genug Zeit, andere Termine erforderten meine Anwesenheit. Ich versuchte mir einzureden, es wäre nichts passiert, das hätte ich doch bemerken müssen, aber es gelang mir nicht. Auf einmal dachte ich an ein anderes Kleeblatt, welches noch immer bei mir auf dem Tisch steht. Auch bei diesem musste ich es mit meiner Arbeit ja übertreiben und hatte es an etwa der gleichen Stelle so dünn gearbeitet, dass ich es nicht mehr verschenken kann. Es ist so zerbrechlich geworden wie eine Eierschale und schon ein leichter Stoß könnte es zerstören. Aber wenn ich es so übertrieben habe, warum das alles? Es war doch schon fertig, weshalb dann diese Übertreibung?

Plötzlich führte mich ein Gedanke in eine ganz andere Richtung.

Es war ein schöner Abend mit dieser wundervollen Frau. Wir waren uns sehr nahegekommen und die Reize sollten uns in den siebenten Himmel tragen, als sie mir anbot, doch bei ihr zu übernachten. Es stand eine heiße und wunderschöne Nacht vor uns. Doch ich habe abgelehnt. Ich hatte Angst, ihr wehzutun, denn sie war so sehr müde und geschafft und ich wollte ihr nicht die Ruhe stören. Ja, ich hatte Angst, ein schlechter Mensch zu sein, wenn ich meinen Gefühlen nachgeben würde. Auf keinen Fall wollte ich ihr vermitteln, dass ich nur mit ihr ins Bett gehen wollte. Dafür war und ist sie mir viel zu wichtig und ich liebe sie doch so sehr. Meine Ängste, etwas falsch zu machen, haben mich alles falsch machen lassen. Ich habe mir meine eigenen Gefühle nicht gegönnt. Da ist alles so, wie ich es mir in meinen schönsten Träumen vorgestellt habe, und jeden Augenblick könnten meine Wünsche und Bedürfnisse in Erfüllung gehen und ... ich verbiete es mir. Entweder bin ich ein Vollidiot oder ich muss die härteste Strafe ertragen, die es für einen Menschen geben kann, sich selbst jedes positive Gefühl zu verbieten.

Was wird eine Frau denken und fühlen, wenn sie in einer solchen Situation, aufgereizt und voll von Wünschen und lustvollen Sehnsüchten, die erfüllt werden sollen und können, plötzlich alleingelassen wird? Kein Wunder, wenn ich so mit ihr umgehe und umgegangen bin, dass sie mit mir nicht zurechtkommt und mit mir keine Beziehung führen kann und möchte.

Das sind diese Begebenheiten, in denen ich alles so kompliziert mache, dass es keine Chance gibt, jemals meine Träume und Wünsche wahr werden zu lassen. Da sind auch die Kleeblätter und meine Übertreibungen. Bin ich wirklich nur ein Idiot oder gibt es doch diese höheren Mächte und damit meine Bestrafung? Ja, ich hoffe, es gibt diese Mächte, denn woher sollte ich sonst noch ein wenig Hoffnung nehmen und nicht einfach untergehen? Wenn meine Ängste die Wahrheit sind, dann sind es auch meine Liebe und all die Gefühle, die ich erlebe. Wenn ich diese Frau wirklich so tief und aus meinem innersten Herzen liebe, dann brauche ich den Glauben daran, dass es eine höhere Macht gibt, die mich von dieser Strafe entbinden kann.

All meine Erinnerungen sagen mir nicht, was ich einmal angestellt habe, nur dass ich, solange ich mich erinnere, unter Albträumen, Todesängsten und Schuldgefühlen leide. Jetzt stelle ich fest, dass ich mir auch noch verbiete zu leben. Dafür muss es einen Grund geben.

Da ich keine Antwort auf meine Fragen finden kann und auch keine Hoffnung mehr habe, dass es für meine Liebe noch ein Happyend gibt, versuche ich mich durch Sport abzulenken. Ich laufe jeden Tag viele Kilometer (weg) und laufe und laufe und laufe ...

Die grellen Lichter der Raketen und Knallkörper, die lauten Rufe der Nachbarn mit den besten Wünschen für das neue Jahr lassen mich in die Gegenwart zurückkehren.

Prosit Neujahr, auf dass mich die höheren Mächte begnadigen und mich die Liebe doch noch finden darf.

Der Glaube, was ist das?

Seit einiger Zeit geht mir die Frage durch den Kopf: Was kommt nach dem Tod? Dann verwerfe ich diese Gedanken schnell wieder, denn ich kann keine Antwort auf die Frage finden. Doch gerade war der Papst zu Besuch in Bayern und da tauchten Themen wie Liebe und Glaube auf.

Was aber ist das, Glaube? Wie geht das, glauben? Ich habe keine Ahnung und doch suche ich nach einer Antwort, denn ich brauche sie, um mein Leben zu gestalten und mich mit dem Tod auseinandersetzen zu können.

Meine Kenntnisse über die Religionen sind sehr beschränkt. Sicher könnte man sagen, ich sollte mich ausführlicher mit den Glaubensrichtungen dieser Welt beschäftigen. Doch um das zu tun, brauche ich zu viel Zeit, die ich nicht habe. Also suche ich mit den Informationen, die ich habe, nach einer Antwort.

Oft spreche ich selbst leichtfertig davon, dass ich glaube. „Ich glaube, es war so oder so" oder „ich glaube, es wäre möglich", ebenso „ich glaube an die Kraft der Liebe" und anderes. Dies kennen wohl viele Leute von sich selbst.

Wenn ich nun aber das Wort Glaube durch das Wort Vermutung ersetze, dann scheint es einen ganz anderen Sinn zu bekommen. „Ich vermute, es wäre möglich", „ich vermute, es war so oder so", „vermutlich hat die Liebe große Kraft" beinhalten dann eine andere Möglichkeit. Es ist wie eine Hintertür, die ich mir auflasse. Sollte meine Vermutung nicht stimmen, dann kann ich mich durch die Hintertür aus dieser Situation befreien.

Der Wissenschaftler wird niemals sagen, er glaubt etwas zu wissen. Er wird sagen „ich weiß" oder „ich vermute", aber nicht „ich glaube". Dann ist der Glaube also der zaghafte Versuch, etwas als real zu interpretieren, für das es keinen Beweis gibt. Ja, es fehlen die Fakten für das, was hinter dem Glauben steht. Woran der Mensch auch glauben mag, es scheint keinen schlüssigen wissenschaftlichen Hintergrund dafür zu geben. Warum gibt es dann den Glauben?

Ersetze ich nun einmal den Begriff Glaube mit dem Begriff Hoffnung, so erscheint der Glaube als Haltepunkt, eine Krücke, welche die Menschen brauchen, um ihrem Leben einen Sinn zu geben. Die Menschen brauchen also eine Hoffnung, dass es etwas gibt, das von Bestand ist. Etwas, für das es sich zu leben lohnt.

Schnell taucht in mir der Verdacht auf, dass der Mensch an sich nicht genug Stabilität ausstrahlt, nicht konstant genug ist, um sich an ihm, dem Menschen, zu orientieren.

Ist der Glaube also eine Flucht vor den Menschen?

Viele Menschen glauben an etwas, das nach dem Tode kommt. Wo alles viel besser ist als hier auf der Erde. Religionen bieten demnach eine Möglichkeit an, nach dem irdischen Leben einen Ort zu erreichen, an dem es um vieles schöner, sicherer ist als in dieser Welt. Gleichzeitig liefern die Religionen einen Weg, auf dem man sich bewegen kann und der die Sicherheit verspricht, diesen Ort auch zu erreichen.

Die Menschen ergreifen diese vermeintliche Möglichkeit und gehen den Pfad, der ihnen sagt, was richtig oder falsch ist. Sie orientieren sich nicht mehr an den Menschen, sondern an dem, was ihnen ihre Religion sagt oder sie daraus für sich entnehmen. Dann ist der Glaube nur ein Leitfaden zur Manipulation der Menschen?

Werden Menschen also durch den Glauben zu Marionetten?

Der Glaube versetzt Berge, sagt man. Der Glaube macht Kriege möglich. Im Namen des Glaubens wird die Menschlichkeit mit Füßen getreten. Der Glaube vermag die Menschen zu heilen. Der Glaube ist nicht nur eine Variante der Religionen, er ist in jedem von uns.

Dabei könnte uns der Glaube doch vereinen und den Ort, welchen die Menschen sich erst nach dem Tod erhoffen, schon hier auf der Erde entstehen lassen.

All die Schönheiten, die wir hier auf unserer Erde kennen, sind etwas, das wir wissen, es sind Beweise. Vermutlich werden die Hoffnungen auf diesen seltsamen Ort all das beinhalten, was wir hier auf der Erde schon erlebt oder gesehen haben. Der Glaube ist für viele Menschen sicher auch die Sehnsucht nach Gesundheit und

Frieden. Der Ort, an den sie glauben, der das Ziel ihrer irdischen Tage ist, muss genau so sein.

Warum kann es hier in dieser Welt keinen Frieden geben?

Der Glaube ist auch eine Möglichkeit, wirtschaftliche und politische Macht zu erlangen. Für ihn bezahlen die Menschen eine Menge Geld. Nicht zufällig gibt es großen Reichtum im Bereich der Religionen. Zugunsten der vielen Götter, an welche die Menschen in allen Regionen dieser Erde festhalten, errichten die Menschen prachtvolle Bauten und spenden ihr letztes Hemd, wenn es verlangt wird. Mancher gibt sogar sein Leben für seinen Glauben hin. Dabei hörte ich noch nichts von solchen Dingen in den Worten der so verschiedenen Glaubensrichtungen, nur von der Liebe und dem Aufstieg in eine bessere Welt. Soweit mir bekannt ist, gibt es keine Religion, keine Glaubensrichtung, in der nicht von der Liebe zwischen den Menschen gesprochen wird.

Wenn die Liebe so wichtig ist, dann passt wirtschaftliche und politische Macht und Aggression nicht dazu.

Ist die Liebe nicht ein ganz natürliches Gefühl und bietet sie sich dabei auch als eine Hilfe, eine Variante für die Machtausübung an? Die starke Liebe als Schwachpunkt menschlichen Seins?

Der Glaube an ein Leben nach dem Tod, woher kommt er, wie entsteht er und wieso gibt es viele Menschen, die nicht gläubig sind? Ist die Fähigkeit zu glauben eine Sache der Vererbung? Vielleicht ist es doch nur eine Angelegenheit der Erziehung? Dennoch gibt es in den Familien immer wieder welche, die gläubig sind und andere, die es nicht sind. Entsteht der Glaube mit den Erfahrungen im Leben? Wer hat denn schon einen Menschen getroffen, der beweisen kann, was nach dem Tode geschieht?

Manche Menschen haben eine todesnahe Erfahrung gemacht und sprechen von einem Licht. Doch kann es nicht einfach eine biologische Reaktion sein, die diese Erlebnisse hervorruft? Im Augenblick des Todes werden viele chemische und physikalische Prozesse ablaufen, von denen wir vermutlich nicht die geringste Ahnung haben. Interpretieren wir da nicht allzu leicht etwas hinein? Aber wir wollen diese Beschreibungen als einen Beweis für die Richtigkeit des Glaubens annehmen. Ist das nicht alles nur eine unbestätigte Theorie, eine Wunschvorstellung?

Es soll einen Gott geben, der hat den Menschen nach seinem Ebenbild erschaffen. Ist dieser Gott dann auch mit Fehlern behaftet? Fühlt dieser Gott, wie die Menschen auch? Dann muss er auch Liebe spüren können und den Hass. Dann wäre dieser Gott doch nicht mehr und nicht weniger als ein Mensch und genauso unvollkommen.

Wenn Buddha ein Mensch war, den es tatsächlich gegeben hat, und seine Lehren, seine Worte die Wahrheit sind, dann bleiben für mich viele Fragen offen. Wenn wir immer wiedergeboren werden, um unsere Schuld abzuleben, wer legt dann fest, wer schuldig ist und wer nicht? Wer legt die Strafen fest, wie oft ein Mensch wiedergeboren werden muss? Wer kontrolliert die Menschen, wenn sie auf der Erde ihre Schuld zu begleichen versuchen? Wer spricht den Menschen schuldfrei und was ist das Nirwana, in das der schuldfreie, erleuchtete Mensch dann einziehen darf?

Versuchen die Menschen sich ihrer Verantwortung in dieser Welt zu entziehen, indem sie die Beurteilung ihres Lebens einem Glauben unterwerfen? Sind wir nicht unseren Mitmenschen rechenschaftspflichtig?

Ich habe noch keinen Gott gesehen. Es gibt auch keine Beweise für die Existenz eines Paradieses, Nirwanas oder wie dieser Ort auch immer heißen mag. In meinem Leben ist mir auch noch kein Mensch begegnet, von dem ich wüsste, dass er schon einmal gelebt hätte. Sicher könnte ich diese Zweifel noch ein wenig weiterführen, doch was bedeutet der Glaube für mich?

Ja, ich suche nach etwas, an das ich glauben kann. Dieses aber liegt nicht in dem, was nach dem Tode kommt, sondern es ist hier auf dieser Erde. Ich glaube daran, dass ich recht daran tue, wenn ich den Menschen mit Achtung und Respekt begegne. Ich bin überzeugt, dass die Liebe eine ungeheuer große Kraft ist und die Menschen mit Energie versorgen kann. Ja, ich glaube, dass der Ort, nach dem sich die Menschen sehnen, unsere Erde ist. Was die Menschen brauchen, ist der Glaube an sich selbst und an die Menschen überhaupt. Diese Welt braucht keinen Glauben an Macht und Geld, auch nicht an irgendwelche Götter, er zerstört nur, was die Menschen zusammenführen sollte. Wir alle wollen der Endgültigkeit entgehen, deshalb suchen und glauben wir an ein Danach.

Glaube ist ein Sanitäter im täglichen Leben für die einen. Eine Möglichkeit, Reichtum und Macht auszubauen, für die anderen und für noch andere ist er der einzige Fluchtweg, um existieren zu können. Ist Glaube eine Fantasie, in der sich die Menschen die Dinge so gestalten können, dass sie in ihr Leben passen, ihr Leben erst lebenswert wird?

Glaube ist die Hoffnung des Lebens, also sollten wir an die Menschen glauben und an uns selbst und dass wir den ersehnten Frieden schon hier auf unserer Erde finden können.

Glaube ist der Ausdruck unserer Unsicherheit, unseres Zweifels, dass wir unser Leben recht gestalten und er ist unsere Rechtfertigung, wenn unser Leben sich dem Ende neigt.

Glaube ist Hoffnung, Hoffnung ist Sicherheit, Sicherheit gibt Kraft, Kraft bringt Stärke, sodass wir alles im Leben erreichen können. Der Glaube ist die Brücke, über die wir gehen, wenn wir die Hoffnung in uns selbst zu verlieren meinen. Glaube ist ein Katalysator für unsere eigene Kraft, Sicherheit und Stärke. Glaube kann etwas ungeheuer Positives sein, aber auch die Flucht vor uns selbst und das Verderben.

Glauben heißt nichts wissen, aber er ist auch ein starker Motor, damit wir leben können.

Kaum zu fassen

Ich öffnete meine Augen und war mir nicht recht im Klaren, wo ich mich gerade befand. Schnell wurde mir bewusst, ich war nicht frei. Am Bett fixiert und nicht in der Lage, irgendetwas zu tun außer zu schreien. Doch ich schwieg, denn die Situation machte mir Angst.

Da ging endlich die Tür auf und einige Leute traten ein. Sie trugen leuchtend gelbe Umhänge, die mit grünen Mustern durchzogen waren. Die Gruppe verteilte sich um mein Bett herum. Dann öffnete man die Fesseln, ich musste mich aufrecht hinsetzen. Einer der Herren hielt ein Gerät in der Hand, führte es um meinen Kopf und Hals, als würde er etwas suchen. Er schüttelte den Kopf. „Nein, Herr Professor, kein Chip zu finden." Ich schaute die seltsamen gelbgrünen Menschen völlig verunsichert an.

„Was ist los? Wo bin ich? Was für ein Chip?"

Plötzlich wurde mir schlagartig deutlich, ich hatte keinerlei Erinnerung an irgendetwas, bevor ich die Augen hier geöffnet hatte. Der Professor untersuchte mich und schaute seinerseits sehr verwundert drein.

„Was ist los, Herr Professor? Ich kann mich an gar nichts erinnern. Wie komme ich hierher und warum liege ich hier angeschnallt im Bett?"

„Sie wissen nicht, wo Sie sind? Das ist schon seltsam. Aber es ist noch unverständlicher, weshalb Sie keinen Chip tragen. Woher kommen Sie? Man hat Sie bewusstlos aufgefunden und hierhergebracht. Alles, was wir feststellen konnten, war, dass Sie eine Hirnblutung hatten, die wir erfolgreich operieren konnten. Sie trugen ein Aneurysma in Ihrem Kopf, welches aufgebrochen war. Sie haben verdammtes Glück gehabt." Ich schaute noch unsicherer als vorher und schien doch bei den Medizinern kein Verständnis zu bekommen.

„Ich bitte Sie, wo bin ich eigentlich? Und wer bin ich? Ich habe keinen Schimmer davon, was mit mir los ist. Leider kann ich mich an gar nichts erinnern. Bitte, Herr Professor, sagen Sie doch bitte, was hier mit mir geschieht." Der Doktor schaute mich an, als würde er einen Sack Kartoffeln vor sich haben, drehte sich um und verschwand mit seinem Gefolge. Nur einer der Herren fixierte mich erneut am Bett.

Nach drei Tagen etwa löste man die Fesseln und ich durfte endlich aufstehen. Anfangs hatte ich reichlich weiche Knie, aber das gab sich schnell wieder. Dennoch hatte ich ein ungutes Gefühl in diesem Zimmer. Das Fenster war mit undurchsichtigem Glas versehen worden und von außen durch Gitter gesichert, deren Schatten sich deutlich abzeichneten. Als ich den Raum verlassen wollte, bemerkte ich, dass ich eingeschlossen war. „Eingesperrt wie ein Verbrecher? Was habe ich denn bloß getan?" Ich redete leise vor mich hin. Im Schrank fand ich zu meiner Überraschung keine Sachen. So ließ ich mich wieder auf meinem Bett nieder und harrte der Dinge, die da kommen würden.

Es waren weitere zwei Tage vergangen, als man mir Kleidungsstücke brachte, die ich sofort anziehen sollte. Dann legte man mir ein Halsband und Fesseln an Händen und Füßen an. An einer Leine führten mich einige Männer durch das Haus in den Hof, wo ich in ein bereitstehendes Auto steigen musste. Die Flure waren leer und auch sonst sah ich niemanden. Die Scheiben des Fahrzeugs waren so abgedunkelt, dass ich überhaupt nichts sehen konnte. In mir machte sich ein Gefühl breit, als würde ich in einem sehr bequemen Wagen zu meiner Hinrichtung gefahren werden. Mir schlug das Herz den Hals hinauf, bis in die letzte Haarspitze.

Die Fahrt dauerte eine ganze Weile. Als das Fahrzeug hielt, musste ich aussteigen. Wir waren in einem Raum angelangt, der sich in einem Felsen befand. Die Wände und die Decke machten das eindrucksvoll deutlich. Plötzlich zog man mich in einen Tunnel, der nur durch schummriges Licht erhellt wurde. Ich habe keine Ahnung, wie weit wir gelaufen sind, aber dann betraten wir eine Art große Halle tief im Inneren des Berges. Am Rande der Höhle standen viele Menschen, jeder in einem Halbkreis aus blauem Licht. Diese Beleuchtung beschrieb einen Durchmesser von etwa zwei

Metern und verlief von der Wand, um die Person herum, wieder bis an die felsige Wand heran. Die meisten dieser Leute standen ruhig da und schienen auf etwas zu warten. Einige wenige waren aufgebracht und liefen unentwegt hin und her. Plötzlich hörte ich einen Schrei. Es war ein grässliches, gequältes Schreien. Ich schaute in die vermeintliche Richtung, aus der ich dieses Geräusch vernommen hatte. Ein Mann war über den Halbkreis getreten und irgendetwas musste ihm fürchterliche Schmerzen bereitet haben. Das hörte sofort auf, als er seinen Fuß zurücknahm und sich in seinem kleinen Gefängnis ruhig verhielt. Ich vermutete, dass es sich um eine elektronische Sicherheitsanlage handeln musste.

Ein heftiger Zug an meinem Halsband löste mich aus meinen Gedanken. Ich wurde in ein Gewölbe geführt, das einem großen Kirchenschiff ähnlich war. Gegenüber des Eingangs befand sich eine Art Bühne. Dort stand ein Wesen, das mir völlig unbekannt erschien. Es musste eine Lebensform von einem anderen Planeten sein. Der Hintergrund war erleuchtet, gelb mit grün durchzogen, ebenso wie das Gewand, welches dieses seltsame Wesen trug. Dann tauchte der Professor auf. Er ging auf das bedeutungsvolle Etwas zu und verbeugte sich. Sie sprachen miteinander, wovon ich aber nichts hören oder gar verstehen konnte. Bis vor dieses Wesen gezogen, sollte ich mich schließlich niederknien. Ich verweigerte mich, denn ich hatte keine Ahnung, was mit mir geschah und wo ich mich befand. Ein anderes Wesen, vermutlich gleicher Herkunft, kam auf mich zu, hielt mir ein unbekanntes Gerät an den Hals und ich schrie vor Schmerzen auf. Zwar versuchte ich mich gegen diesen Schmerz zu wehren, doch ich war zu schwach. So bleib mir nur der Kniefall, um mich von dieser Qual zu befreien. Das unbekannte Geschöpf, das dort vorn stand und dem jeder Respekt zollte, hob an zu sprechen, in mir unverständlicher Sprache. Der Professor übersetzte es mir.

„Sie werden dazu verurteilt, in Ihre Bestandteile aufgelöst zu werden, weil Sie sich unberechtigterweise ohne den vorgeschriebenen Chip in der Stadt aufgehalten haben. Sie sind vermutlich eine Gefahr für unsere Gesellschaft, weil nicht nachgewiesen werden konnte, woher Sie gekommen sind. Man führe Sie in die Erneuerungshalle und zerlege Sie. Ehe aus Ihren Zellen eine neue Kreation entstehen wird, sollen 250 Jahre vergehen, in denen sich jegliche fehlerhafte Zellen regenerieren und erst dann zu einem neuen Freund der Zellulaner zusammengestellt werden dürfen." Ich glaubte meinen Ohren nicht zu trauen, die wollten mich einfach zerstören, töten.

„Professor, was geht hier vor, das verstehe ich nicht. Sie können das doch nicht wirklich ernst gemeint haben, oder? Ich bitte Sie, ich weiß noch nicht einmal, woher ich komme, und da wollen Sie mich einfach wie eine Maschine zerlegen lassen?" Der Professor schaute mich an, während er auf mich zukam. Doch er ging an mir vorbei, als gäbe es mich nicht, als wäre ich Luft. Und wieder riss mich ein kräftiger Zug am Halsband aus meinen Gedanken. Ich versuchte ganz langsam zu laufen, aber sie zogen mich einfach vorwärts, wie einen Hund an der Leine. Wir liefen durch einen langen Gang, an dessen Ende ein grelles Licht beinahe die Augen blendete. Ich musste dann doch noch warten, es gab andere Zerlegungen, die erst beendet werden mussten. Da begann der Boden plötzlich zu beben und ich fürchtete, dass der Berg über mir einstürzen könnte, bevor ich sowieso gleich in meine Einzelteile zerlegt werden würde.

Erste Brocken fielen herunter und versperrten den Weg.

Ich öffnete die Augen und wusste nicht, wo ich war. Dabei lag ich im Bett, und so wie es roch und aussah, musste es ein Krankenzimmer sein. Mein Kopf tat sehr weh und der Doktor sagte mir, dass ich von einem herabfallenden Blumentopf getroffen worden war.

Der Maler

Um dem Großstadttrubel zu entkommen, kaufte ich mir ein Haus im Grünen. Drumherum noch ein gutes Stückchen Wald und eine Wiese. Ich fand endlich meine Ruhe und konnte mich auf meine Malerei konzentrieren. Ich weiß nicht, ob ich dies verdient hatte, aber meine Eltern hinterließen mir eine ordentliche Stange Geld. Sie wussten, dass ich mir so ein Haus immer gewünscht hatte, und würden es sicher gutheißen. Deshalb machte ich mir auch keine Vorwürfe.

Den unteren Bereich des Hauses nutzte ich als Wohnräume und den Dachausbau gestaltete ich zu einem großen Atelier um. Große Fensterfronten ließen mir das erforderliche Licht ein.

In der ersten Zeit fühlte ich mich doch recht einsam. Zwar wollte ich hier allein sein, aber so allein denn doch auch wieder nicht. Im Laufe der Zeit glich ich diesen Mangel durch Besuche und viele Einladungen aus. Nein, je länger ich dort wohnte, desto weniger einsam kam ich mir vor.

Die Natur bescherte mir viele Gäste, welche ich beobachten konnte. Rehe, Wildschweine und eine Unmenge an Vögeln verschönerten mir die Tage. Schon bald hatte ich mich in meinem neuen Atelier eingerichtet und begann intensiv zu malen. Zunächst versuchte ich, Blumen auf das Papier zu bringen. Forsythien und Drachenblumen sowie Schilf und Rosen waren meine beliebtesten Motive. Dann verspürte ich den Reiz, Tiere zu malen. Täglich standen sie mir Modell, kostenlos stellten sie sich meiner Kunst zur Verfügung. Das Schwarzwild kreuzte mein Gelände jeden Tag zur gleichen Zeit. Besonders lustig wurde es, wenn die Wildschwein-Frischlinge dabei waren. Sie versuchten, wie ihre Eltern, den Boden meines Grundstücks mit ihren Schnäuzchen zu pflügen. Die Rehe standen in aller Ruhe da und fraßen sich an dem saftigen Grün satt. Ich konnte sie in Ruhe studieren und dann auf den Malgrund bringen. Nicht vergessen möchte ich die Vögel. Den sich majestätisch aufschwingenden Bussard und die Amseln, den Spatz und auch den Eichelhäher verewigte ich in meinen Bildern.

Nach einer ganzen Weile begann ich die Menschen zu malen, wie ich sie in meinen Erinnerungen hatte. Bald auch die, bei denen ich zu Besuch war oder die bei mir reinschauten. Den einen malte ich in einem Auto, den anderen an der Tür lehnend. Ich glaube, ich habe niemanden vergessen.

Eines Tages setzte ich mich hinter mein Häuschen und machte ein kleines Feuer. Einige selbstgeangelte Fische und Würstchen vom Fleischer garte ich über dem wärmenden, magischen Lichtspiel. Eine Flasche Bier, einen guten Whisky und ich fühlte mich großartig.

Als die Sonne längst untergegangen war, lag ich auf meinem Liegestuhl und schaute in den Himmel. Ein prächtiger Sternenhimmel breitete sich über mir aus. Da entdeckte ich eine Sternschnuppe und wünschte mir etwas. Normalerweise spricht man da ja nicht drüber, aber ich wünschte mir, dass meine Bilder sprechen könnten, nur um ihnen mehr Ausdruck zu verleihen.

So verbrachte ich noch manchen Abend damit, die Sterne zu zählen oder nach Silberstreifen am Firmament zu suchen. Endlich glaubte ich, dass meine Werke für eine Ausstellung reichen würden. So lud ich mir Bekannte und Künstler ein sowie Leute aus der Kunstszene, die Einfluss hatten. Sie alle sollten mir helfen, eine Ausstellung zu organisieren.

Ich suchte einen schönen Sommertag aus, um die Gäste zu bewirten und bei guter Laune zu halten. Alle wollten sie kommen, kein einziger hatte abgesagt. Meine Vorbereitungen liefen hervorragend und ich war guter Hoffnung, dass es ein gelungener Tag werden würde.

Spät an diesem Abend hatte ich meine Aktivitäten beendet. Es war sehr angenehm warm, und so setzte ich mich wieder einmal nach draußen und schaute zum großen Himmelszelt hinauf. Ein wenig in Gedanken vertieft, bemerkte ich ein Licht. Es schien jedoch keine Sternschnuppe zu sein. Das Licht kam direkt auf mich zu. Ein blaues Licht bewegte sich rasch in Richtung meines Grundstückes. Mir wurde ganz übel, so regte mich dieses Blau auf. Bewegungslos harrte ich dessen, was da kommen würde. Als dieses blaue Licht eine Größe von etwa zwei Metern erreicht hatte und ich dachte, es stürzte in mein Haus, drehte es plötzlich ab und verschwand im Wald. Da ging ich hinauf, um vom höchsten Punkt meines Hauses aus zu schauen, ob ich das Licht noch verfolgen könnte. Aber nichts deutete mehr auf irgendeinen ungewöhnlichen Schein hin, so ging ich schlafen.

Eine unruhige Nacht fand durch die ersten Sonnenstrahlen endlich ein Ende. Gedanken an das Licht, an die Gäste und an meine Hoffnung, dass es mit einer Ausstellung klappen könnte, wechselten sich ständig ab. Dieses blaue Licht hatte sich in der Nacht in mein Häuschen geschlichen, aber das wusste ich noch nicht.

Dann war es soweit, die ersten Gäste tauchten gegen 15:00 Uhr auf. Ich begrüßte sie auf das Herzlichste und zeigte ihnen mein Gehöft. Erst dann machte ich sie mit meinen Kunstwerken bekannt. Sie sollten sich in aller Ruhe umschauen und die Bilder wie die Gegebenheiten auf sich wirken lassen. Die letzten Gäste begrüßte ich etwa gegen 19:00 Uhr.

Dann entzündete ich ein kleines Feuer auf meinem Grundstück. Dieses magische Spiel des Lichtes hat etwas Faszinierendes und ich hoffte, dass es eine positive Wirkung auf die Gäste haben würde.

Plötzlich hörte ich ein lauter werdendes Gemurmel, das aus dem Haus kam. Ich wurde sehr neugierig, was da wohl passiert sein mochte.

Als ich das Wohnzimmer betrat, in dem die meisten meiner Werke aufgehängt waren, vernahm ich eine Stimme, die ich nicht kannte.

„He, du da, mit dem Whisky in der Hand, trinke nicht so viel."

„Lieschen mit der hohen Nase, du solltest nicht so von oben herab reden", blubberte frech eine helle Stimme.

Die Gäste schauten sich etwas verwundert um und waren mächtig durcheinander.

Ich verstand nicht, was hier geschah. Woher kamen diese Stimmen und wieso beschimpften sie meine Gäste?

„Hallo, du dicker Sesselfurzer, Hände weg von dem Bild."

„Du, liebe Schwester in dem roten Kleid, du hast etwas verloren, hebe es gefälligst auf", hörte man eine Frauenstimme rufen.

„Was glotzt ihr so blöde in der Gegend herum, ihr habt doch keine Ahnung von dem, was ihr hier sehen könnt, schert euch bloß nach Hause", forderte anscheinend ein Kind.

Ich stand wie erstarrt da und wusste nicht, was ich dazu sagen sollte.

In meinem Atelier schrie eine Frau auf. Ich lief nach oben und sah, wie einer der Gäste sehr nah an einem Bild stand und es genauer betrachten wollte. Da erklang die Stimme eines älteren, scheinbar weisen Herrn.

„Wenn Sie schon so interessiert tun, dann beschreiben Sie doch einmal, was Sie sehen können." Der Mann wich zurück, schaute erschrocken auf das Bild und sagte kein Wort. Völlig verwirrt verabschiedete er sich von mir und wollte gehen, ich konnte ihn kurz stoppen. „Richtig, ergreifen Sie die Flucht, bevor Ihnen jemand auf die Schliche kommt und bemerkt, dass Sie keine Ahnung von Kunst haben."

Es kam mir vor wie ein schlechter Traum, ein Albtraum. Ich war nicht imstande, etwas zu sagen.

„Wir dulden nur Gäste, die auch ein tatsächliches Interesse an dieser Kunst haben und nicht nur zum Essen und schwatzen kommen. Alle, die sich angesprochen fühlen, raus!" Alle Stimmen redeten gemeinsam. Ich war nicht mehr Herr der Lage und konnte nur versuchen zu beschwichtigen.

„Es tut mir furchtbar leid, aber ich habe keine Ahnung, was hier geschieht", flehte ich verzweifelt.

Nach kurzer Zeit waren alle gegangen. Kein Laut war zu hören und ich setzte mich in einen Sessel, eine Flasche Bier und ein sehr großer Whisky sollten mir über die Zeit helfen. Dann ließ ich meinen Blick über die Bilder wandern und konnte einfach nicht begreifen, was soeben hier stattgefunden hatte. Erst spät in der Nacht löschte ich das Licht und ging zu Bett.

Eine Stimme sagte leise: „Entschuldigung, es war doch nur die Wahrheit."

Da bemerkte ich es, alle Bilder waren von einem schwachen blauen Licht umgeben. Das ganze Haus lief ich ab und jedes Bild, sogar die, welche am Boden zusammengestellt waren, leuchteten schwach blau.

Da nichts weiter geschah, ging ich endlich schlafen.

Am Morgen betrachtete ich das Schlachtfeld des vergangenen Abends und mein Blick kontrollierte die Bilder. Ständig wartete ich auf ein Wort von ihnen, doch die Bilder schwiegen. Am späten Nachmittag, als wieder alles seine Ordnung hatte, setzte ich mich in den Schatten der Bäume und versuchte, den gestrigen Abend zu rekonstruieren. Was es war, konnte ich nicht sagen. Wenn ich allerdings so darüber nachdachte, dann hatten sie nur ausgesprochen, was ich in meinem Kopf hatte. Sie hatten das ausgedrückt, was ich in meinen Bildern gemalt hatte. Ich dachte an meinen Wunsch, den ich vor einigen Tagen beim Anblick einer Sternschnuppe im Kopf kreiert hatte. Doch in meinem Eingebundensein in diese Gesellschaft hatte ich um der Karriere willen die Heuchler ertragen wollen.

Die Bilder hatten mir gezeigt, dass ich mir treu bleiben muss, nur dann würden meine Bilder das ausdrücken, was ich auch tief in mir spürte.

Am späten Abend beobachtete ich, wie das blaue Licht aus einem Giebelfenster kam. Über meinem Haus zog es noch einen Kringel, als wollte es sich verabschieden, bevor es seinen langen Weg in die Weiten des Universums fortsetzte.

Drei Tage später bekam ich einen Anruf. Ein bekannter Kunstkritiker hatte von dieser Begebenheit erfahren und wollte die Bilder und den Künstler kennenlernen. Wir vereinbarten einen Termin, an dem ich ihm ausführlich über den Vorfall berichtete. Aus diesem Treffen entwickelte sich eine erste Ausstellung. Mit großem Erfolg folgten noch einige andere. Bei all dem positiven Zuspruch hatte ich aber eines stets bewahrt, ich selbst zu sein. Nur wenn ich auch ich bleibe, dann drücken meine Bilder aus, was ich zu sagen habe.

Der Wecker klingelte und ich erwachte. Mein erster Blick kontrollierte, wo ich mich befand. Ganz normal lag ich in meinem Bett und mein Hund saß wartend daneben.

Den Traum schrieb ich auf und von Zeit zu Zeit lese ich ihn immer mal wieder. Ich werde zukünftig immer zu meiner Arbeit und somit zu mir selbst stehen. Noch habe ich zwar nicht den Mut, mich an eine Ausstellung zu wagen, aber das wird schon noch. Vielleicht warte ich nur auf die Hilfe eines gewissen blauen, vielleicht göttlichen Lichtes aus den unbekannten himmlischen Weiten.

Die Strafe folgt auf dem Fuße?

Oh Mann, war das schön! Doch ich kann das nicht mit einem Wort erklären.

Es begann, als ich noch intensiv in der Natur unterwegs war. Wie das so ist, auf den Spaziergängen trifft sich alles, was sich naturverbunden fühlt. Ein Gespräch bietet sich immer wieder mal an. Und da ich meinen Rand nicht immer halten kann, habe ich oft versucht, Tipps und Hinweise zu geben, wie mancher einen besseren Umgang mit sich und seinem Umfeld erreichen könnte. Dabei sprach ich auch oft über Themen mit diesen Menschen, die tiefe Gefühle betrafen. Bald schienen mir einige so zu vertrauen, dass sie mir sehr persönliche Dinge erzählten. Daraus konnte ich mir über die Zeit von verschiedenen Leuten ein Bild machen.

Vor einiger Zeit verließen mich meine Eltern kurz nacheinander, was meine Sichtweisen noch einmal veränderte. Da entwickelte sich etwas, mit dem ich nicht gerechnet hatte.

Ich ging spazieren und traf eine junge Frau, die ich schon länger kannte und der ich bereits viele Tipps gegeben hatte. Sie sah mich und kam zu mir, um mich in ihre Arme zu nehmen, mich fest zu drücken. Ich lief ein Stück mit ihr, und so sprachen wir auch über sie, als Frau und weibliches Wesen. Sie hatte ein Problem mit ihrer Figur. Klar, in die Modelszene passte sie nicht hinein, aber ich empfand sie als überaus weiblich und reizvoll. Leider ist sie zu viele Tage jünger als ich, daher darf ich ihr nicht so nahekommen, wie ich es mir manchmal zurecht fantasiere. Aber ich nehme jede Umarmung an und genieße sie in vollen Zügen. Gerne würde ich ihr in privater Umgebung zeigen und sie spüren lassen, wie schön sie doch für mich ist. Da ich sie sogar ein wenig verstehen kann, was ihr Problem mit der Figur betrifft, so möchte ich ihr doch beweisen, dass es nicht das Entscheidende ist. Zu jedem Topf gibt es einen Deckel und deshalb sollte und darf sie sich so annehmen und lieben, wie sie nun einmal ist. In meinen Fantasien lasse ich sie spüren, wie zauberhaft sanft ich ihren Körper verwöhnen kann. Sie nimmt es natürlich an und ich gebe alles, um sie und mich für einen Moment glücklicher zu machen. Klar, nur ein Traum und zu weit entfernt von der Realität.

Dann klingelte es eines Tages an meiner Tür und ich sah eine Frau auf mich zukommen, die mir schon so einiges über sich und ihre Beziehung berichtet hatte. Dabei hatte sie wiederholt deutlich gemacht, wie sehr sie sich von ihrem Lebenspartner vernachlässigt fühlte. Sie hatte von einer tief empfundenen Einsamkeit und dass sie so nicht leben möchte, gesprochen.
Ja sicher, ich hatte ihr gesagt, sie könne doch etwas in ihrem Leben verändern. Doch die Antwort erschien mir durchaus verständlich. Diese Frau hatte noch mehr Angst davor, ganz allein den Rest ihrer Tage in einer Wohnung zu sitzen. Da ich dieses Gefühl schon seit Jahren kenne, konnte ich ihr nicht widersprechen und auch nichts dagegen sagen. Ich wollte ihr helfen und sie ein wenig glücklicher sehen und spüren.
Jetzt kam sie zu mir, weil sie ein Problem in ihrem Garten hatte. Ich hörte sie an und sagte ihr zu, ich würde mir das Sorgenkind einmal ansehen.
Wir verabredeten uns und schon sah ich, wie groß das Chaos war. Sie war mit sich nicht zufrieden, völlig verängstigt und mit den Bienen, Wespen und Hornissen total überfordert. Ich zeigte ihr kurzerhand, wie man mit ganz viel Ruhe und völlig entspannt solche Situationen bewältigen kann, sie staunte nur. Die Stacheltiere schienen sich beinahe zu freuen und machten jetzt einen harmlosen Eindruck. Als dann sollte ich doch mitkommen und ihrer Freundin erklären, was ich ihr gerade bewiesen hatte. Ich tat, wie es gewünscht wurde, und die Frauen wurden deutlich entspannter und gelassener, zumindest kam es den Damen so vor.
Einige Zeit später erschien diese Frau erneut an meiner Tür und bat mich um Hilfe. Und wieder ließ ich mich ein. Als wir in den Garten ihrer Freundin kamen, die selbst für einige Tage abwesend war, sah ich diese übermächtige Angst in der ansonsten stark wirkenden Frau. Wie sollte ich sie von dieser Angst befreien oder doch wenigstens ablenken? Da fiel mir etwas ein, was nicht gewöhnlich war. Ich nahm sie in meine Arme und küsste sie auf die Wange. Die

gefährlichen Tiere spielten für einen winzigen Moment keine Rolle mehr. Erstaunt schaute sie mich an und ich nutzte diese Gelegenheit und hielt sie fest und küsste sie erneut. Es tat auch mir gut, richtig gut. Dann verweilten wir noch etwas in dem bunten Reich, und als ich mich von ihr verabschiedete, da drückte und küsste ich sie noch einmal.

Es vergingen wohl drei Tage, da kam sie wieder an meine Tür und schenkte mir einen Strauß Rosen. Ich umarmte sie herzlich und küsste sie wieder und liebend gern auf die Wange. Seit jener Zeit habe ich ganz oft Träume und Fantasien mit dieser, nach meinem Empfinden, tollen und attraktiven Frau. Darin sucht sie nach einer Veränderung ihrer Lebenssituation. Sie möchte ihre Beziehung nicht aufgeben, aber traut sich doch, sich von mir ein wenig verwöhnen zu lassen. Immer wieder nehme ich sie in die Arme und drücke sie fest an mich, während ich sie auf den Hals und auf die Wange und schließlich auf den Mund küsse. In meinen Fantasien aber tut sie es mir gleich und wir fühlen uns wie im siebenten Himmel. Dann drehe ich sie um und umfasse sie von hinten. Meine Hände lege ich auf ihren Bauch und drücke diesen ganz sanft und zärtlich an mich. Sie gleiten hoch auf ihre Brüste und massieren diese vorsichtig und mit viel Leidenschaft. Später suchen sie sich den Weg nach unten und wandern auch in ihr Höschen. Ich lasse sie spüren, wie schön es sein kann, wenn man sich einlässt und mit viel Zärtlichkeit zum ersehnten Höhepunkt kommt.

Ein Traum, nur ein irre schöner Traum, aber so unrealistisch, so entsetzlich weit entfernt von der Realität.

Es klingelt an meiner Wohnungstür, meine Freundin steht davor. Eine bezaubernde Frau mit unglaublich viel Herz und einer wohltuenden Wärme. Ich lasse sie herein und drücke sie. Dabei lasse ich sie wissen, wie gut sie mir tut und wie sehr ich mich danach sehne, sie zu umarmen, zu streicheln und zu küssen. Meine Hände gleiten über ihren Körper und ich wusele durch ihre wunderschönen Haare. Den Rücken hinauf und wieder herunter und dann lege ich beide Hände auf ihren Po. Sanft presse ich sie gegen meinen Körper und wir sind für diesen winzigen Augenblick glücklich. Ich träume auch sehr oft von ihr und wie wir uns gegenseitig verwöhnen. Ein Rausch von intensiver Leidenschaft, den ich nie mehr aufgeben möchte, aber der so schnell verfliegt, weil sie es sich nicht wirklich gönnt. Was immer in ihrem Kopf herumspukt, sie weigert sich, sich selbst etwas Gutes zu tun, es als enorm wichtig für sich anzuerkennen. Und weil sie solche zauberhaften Momente immer wieder abwürgt, sie nicht oft wiederholt und sich lieber entzieht, kommen wir nicht zusammen. Deshalb bleiben mir nur Träume und Fantasien.

Drei Frauen, meine Einsamkeit, noch mehr meine Sehnsüchte, meine Fantasien, sie sind so heftig und scheinen doch so unvernünftig und unmoralisch zu sein. War es eine Art neue Freiheit, nachdem meine Eltern gegangen waren? Verschwanden mit ihnen auch die Sperren der Erziehung? Dabei glaube ich sogar, ich empfinde für jede so etwas wie Liebe. Muss die Liebe nur für einen Menschen reichen? Kann ich nicht mehrere Frauen gleichzeitig lieben, wie Eltern, Kinder und Partner? Klar ist es nicht die große Liebe, wie sie so oft beschrieben wird, aber es ist dennoch Liebe. Und es ist mir dabei ganz besonders wichtig, dass alle glücklich damit sind. Ich meine, ich missbrauche sie nicht, auch nicht in meinen Fantasien. Alles geschieht, weil alle es brauchen und somit niemand Schaden nimmt, es einfach nur positiv wirkt. Vielleicht ist das keine Partnerschaft, aber eine lockere Beziehung ist es allemal. Wenn es niemandem schadet und allen guttut und alle glücklicher macht, warum sollte ich nicht so etwas träumen? Geht es nicht nur um menschliche Bedürfnisse?

Die Antwort fällt härter aus als ich es jemals erwartet hätte. Gerade jetzt, wo ich die Hoffnung habe, ich könnte mit diesen wundervollen Damen mir ein großes Stück Glück in mein Leben bringen, da greift der Tod nach mir. Es war nur ein kleines Zwicken, jetzt ist es ein unlösbares Problem. Der Krebs wird mich in wenigen Wochen aus dem Leben reißen und ich kann oder will es nicht verstehen. Habe ich mich in meinem Leben, in meinen Gedanken und Träumen so versündigt, dass ich jetzt die Strafe dafür bekomme? Folgt die Strafe auf dem Fuße, der Tod dem Kuss? Wenn es keine Zufälle gibt, dann muss es wohl die Strafe für meine Fehler sein, die ich in meinem Leben reichlich begangen habe.

Frühling

Wenn glitzernde Eiskristalle tauen
und alle Vögel Nester bauen,
wenn sich die Sonne traut,
vom Himmel auf die Erde schaut,
das Grün sich aus den Ästen schiebt
und es bunte Blumen gibt,
wenn Schal und Handschuhe verschwinden,
die Gärtner Ostersträuße binden,
dann ist es klar, auf alle Fälle,
wir schweben auf der Frühlingswelle.

Energie des Universums?

Schon als junger Mann hatte ich ein Faible für die asiatischen Kampfkünste. Dabei suchte ich aber nicht nach einer Hau-drauf-Richtung, sondern nach einer Disziplin, die mir viel über das mentale Training geben würde.

Nach der Wende sprach ich mit einem bekannten Karatemeister darüber. Der empfahl mir die mir völlig unbekannte Kampfkunstform Aikido. Der anfangs größte Vorteil schien für mich der, dass ich niemanden schlagen musste. Als ich mir einen Eindruck verschaffen wollte, ging ich am ersten Tag der offenen Tür in das Dojo, um mir dies einmal anzusehen.

Der Blick durch die Tür veranlasste mich, sofort wieder zu gehen. Was ich auf der Matte sah, waren nur ganz junge Leute, und ich lief doch schon auf die 40 zu. Das konnte für mich nicht richtig sein. Also schob ich meine Kinder vor und schaute ihnen zu, bis es plötzlich hieß, ich könne es doch wenigstens einmal ausprobieren. Ich hatte mich auf einige Schnupperstunden eingelassen, ehe ich mich für das Training in diesem Aikido-Dojo entschied.

So begann ich am 01.09.1998 bei meinem Meister und Lehrer. Da die schlabberigen Schnupperklamotten nicht den Anforderungen entsprachen, musste bald ein richtiger Kampfanzug her. Damit gestaltete sich das Training gleich ganz anders und viele Dinge, die in den schlampigen Sachen nicht funktionierten, klappten nun deutlich besser.

Klar musste ich auch ganz schnell erkennen, dass ich nicht nur einem harmlosen Sport nachgehen würde. Meine Gelenke und Knochen sagten mir immer wieder, dass ich etwas sehr Anstrengendes getan hatte. Aber es dauerte auch nicht lange, da fühlte ich, wie es mir immer mehr Freude bereitete. Nach meinem ersten Lehrgang mit einem international bekannten Sensei im November 1998 war mir klar, ich bleibe diesem Aikido und vor allem meinem Lehrer und Meister treu. Ich glaube, ich spürte eine Energie, wie ich sie noch nie wahrgenommen hatte.

Die Zeit verging und ich bekam viel Lob und Aufmunterung. Das war notwendig, denn meine Gesundheit hatte mich immer wieder aus dem Training genommen. Wenn ich nicht auf der Matte sein konnte, dann wollte ich von der Bank aus lernen. Das habe ich über viele Jahre immer wieder getan und konnte mich, trotz der Rückschläge, nie von diesem Aikido lossagen. Vielmehr entwickelte ich eine ganz neue Sensibilität und ein zum Teil völlig neues Verständnis für diese Kampfkunstform und besonders für mich selbst. Aus der sportlichen Aktivität wurde immer mehr eine geistig-mentale Aufgabe. Ich spürte Veränderungen im Dojo, wenn der Meister nicht so gut gelaunt war oder wenn sich der bekannte Sensei eingefunden hatte. Da war eine Energie, wie ich sie bis dahin nicht kannte und die mich immer mehr faszinierte. Als dann noch ein Großmeister zu uns kam, um einen internationalen Lehrgang zu leiten, war diese Energie extrem groß. Die Faszination und diese Energie zogen mich immer tiefer in diese wundervolle asiatische Kampfkunstform hinein. Ich spürte eine wachsende Kraft in mir, die mich veränderte.

Nein, ich halte mich, auch nach 16 Jahren, noch immer nicht für einen guten Schüler. Dafür fehlt mir einiges, was ich zumindest als Voraussetzung einräumen würde. Meine Trainingsfreunde und meine Meister sehen das immer wieder etwas positiver als ich selbst. Aber abgerechnet werden die bestandenen Prüfungen. Damit kann ich leider nicht wirklich dienen. Ich bin für solche Dinge nicht geschaffen oder muss meine Prüfungen auf andere Weise ablegen. Auch wenn ich meinen Meistern und Lehrern somit nicht viel Ehre erweisen kann, vor allem im internationalen Rahmen, versuche ich dennoch, mich zu entwickeln und meine Fähigkeiten zu verbessern.

Ein Weg dahin ist die eigene Tätigkeit als Lehrer. Hochgegriffen, aber auch die notwendige Herausforderung für mich und jeden, der sich dem Aikido widmet. Ich bin kein guter Lehrer, aber ich versuche mich auf meine Schüler einzustellen und ihnen das zu vermitteln, was für ihren Weg wichtig und notwendig ist, bzw. was ich dafür als notwendig erachte. So wie ich das sehe, verlange ich viel von anderen und noch mehr von mir selbst. Allerdings habe ich auch Grenzen, die ich nicht so einfach überschreiten kann. Die überaus positiven Rückmeldungen, die ich von allen Seiten immer wieder bekomme, sie zeigen mir, dass ich zumindest auf dem richtigen Weg bin, und das ist vielleicht das Wichtigste überhaupt.

Eine zweite Leidenschaft gilt dem Schwert, dem Katana.

Vor einigen Jahren hatte mein Meister ein Schwerttraining ins Leben gerufen. Mit vier, fünf Leuten begannen wir, uns intensiver mit dieser Waffe und der Kunst des Schwertziehens auseinanderzusetzen. Wenn es eine Richtung gibt, die maximale Konzentration erfordert, dann ist es diese. Da verfliegen die Fantasien und unwirklichen Träume von der Macht eines Samurai aus den Filmen. Die tödliche Gefahr, die dieser scharfgeschliffene gefaltete Stahl in sich trägt, wird mir sehr schnell bewusst. Das Wissen, dass diese handwerkliche Meisterleistung als Statussymbol und zum Töten gefertigt wurde, lässt eine unvorsichtige Leichtigkeit nicht zu.

So hatten wir uns mit drei Leuten einen Lehrgang angesehen, den geladene Schwertmeister aus Japan leiteten. Damals waren wir zu bescheiden und glaubten nicht, dass unsere Fähigkeiten ausreichen würden, um daran teilzunehmen. Dieser Besuch sprach eine ganz andere Sprache und zeigte uns, dass wir auf dem richtigen Weg gearbeitet hatten. Wir hatten die Möglichkeit, die geschichtsträchtigen Waffen in die Hand nehmen zu dürfen. Ich kniete mich vor einen dieser Schwerttransportkoffer. Drei Katana lagen darinnen und ich spürte eine Energie, die ich so noch nicht erfahren hatte. Nein, ich habe keine dieser drei Möglichkeiten genutzt und wagte es nicht, meine Hand auf eines der Kunstwerke zu legen. Der Schweiß stand mir auf der Stirn und ich spürte einen immensen Respekt und meine Unfähigkeit, ich war einfach noch nicht reif genug, als dass mir diese Ehre zuteilwerden konnte. Andere gingen da völlig frei mit um und schienen diese Energie nicht zu bemerken. So empfand ich allerdings auch den Umgang mit ihren eigenen Waffen während des Lehrganges. Leider mussten wir Anfänger in diesem speziellen Bereich der Kampfkünste an zu vielen Stellen die Respektlosigkeit der Teilnehmer registrieren. Die Ernsthaftigkeit und die Etikette, die eine respektvolle Handhabung erst ermöglichen, konnten wir nicht erkennen. Für uns eine gute Schule und der Hinweis darauf, dass wir noch ernsthafter unser Training bestreiten sollten. Danach glaubten wir auch, die Enttäuschung der Schwertmeister wahrgenommen zu haben.

Jeder Fehler wird real mit schweren Folgen bestraft. Die Handhabung dieser Waffe, sei es ein Original oder „nur" ein neu gefertigtes Produkt, erfordert den ganzen Menschen und duldet keine Nachlässigkeit. Die Arbeit mit diesem Objekt förderte meine Faszination und erforderte gleichzeitig von mir unglaublich viel Disziplin. Die Bereitschaft, die Dinge und mich in anderem Licht zu betrachten, ist dabei sehr hilfreich. Diese Erfahrungen, in Kombination mit dem Aikido, waren und sind meine ewige und dabei schöne Herausforderung und Aufgabe. Sie zwingt mich dazu, gegen mich und meine falschen Denk- und Handlungsweisen zu kämpfen. Natürlich bin ich mir darüber im Klaren, ich werde niemals ein Schwertmeister werden, aber ich werde auf diesem Weg wachsen. Das Besondere ist, dass ich allein gegen mich und unter meiner Verantwortung arbeite. Dabei hilft mir dieser Weg auch auf vielen anderen Gebieten meines Lebens. Das Katana und ich müssen eine Einheit werden, das verlangt unglaubliche Disziplin und gilt nicht nur für diesen Bereich, es ist eine Schule für das ganze Leben. Vielleicht auch die Erklärung für den Spruch, das Katana sei die Seele des Samurai.

Eines aber erscheint mir gerade heute von großer Bedeutung zu sein: die Ruhe, mit der ich mich diesem Schwert widme. Ich wage es sogar so zu beschreiben: Es ist eine meditative Konzentrationsübung. Respekt und Achtung vor der Waffe, gepaart mit meiner Bereitschaft, mehr über mich zu erfahren, lassen mich immer wieder an diese Aufgabe gehen. Es gilt, mehr Verständnis für mich und das Katana und die Menschen zu entwickeln, deren Geschichten wir oft und sicher auch gerne hören, den Samurai. Dabei sehe ich aber auch auf das gesellschaftliche Zusammenleben und die Tugenden dieser Krieger, welche uns sicher oft fragwürdig und unverständlich erscheinen mögen. Allein der Gedanke daran, dass ihre Arbeit auch der Tötung eines Menschen dienen soll, an Seppuku, bekannter unter dem Begriff Harakiri, ist eine Frage nach dem Verständnis für eine ganz besondere Lebensweise. Ich persönlich habe großen Respekt vor den Menschen, die diesen Weg als alleinigen für sich ansahen und betrachteten. Für mich selbst erscheint diese Variante nicht das Ziel, ich lebe in einer anderen Zeit. Mir fehlt die entsprechende Einstellung zu so vielen Dingen eines solchen Lebens. Wenn ich also nicht zum Krieger geboren wurde, dann sicher für eine andere Aufgabe, die in irgendeinem Zusammenhang mit dieser Waffe stehen muss.

Ich lerne noch, somit mag mir das Schicksal meine Aufgabe noch offenbaren. Solange ich bereit bin zu lernen, solange werde ich auch ein sinnvolles Leben haben. Die Bereitschaft zum Lernen ist auch die Offenheit für Veränderungen. Sie sind die Essenz des Lebens. Ich glaube, wir unterliegen im Leben stets Veränderungen, selbst wenn wir sie nicht mehr wahrnehmen. Sich solcher bewusster zu werden und sie gegebenenfalls auch für sich anzunehmen, das ist sicher etwas, das Mut und Courage braucht.

Was ist das, was ich im Dojo und im Umgang mit dem Katana spüre? Es ist schon erstaunlich, wie es sich anfühlt, wenn diese unbekannte Energie in mich eindringt und mich ganz ausfüllt. Sie relativiert den Moment und schafft eine Kraft in mir, die unglaublich groß ist. Man sagt, der Erfinder des Aikido hatte eine Ausstrahlung, die so viel Energie enthielt, dass jeder sie mit großem Respekt wahrnehmen konnte. Der Blick löste in seinen Gegnern bereits Angst aus. Was aber auch beschrieben wird, ist seine eiserne Disziplin. Er und auch seine Schüler, die das Aikido in die Welt getragen haben, fordern sehr viel, aber sie sind auch menschliche Wesen, die man erfahren kann. Die innere Einstellung sollte das Lernen und die gelebte Liebe beinhalten. Achtung, Mitgefühl, Liebe und Respekt vor anderen, das ist die Seele des Aikidoka. Kein Schüler sollte danach streben, seine Fähigkeiten jemals anwenden zu müssen oder zu wollen. Die Größe eines Menschen ist nicht abhängig vom Wert seines Schwertes, nicht von seiner Graduierung, sondern von seiner gelebten Menschlichkeit. Die Suche nach der Perfektion seines Handelns, sollte das seine und vielleicht auch meine Lebensaufgabe sein? Wir wissen, perfekt werden wir niemals sein, aber auf der Suche danach werden wir uns verbessern und verfeinern. Wir werden die Dinge mit neuem Verständnis betrachten, und solange wir uns auf diesem Weg befinden, werden wir ein gutes und sinnvolles Leben gestalten können. Die Kraft der universellen Lebensenergie weiterzugeben, ist eine Herausforderung für jeden Aikidoka. Ich bin Europäer und somit nicht gerade prädestiniert für diesen Weg. Die Zeit hat mir aber gezeigt, ich kann Dinge erfahren, die andere vielleicht niemals auch nur im Ansatz spüren können. Dazu braucht es eine gute innere Einstellung und die Offenheit und Bereitschaft für Veränderungen.

Aikido als Kampfkunstform bleibt vermutlich langfristig nur denen offen und erhalten, die bereit sind zu lernen und diese Kraft des Universums zu erspüren, sie in sich aufzunehmen und sehr sorgsam damit umzugehen. Die Kraft des Universums ist kein mystisches Wunder, sondern eine Energie, die ständig vorhanden ist, mit der umzugehen wir verlernt haben. Unsere Natürlichkeit ist weitestgehend verloren gegangen, aber wir können sie wieder reaktivieren, wenn wir es wollen, und uns auf die Realität besinnen.

Die Frage, die ich mir und die jeder sich selbst beantworten muss, lautet: Wozu brauche ich das Aikido, das Schwert, warum faszinieren mich diese Geschichten über große Kämpfer und Schwertmeister immer wieder? Es könnte diese universelle Energie des Universums sein, die in solchen Momenten in uns eindringt und uns verzaubert.

Unfassbar und doch Realität?

Etwas leichtgläubig und unwissend, dennoch aus meiner positiven Einstellung heraus, ging ich mit meinem Hund dorthin, wo sich ältere oder behinderte Menschen aufhielten. Bei Veranstaltungen und täglichen Gelegenheiten machte ich Erfahrungen, die mich dazu trieben, dass ich bewusster mit solchen Menschen in Kontakt treten wollte.

Da ich weniger gefragt war als mein Hund, ein großer, kräftiger Schäferhund-Hovawart-Rüde, übernahm er auch die Vermittlerrolle. Ohne mein Zutun war allein er der Grund, weshalb sich viele Leute mit mir unterhalten wollten. Mein großer, wuscheliger Freund lud beinahe jeden zum Streicheln ein. Kinder in jedem Alter und besonders auch ältere Menschen suchten den Kontakt zu uns, insbesondere zu „Bello".

So bewarb ich mich in entsprechenden Heimen, wo ich etwas für die Menschen tun wollte. Nachdem ich mich in einer Einrichtung dreimal vorgestellt und angepriesen hatte und dennoch keine Antwort erhielt, wollte ich schon aufgeben. Bis ich auf einer Messe von einer Dame angesprochen wurde, die genau uns suchte. Ich fand es toll, und so ließ ich mich darauf ein.

Ich stand zum ersten Mal in der Einrichtung und wurde sehr freundlich in Empfang genommen. Auf dem Rundgang, der dazu diente, mich vorzustellen, bemerkte ich sofort freudige Gesichter.

Leider spürte ich auch, nein, es war ganz eindeutig, nicht ich war so interessant, es war mein Hund.

Dies sollte sich einige Zeit später auch auf eine fast traurige Weise beweisen. Mein Hund war erkrankt und konnte mich nicht dorthin begleiten. Ich trat in die Räume und niemand schien mich wahrzunehmen.

Die ersten Worte bestanden fast immer in der Frage: Wo ist der Hund? Ich hatte es zwar weit geschafft, dass ich von einigen Bewohnern bemerkt und akzeptiert wurde, aber ohne meinen Hund machte ich nicht viel her.

Nun ja, der Anfang verlief eigentlich richtig gut und überraschend erfolgreich. Damals freuten sich nicht nur die Bewohner, sondern auch die Mitarbeiter und Mitarbeiterinnen. Was mich besonders freute, die Damenrunde auf einer Etage wollte immer wieder dem Hund ein Stück Kuchen zukommen lassen. Jedoch musste ich dies verbieten, es sei ungesund für das Tier und somit bitte zu unterlassen. Natürlich war das nicht so ganz ernst gemeint und mein Gedanke wurde supertoll bestätigt. Die Damen im Raum versuchten alles, um ihren Wunsch umsetzen zu können. Und weil ich das fördern wollte, habe ich Spielräume eingebaut, die es ihnen ermöglichten, in einem unbeobachteten Moment doch noch den Kuchen zu verfüttern. Etwas später bemerkte ich sogar, dass die Damen zusammenarbeiteten. Gemeinsam unternahmen sie immer wieder Versuche, die ich schließlich auch schweigend und natürlich unbemerkt zuließ.

Diese steigende Aktivität versuchte ich auch dazu zu nutzen, ihnen altbekannte Varianten von Spielen anzutragen. Ein Luftballon erreichte, dass sich plötzlich Damen bewegten, die bislang nur auf ihre Gesundheit verwiesen hatten. Vom Stuhl aufstehen und sich bücken, um den Ballon wieder ins Spiel zurückzubringen, wurde immer öfter und scheinbar leichter absolviert. Eine Dame berichtete mir immer wieder einmal, wie sehr sie doch Probleme hatte, ihre Arme anzuheben. Fast verzweifelt klang sie, wenn sie es mir immer wieder erzählte. Da fiel mir ein altes Spiel mit einem Faden und einem großen Knopf ein. Ich wollte das unbedingt versuchen und musste mir deshalb noch Knöpfe kaufen. Drei Knöpfe, gut es waren große Knöpfe, für etwa neun Euro, das haute mich fast um. Dennoch erschien mir der Aufwand völlig gerechtfertigt.

Ich bereitete verschiedene Modelle dieses Spiels vor. So gab es außer den Knöpfen auch eine CD, die ich entsprechend präparierte. Verschiedene Varianten sollten für den Fall der Fälle für Abwechslung sorgen. Als ich mich an den Tisch setzte, legte ich diese Spielvarianten auf den Tisch. Ein Herr neben mir erfasste sogleich, was es mit diesen Dingen auf sich hatte. Schon hielt er eine Variante in den Händen und versuchte diese auszuprobieren. Nach leichten Hilfen durch mich erreichte er eine tolle Beweglichkeit und Koordination. Die Dame, welche ihre Arme nicht anheben konnte, schaute mit großem Interesse zu und schien sich zu erinnern. Ich gab ihr eine Knopfvariante in die Hände und sie begann zu üben. Nach anfänglichen Schwierigkeiten gelang es ihr so gut, dass sie beinahe 20 Minuten lang die Arme in die Höhe hielt und sich bei steigendem Spaß diesem alten Spiel widmete. Ein tolles Gefühl für mich, wenn ich diese Aktionen auslösen konnte.

Mal abgesehen davon, dass ich die eine oder andere Geschichte immer wieder hörte, mich aber immer wieder so verhielt, als hörte ich sie zum ersten Mal, es gab auch hin und wieder Dinge, die ich bemerkte, die mich stutzig machten. So hörte ich eines Tages eine alte Dame im Rollstuhl sitzend nach dem Personal rufen. Da ich zunächst davon ausging, das wäre in Ordnung, kümmerte ich mich nicht weiter darum. Als ich jedoch eine Stunde später an dem Raum vorbeikam, saß diese Frau immer noch in ihrem Rollstuhl und hatte, den Kopf auf dem Tisch liegend, aufgegeben. Na gut, kann mal passieren. Dann fragte mich das Personal immer öfter, ob ich mich nicht um die Menschen kümmern könne, die neu in das Haus gekommen waren. Das machte ich gern und es fiel mir auch nicht schwer.

Eine relativ junge Frau mit MS kam in die Einrichtung, um zu schauen, ob sie dort einen Platz finden könnte, für den Fall, dass sie in die Pflege abrutschen würde. Ich betrat das Zimmer und fragte höflich, ob ich ihr mit unserem Besuch eine kleine Freude machen könnte. Sie freute sich wirklich und wir kamen ins Gespräch. Als ich sie so reden hörte und beobachtete, spürte ich eine Traurigkeit, die mir grausam erschien. Diese Frau saß in ihrem Rollstuhl und strahlte etwas aus, das mich erfrieren ließ. Nein, sie war nicht kalt, aber es war eine unbeschreibliche Hilflosigkeit, die ich tief in mir spürte. Als ich sie verließ, war nur eines klar, ich würde wiederkommen. Normalerweise ging ich nur am Mittwoch dorthin, jetzt aber hatte es mich so tief getroffen, dass ich schon am nächsten Tag erneut bei ihr im Zimmer stand. Sie war total überrascht und fragte, wie es denn kommen würde, dass ich schon wieder bei ihr zu Besuch wäre. Ich sagte ihr, dass ich etwas gespürt hatte, das mich nicht wieder losgelassen hatte und das mich einfach so schnell wiederkommen ließ.

Sie ist, aus welchen Gründen auch immer, nicht eingezogen und wir haben nur noch ein oder zweimal telefoniert. Damals bot ich ihr an, ich könnte sie auch in ihrem Zuhause besuchen, aber dazu ist es nicht gekommen. Leider weiß ich nicht, was aus ihr geworden ist, aber ich vermute, es wird eine traurige Geschichte sein.

Eines Tages zog ein Ehepaar ein. Der Mann kam gerade aus der Klinik und saß ebenfalls im Rollstuhl. Sie machte einen aktiven und starken Eindruck. Beide freuten sich über den Besuch von meinem Hund und mir. Gern hatte ich ein offenes Ohr für diese beiden Menschen, die sich ihrem Schicksal fügen mussten. Sie berichteten mir auch, mit welchen Versprechungen sie gelockt worden waren. Immer wenn ich im Haus war, ging ich zu ihnen und wollte sie aufmuntern und ein wenig Freude verbreiten.

Es vergingen vielleicht zwei Wochen, da kam ich in das Zimmer und sah zwei tieftraurige Leute. Aus den vielen Versprechungen war nichts geworden und sie fühlten sich auf dem Abstellgleis.

Schon nach drei oder vier Wochen verstarb der Ehemann. Als ich zu Besuch kam, sagte mir die Dame, sie könne gerade keinen Besuch ertragen und ob ich nicht ein anderes Mal wiederkommen könnte. Dem war nichts entgegenzusetzen, und so verschwand ich leise, wie ich gekommen war.

Etwas später durfte ich sie dann doch besuchen und sie berichtete mir davon, dass sie nun in ein Zimmer gesteckt wurde, in dem sie mit einer anderen Frau leben sollte. Nein, sie wurde nicht gefragt, sie wurde verwiesen.

In mir tauchte der Gedanke auf, diese Menschen in der Einrichtung würden ihrer Würde beraubt und dienten nur noch dem Zweck, dass der Gewinn stimmte. Der Ort, auf den viele Menschen hofften und auf den sie angewiesen waren, er entpuppte sich ganz langsam als ein grausiges Gefängnis.

Eine Dame, die uns schon von Anfang an kannte und sich jedes Mal sehr freute, wenn wir endlich kamen, lief mit mir durch das Haus. Ich versuchte immer, die drei Etagen miteinzubeziehen, die unterschiedliche Problemzonen darstellten. Plötzlich kam eine Pflegerin vorbei und machte diese Dame nieder, sie solle gefälligst auf ihre Etage gehen, denn sie habe hier nichts zu suchen. Noch immer redete ich mich damit heraus, dass ich ja keinen richtigen Einblick hätte und mir so auch kein entscheidendes Bild machen könnte. Was ich aber mitnahm, waren Gefühle.

Dann wurde ich zu einer Dame geschickt, die noch recht aktiv war und sich als Vertreterin der Bewohner einzumischen versuchte. Mit ihr sprach ich sehr viel und sie berichtete mir von unglaublichen Verhältnissen. Sie stützte so aber auch all die Informationen, die ich durch Bewohner oder durch eigene Beobachtungen erhalten hatte. Es war für mich bereits ein Punkt erreicht, an dem ich einen Widerwillen spürte, mich in diese Einrichtung zu begeben. Als ich dann auch noch feststellen musste, dass die tollen Damen nicht mehr an einem Tisch sitzen durften und in einen anderen großen Raum verdonnert wurden, gab es mir einen heftigen Schlag. Diese Damen, die nun mit großem Abstand einzeln platziert wurden, die sich nicht einfach gemeinsam hinsetzen duften, berichteten mir ihre Sorgen und Nöte. Sie erzählten von einer Einsamkeit, die ich nachfühlen, aber die ich nicht verändern konnte. Ich wusste nicht, was genau ich tun sollte, und litt immer heftiger unter diesen Bedingungen, aus denen ich ja selbst immer wieder entkommen konnte.

Dazu die häufigen Gespräche mit der Frau, die sich ja um diese Belange zu kümmern versuchte, und so selbst immer mehr in Mitleidenschaft gezogen wurde.

Die Menschen starben ganz plötzlich und ich hatte nicht das Gefühl von Traurigkeit, eher war mir, als hätten sie so diesem Albtraum entkommen dürfen. Die mangelhafte Pflege, die menschenverachtende Art und Weise, wie man dort mit den bedürftigen Bewohnern umgegangen war, hinterließ in mir Folgen. Immer wenn ich mir bewusst wurde, ich müsste erneut in das Haus gehen, um den Bewohnern wenigstens ein ganz klein wenig Freude zu bringen, meldete sich mein Körper. Für meinen Hund war es immer ein Spaß, denn er erhoffte sich ja Leckerlies. Ich aber kam so unter Druck, dass ich schließlich aufgeben musste. Ich war nicht in der Lage, diesen Menschen wirklich zu helfen. All die Sprüche, die ich in den Werbungen hörte und höre, erscheinen mir wie eine einzige große Lüge, die für mich die Hilflosigkeit und das Ausgeliefertsein dieser bedürftigen Menschen bezeichnet. Kann sein, ich habe nicht das getan, was notwendig gewesen wäre, aber ich konnte mich nicht anders entscheiden. Hätte ich die große Glocke läuten müssen?

Ich habe etwas erlebt und erfahren, das mich dazu motiviert hat zu sagen, lieber will ich tot sein, als in eine solche Einrichtung zu gehen. Zum Positiven möchte ich aber bemerken, ich hörte in der Zwischenzeit von anderen solchen Institutionen, in denen es völlig anders zugeht und die Menschen als menschliche Wesen akzeptiert werden. Ich hörte von Leuten, dass selbst die Schwerstpflegebedürftigen auch dort noch eine glückliche Zeit hatten und haben. Ja, ich war nicht gut genug, um diesen Menschen hier in meinem Umfeld helfen zu können. Doch vielleicht ist es eine Hilfe, weil ich es nicht vergessen habe und wohl niemals vergessen werde. Wie kann es jemand wagen, Menschen, die ohnehin schon leiden, ihrer menschlichen Rechte zu berauben. Und was ich mir wünsche, ist, jeder, der dafür die Verantwortung trägt, sollte zumindest vorübergehend in eine solche Einrichtung, ein solches Gefängnis einziehen müssen. Nein, ich wünsche nicht, dass sie so ihr Lebensende erdulden sollen, aber zumindest einen deutlichen und nachhaltigen Eindruck ihrer Schande erfahren. Es erscheint unfassbar, aber es ist leider auch die grausame Realität.

Das gibt es nicht?

Als das Wort Transsexualität in meinem Leben auftauchte, versuchte ich mir ein besseres Bild über dieses Thema zu machen. Wo sucht man nach Informationen? Im Internet. Was ich dort fand, war aber alles andere als das, was ich erwartete. Zunächst meinte ich etwas zu finden, was hilfreich sein könnte. Doch dann spürte ich einen Druck, einen ungeheuren Druck, der von einigen Leuten dort ausgeübt wurde und der mich zum Rückzug drängte. Deshalb habe ich mir meine ganz eigenen Gedanken gemacht.

Dieses Thema ist in mir, seit ich mich erinnere, und deshalb konnte ich mich auch nicht einfach geschlagen geben und suchte weiter. Dabei kam ich auch auf Seiten, auf denen sich Menschen trafen, die irgendwie nicht in mein Denkschema passten. Ich musste meine Sichtweise erweitern und auch mich selbst immer wieder neu entdecken und hinterfragen.

Kurz gesagt, ich habe, seit ich ein Kind war, davon geträumt, ein Mädchen zu sein. Damals hatte ich keine Ahnung von solchen Begriffen und was das alles zu bedeuten hat. Nur Gefühle bestimmten meinen Tag, und so auch diese zauberhaften Empfindungen, wenn ich mich als eine Frau verkleidete. Ja, als eine Frau, was mir erst seit relativ kurzer Zeit bewusst geworden ist. Schon damals habe ich den „Kleinen" versteckt und den Busen ausgestopft. Das Erscheinungsbild sollte kein Mädchen, sondern eine Frau sein. Durch Umstände, die ich hier nicht weiter erklären möchte, unterdrückte ich diese Gefühle für sehr, sehr lange Zeit. Mein Leben war und ist immer noch ein Chaos und nicht wirklich leicht zu ertragen.

Da traf ich einen Mann, der mir von sich und seiner Kindheitsgeschichte berichtete. Mein offenes Ohr hörte sich an, was er mir anvertraute, und eines Tages bemerkte ich, dass sich auch in meinem Innern etwas anders anfühlte. Es wurde immer dann warm, wenn das Thema, seine Vergangenheit, die Geschichte eines in Mädchenkleidung missbrauchten Jungen, mich erreichte. Eines Tages, wir saßen bei einer Tasse Kaffee, da tauchte die Frau aus meinem „Keller" wieder auf. Anfangs wollte ich mich dem nicht stellen und meinte, das gibt es doch gar nicht. Allerdings konnte ich mich dem wohltuenden Aspekt nicht entziehen. Langsam musste ich mir eingestehen, dass ich ein anderer war und bin und dass ich mich nicht mehr verleugnen kann und darf.

Die äußeren Umstände vernachlässige ich jetzt einmal und komme zu den Gedanken, die für mich von immenser Bedeutung sind.

So traute auch ich mich, über mich und meine Vergangenheit zu reden. Wir tauschten uns aus und sprachen oft sehr lange über das, was in uns war und ist. Eines Tages wollten wir dem noch einen draufsetzen und verabredeten uns zu einem Damenkränzchen. Für beide war es eine Tortur und extrem anstrengend. Die emotionale Seite erdrückte uns beinahe. Doch bald fühlte sich das irgendwie toll an und wir nutzten diese Möglichkeit immer öfter. Obwohl wir uns unserer Mängel in Bezug auf das Frauenbild im Klaren waren, war es immer wieder ein guter und zufriedener Tag.

So kam es, dass wir immer entspannter wurden. Auf der Suche nach Menschen, denen es ähnlich ergehen würde, zeigte sich das Internet sehr hilfreich. Überraschenderweise fanden sich viele Seiten und Tausende Menschen, die sich scheinbar mit diesen Gefühlen auseinandersetzten. Unser Interesse ließ uns immer tiefer in diesen Bereich eindringen und brachte für uns ganz neue Tatsachen ans Licht. „Das gibt es doch nicht!" So haben wir es immer wieder beschrieben, was wir dort zu sehen und zu lesen bekamen. Es waren zwei Dinge, die uns erstaunten und mit denen wir nicht gerechnet hatten. Zum einen waren es die Männer in Damenwäsche, die so zahlreich sich dort präsentierten, und zum anderen waren es auch viele Frauen und Pärchen, die ihr Interesse in dieser Richtung bekundeten. „Das gibt es nicht, das kann doch nicht sein", ging es mir immer wieder durch den Kopf.

Was aber auch auffällig war, auf diesen Seiten wurde ganz offen der Wunsch geäußert, sich mit Gleichgesinnten auszutauschen und zu treffen. Sehr viele Angemeldete suchten eine Bekanntschaft, um ihre sexuellen Bedürfnisse auszuleben. Viele Männer in Damenwäsche suchten ebensolche Männer? Die sehen doch nicht aus, als wären sie schwul. Und dann viele Frauen, die anscheinend diese Neigung sehr mögen und lieben. Wir konnten einen gewissen Reiz nicht leugnen. Je länger wir uns mit diesen Seiten auseinandersetzten und darüber redeten, umso stärker verspürten wir diesen

Reiz selber. Ich wollte das nicht und zog mich lieber zurück. Nein, ich flüchtete vor meinen eigenen Gefühlen und wollte und konnte mich ihnen nicht einfach hingeben. Das kann doch nicht sein, nicht für mich! Und wie schon früher wurde ich erfüllt von Todesangst und Schuldgefühlen. Was, wenn das mein Umfeld erfahren würde? Nein, das gibt es nicht und nichts kann daran etwas ändern.

Eines Tages saßen wir wieder zum Damenkränzchen beim Kaffee, als mein Gegenüber erwähnte, dass es auch eine Bedürftigkeit in sich spüren würde, die sexuelle Wünsche offenbare. Nein, ich nicht! Ich versuchte mich mit allen Mitteln davon fernzuhalten. Doch innerlich spürte ich ebensolche Sehnsüchte. Weil ich mich nicht für schwul hielt, versuchte ich eine Erklärung für meine Gefühle zu finden. Dann schien es plötzlich fast klar zu sein. Ich, ein Mann, der innerlich eine Frau ist, der wird auch eine Bedürftigkeit in sich tragen, mit Männern in Kontakt zu treten. Dabei werden immer beide Seiten vertreten und somit der Wunsch nach Frau wie nach Mann verständlich sein.

Meine Unsicherheit ließ mich erneut im Internet nach einer Lösung suchen. Dabei stellte ich fest, ich beneidete die Männer, deren Frauen genau das zu lieben schienen. Tausende von Menschen, die sich in diesen Seiten angemeldet hatten, suchten etwas, was sie im täglichen Leben nicht leben konnten und oft gar nicht publik werden durfte. Auf einigen Profilen konnte man lesen, dass Bekannte, die dort suchten, sich darüber klar sein sollten, weshalb sie sich auf diesen Seiten befänden und man gerne darüber reden könne. Doch bei meinen Besuchen im Internet bemerkte ich auch, dass es für mich klare Grenzen gab. Nicht jedes Profil gefiel mir und nur wenige Bilder lösten tatsächlich einen Reiz aus. Immer differenzierter betrachtete ich die Bilder und Profile und dann kam ich zu dem Schluss, dass sich viele dieser Menschen einsam fühlen mussten und auf diese Weise Kontakte knüpfen wollten.

Ich musste mir selbst gegenüber zugeben, ich liebte die Frauen und wollte auch nur mit einer Frau eine Beziehung eingehen, aber es war keine da. Seit vielen Jahren wurde ich von keiner Frau gefunden und somit blieb ich mit meiner Einsamkeit und meinen Bedürfnissen allein. Eine vorübergehende Lösungsmöglichkeit wäre der Kontakt zu solchen Männern in Damenwäsche. Gesagt, getan!

Doch das Ergebnis fiel anders aus, als ich es mir gewünscht hatte. Jeder Versuch endete mit Selbstvorwürfen und dem Gefühl, etwas Unrechtes zu tun. Aber nach jedem Versuch kam auch der Tag, an dem ich mich erneut darauf einlassen wollte und es dann auch tat.

Mich selbst so zu akzeptieren, das ist schon fast unmöglich, selbst wenn ich es nicht verleugnen kann. Das gibt es nicht, das scheint nur eine Notlösung zu sein. Die Realität und die Wahrheit sehen völlig anders aus. Das, was auf diesen Seiten und in mir und uns geschieht, das ist real und es zeigt doch nur, wie verbreitet solche Bedürfnisse und Wünsche sein können. Die Dunkelziffer muss extrem hoch ausfallen. Ich bin nicht allein und es ist nichts Schlimmes und Unrechtes in dem, was ich fühle und wonach ich mich sehne. „Das gibt es nicht" ist eine Lüge und aus den Ängsten der Menschen geboren, die sich nicht trauen, sich und ihre Empfindungen offen anzusprechen. Möglicherweise gibt es deshalb auch immer wieder so viele Missbrauchsfälle, so viel Gewalt und Vergewaltigungen. Nein, ich kann es nicht beschwören, aber ich glaube, die unterschwellig sichtbare Realität kann nicht geleugnet werden. Dies wird auch deutlich, wenn ich mal schaue, wie viele „normale" Leute sich auf diesen Seiten nach entsprechenden Personen umsehen, um ihre Bedürfnisse zu befriedigen. Das „große Schweigen" ist nicht umsonst eines der schlimmsten Dinge, die Menschen tun. Sie verweigern sich der Familie, der Umwelt und werden so zu Menschen mit einem dunklen Geheimnis. Dabei sind sie nur Menschen, einfache, sensible Wesen wie du und ich. Das gibt es nicht, ist doch nur die veränderte Aussage, das darf es nicht geben.

Ich bin überzeugt, dass diese Fantasiegeschichte, die ich aus Gesprächen mit Betroffenen und Kontakten im Internet schuf, nicht jeden ansprechen wird, aber für Betroffene kann sie vielleicht eine Hilfe sein.

„Das gibt es nicht." Wie oft benutzen wir diese Worte, nur um uns vor irgendetwas zu drücken, zu schützen? Wie sieht es tief in unserem Innern aus? Das gilt übrigens nicht nur für dieses Thema. Haben wir so viel Mut und schauen wirklich in die dunkelsten Ecken unserer Seele?

Fliehen wir oft nicht zu schnell vor uns selbst, mit den Worten: Das gibt es nicht!?

Ein Besuch im Schlossparkcenter

Carlo lief gerade durch das Schlossparkcenter, er wollte das Geld unter die Leute bringen, welches er gestern zu seinem 20. Geburtstag bekommen hatte. Da sah er eine Frau aus dem Parfümerieladen kommen. Diese Frau hatte wundervolle, lange, kastanienbraune Haare, die ihn sogleich in ihren Bann zogen. Carlo bemerkte, wie sich Fantasien in seinem Kopf entwickelten. Er war schon ganz weit weg in seinem Tagtraum und vertiefte sich in eine erotische Geschichte mit der attraktiven Frau, die sicher schon das vierte Jahrzehnt ihres Lebens erreicht hatte. Ihm wurde ganz warm und er spürte eine heftige Regung in sich wachsen, als er bemerkte, dass ihr die große Handtasche entglitt. Carlo machte einen Satz und ergriff die Tasche, die Frau aber beugte sich im gleichen Moment herunter. Beide hielten die Tasche in ihren Händen, als sich ein roter Farbton auf den hellen Fliesen ausbreitete. Die beiden schauten sich an und Carlo spürte den Ruck, als dieses zauberhafte Wesen ihm die Tasche aus der Hand riss. Sein Blick klebte an ihr wie ein Magnet. Jetzt erst bemerkte er ihren finsteren Blick und dass sie die Tasche umkrallte, als würde sie ihm ein verbrecherisches Tun zumuten.

„Verzeihung, ich …", die Worte blieben einfach in ihm stecken. Sie fasste sich an ihren Kopf, der mit seinem zusammengestoßen war, als sie sich nach der Tasche beugten. „Haben Sie sich etwas getan? Ist alles in Ordnung? Es tut mir leid, aber ich wollte doch nur Ihre Tasche aufheben."

Sie schauten sich in die Augen, dann schauten sie auf den Boden. Dort breitete sich noch immer das Rot aus, welches aus dem kleinen Fläschchen Nagellack herauslief, das herausgefallen und auf den Fliesen zerborsten war. Als er seinen Blick wieder auf die Augen der attraktiven Dame richtete, bemerkte Carlo, dass die Frau plötzlich sehr blass wurde. Er musste etwas tun, er wollte in ihrer Nähe bleiben, denn sie strahlte für ihn eine wunderschöne Faszination aus.

„Sie sehen blass aus, setzen Sie sich hier auf die Bank. Sie brauchen Ihre Tasche nicht so festzukrallen, ich wollte sie Ihnen nicht stehlen, nur aufheben. Oder glauben Sie wirklich, dass ich Ihnen Ihren Nagellack klauen würde?" Die Frau sah ihn etwas verwundert an, so als würde sie sich bei ihm entschuldigen wollen, weil sie ihm Böses unterstellt hatte.

„Vielen Dank, aber ich konnte doch nicht wissen, was Sie wollen. Heute muss man als Frau mächtig auf der Hut sein. Das mit dem Nagellack ist nicht schlimm, ich kaufe mir einen neuen." Dann stellte sie die Tasche neben sich, öffnete diese ein wenig und zog ein Tempotaschentuch heraus. Carlo verwunderte die Tatsache, dass die Tasche verschlossen gewesen war.

„Ist Ihre Tasche defekt? Wie konnte sonst das Fläschchen mit dem Nagellack herausfallen, wenn die Tasche doch verschlossen gewesen war?" Dabei schaute er sie an und bewunderte ihre Haare und dieses zauberhafte Gesicht.

„Ich habe sie wohl nicht ganz ordentlich zugemacht, sodass das Fläschchen herausfallen konnte."

„Sie sollten unbedingt besser aufpassen. Was macht Ihr Kopf?"

„Danke, es geht, ist nicht so schlimm."

„Darf ich Sie jetzt allein lassen, ich habe noch einiges zu erledigen?"

„Ja sicher, vielen Dank."

Carlo drehte sich um und ging zur Rolltreppe, er wollte ins Erdgeschoss. Er betrat die Treppe und schaute noch einmal zu der reizenden Frau. Gerade als er sie aus den Augen verlor, zerrte ihn jemand am Kragen. Ein junger Mann, der etwas überhastet auf die Rolltreppe gesprungen war, geriet ins Stolpern und drohte hinunterzustürzen. Noch im Fallen versuchte er Halt zu finden, und so zerrte er nun an Carlos Kragen. Carlo aber war noch etwas von der Frau beeindruckt und konnte sich seinerseits nicht aufrecht halten. Jetzt stürzten beide vornüber. Da erreichte die Stufe, auf der sie sich befanden, die unterste Ebene. Beide stolperten nach vorn und hielten sich an einem groß gewachsenen Mann, der durchaus Türsteher gewesen sein konnte, fest. Dieser verhinderte Schlimmeres und schaute die beiden vorwurfsvoll an.

Carlo und der junge Mann entschuldigten sich und bedankten sich für die unfreiwillige Hilfe.

„So", dachte Carlo, „jetzt erst einmal Dartpfeile kaufen."

Sich noch einmal bei der jungen, netten und sehr sexy aussehenden Verkäuferin bedankend, verließ er das Geschäft. Dort begegnete ihm ein alter Schulfreund. Dieser war allerdings nicht mehr sehr gut auf den Beinen, denn der übermäßige Alkoholgenuss machte ihm sichtlich zu schaffen. „Hallo Carlo, was machst du hier? Ich habe dich ja ewig nicht gesehen, wo bist du abgeblieben?"

„Grüß dich, Gunter, ich will nur schnell einige Besorgungen machen, habe viel zu tun."

„Eh Alter, wir könnten doch schnell noch ein Bier trinken gehen. Schließlich ist es schon ein halbes Leben her, dass wir uns über den Weg gelaufen sind, stell dich nicht so an."

„Nein, Gunter, ich kann nicht. Wir sehen uns sicher wieder und dann habe ich vielleicht mehr Zeit. Du solltest besser nach Hause gehen und dich ein wenig hinlegen. Mach es gut."

„Carlo, du bist ein Arsch, ein richtig alter Mistkerl, hast dich nicht verändert. Hau bloß ab, eh."

Carlo machte, dass er schnell wegkam. Die Sache war ihm sehr unangenehm. Schon bemerkte er zwei Sicherheitsbeauftragte, die sich seinem ehemaligen Schulfreund näherten.

„Gott sei Dank, ich bin schon weg und habe nichts damit zu tun", dachte er noch.

Als Carlo all die Dinge erledigt hatte, die notwendig gewesen waren, wollte er sich noch einen Kaffee gönnen. Im „Café Honig" würde er sicher Platz finden, und so ging Carlo in Richtung Ausgang Marienplatz. Ein quengelndes Kind zog die Aufmerksamkeit auf sich. Ein Mädchen von etwa vier bis fünf Jahren hatte anscheinend etwas dagegen, an der Hand ihrer Mutter zu laufen. Diese schob mit der anderen Hand einen Kinderwagen vor sich her. Carlo mochte Kinder, er war der große Bruder von drei kleineren Schwestern. So schaute er neugierig in den Kinderwagen.

Da bemerkte er einen Schatten. Etwas schien von oben herunterzufallen und drohte, in den Kinderwagen zu stürzen. Ohne nachzudenken, aus einem Reflex heraus, griff Carlo nach dem Gegenstand. Eine große Handtasche, prall gefüllt, hätte dem kleinen Wesen sicher großen Schaden zugefügt.

Jetzt erst bemerkte Carlo ein Geschrei, welches von ganz oben kam. Er konnte aber nichts verstehen und musste sich selbst erst einmal sortieren. Die Mutter mit dem Kinderwagen schaute Carlo erschrocken an. Die Kleine an ihrer Hand sagte kein Wort.

„Vielen Dank, ich weiß gar nicht, wie das geschehen konnte. Vielen, vielen Dank und einen schönen Tag." Dann setzte sie forschen Schrittes ihren Weg fort.

Da stand er nun und hielt eine große, schwere Tasche in seinen Händen. Als er diese genauer betrachtete, glaubte er sie zu erkennen.

„Habe ich diese Tasche nicht vorhin schon bei dieser wundervollen Frau gesehen?", dachte Carlo etwas irritiert. Erneut schaute er nach oben und wahrlich erblickte er dort eben diese Frau, die suchend über das Geländer schaute. Er winkte ihr zu und machte ihr klar, dass er sie erwarten würde.

In der Zwischenzeit schaute er in die Tasche, die ihm erstaunlich schwer vorkam. Darin fand er auf den ersten Blick eine überraschend große Menge an Nagellack und anderen Schminkartikeln. Gerade hatte er die Tasche wieder verschlossen, da tauchte die schöne Dame auf. Etwas hektisch griff sie ihre Tasche und bedankte sich. Carlo aber fragte einfach drauf los: „Was wollen Sie mit diesen Mengen an Schminkartikeln?"

„Sie haben reingeschaut? Das dürfen Sie nicht, das ist meine Sache."

„Es war ja nur, weil sie so schwer war und beinahe einen Kinderwagen getroffen hätte. Haben Sie etwa was zu verbergen?" Er fragte in einem Ton, der die Frau beunruhigte.

„Ich, ich wollte ..."

„Ist schon gut, ich habe auch schon mal was mitgehen lassen. Keine Panik, ich sage nichts." Sie sah ihn an und er war ganz hin und weg.

„Darf ich Sie zum Kaffee einladen? Nur so als ein kleines Dankeschön für Ihre Hilfe und Ihr Schweigen."

„Sicher, ist kein Problem." Sie gingen los, machten sich auf den Weg in ein Café.

„Ach, eigentlich könnten Sie auch mit zu mir kommen, ich wohne gleich um die Ecke." Carlo war überrascht, aber auch extrem neugierig.

„Ja, klar, wir können auch zu Ihnen gehen."

Sie traten in die kleine aber feine Wohnung ein. Wie angeboten, nahm Carlo auf dem Sofa Platz. Schnell war alles angerichtet und sie setzte sich direkt neben ihn.

„Ich habe Ihren Blick bemerkt, Sie sind ja ganz nervös."

„Was, ich nervös, das kann nicht sein", versuchte er sich irgendwie zu retten.

„Das ist doch nicht schlimm, eine Frau spürt das doch. Und ich mag es, wenn mich junge Männer so begehren."

„Na ja, es ist nur weil ..." Die Stimme versagte ihm.

„Ich bin Ihnen etwas schuldig und so möchte ich mich bei Ihnen bedanken. Wäre es Ihnen recht, wenn ich mich etwas lockerer anziehe?" Der junge Mann wurde ganz rot und nickte nur.

Als sie wiederkam, trug sie ein transparentes Negligé und Strümpfe mit einem Strapsgürtel. Für den unerfahrenen jungen Mann eine unglaubliche Herausforderung. Sie duftete verführerisch und kam ihm immer näher. Nach anfänglichem Rückzugsversuch schob er sich ihrem Mund entgegen. Die Lippen pressten sich aufeinander und schon fingen die Zungen an, einen leidenschaftlichen Tanz zu tanzen. Es wurde warm und Carlo war schon ungeheuer heiß. Er wollte sich seiner Kleidung entledigen, sie half ihm. Dann berührte er diese zauberhaft schöne Frau. Er massierte ihre Brüste und küsste sie auf jeden Flecken ihrer Haut. Er sog den Duft ihres Haares ein, und als sie ihn in ihr Schlafzimmer zog, glaubte er, am Ziel seiner Träume zu sein. Diese reife und erfahrene Frau zeigte ihm alles, was sie wusste und konnte, und er genoss es bis spät in die Nacht hinein. Den Kaffee hatten sie längst vergessen.

Das Auto hielt im dichten Wald. Aus dem Kofferraum fiel ein schwarzer Sack in eine tiefe Grube. Geäst wurde darüber geworfen und Carlo war für immer verschwunden. Weder die Diebstähle noch das Verschwinden des jungen Mannes wurden aufgeklärt.

Die hinreißend schöne und unglaublich attraktive Frau betrat wie gewohnt ein Juweliergeschäft ...

Der Clown

bringt dir das Lachen, macht komische Sachen,
ob er krank, ärger mit der Bank, alle lachen sich tot,
keine Not, er wird ja bezahlt, manch einer noch prahlt.

Sollte etwas passieren, gibt es das Beruhigungsmittel,
Clown, hilft immer in der Not und wäre es der Tod.

Der Clown ist die perfekte Täuschung,
du ihn siehst, musst du lachen,
brauchst keine Gedanken dir machen
er ist da, um dich aufzubau`n,
der Clown.

Ein Wunder?

Was ich heute aufschreibe, das mag wie ein Märchen klingen, aber vielleicht ist es ja doch die reine Wahrheit.

Der Beginn liegt schon viele Jahre zurück. Ich glaube, es war das Jahr 2007, in welchem einige Entscheidungen der Politiker für viele Menschen fatale Folgen hatten. So musste auch ich mich mit weiteren, stark erschwerten Bedingungen des täglichen Lebens herumschlagen. Mit dem Jahreswechsel 2006-2007 wurde auch eine höhere Mehrwertsteuer eingeführt. Die Auswirkungen konnte ich deutlich am Füllstand meiner Geldbörse nachvollziehen. Es ist sicher nicht allein die Mehrwertsteuer gewesen, die für solche, zum Teil extremen, Preiserhöhungen verantwortlich war. Doch mit der Vorbereitung der Einführung dieser dachten sich viele Unternehmen, sie könnten den Rummel dazu benutzen, um ihre Preise einfach schon im Vorfeld zu erhöhen. Dies taten sie auf sehr unterschiedliche Art und Weise. Die einen erhöhten ganz offen die Preise, andere taten es auf hinterlistige, gemeine Art. Sie behielten ihre Preise bei und propagierten damit ihr großes, menschenfreundliches Entgegenkommen. Dabei aber wurden die Packungen verkleinert oder einfach die Qualität heruntergesetzt. Einige Unternehmen versuchten den Leuten zu suggerieren, ihre Waren würden plötzlich viel besser sein als bislang und deshalb weniger Packungsinhalt liefern. Beziehungsweise sie begründeten so ihre nach oben korrigierten Preise.

Die Menschen nahmen diese Veränderungen hin und ergaben sich ihrem vermeintlichen Schicksal. Bald schon beschwerte sich niemand mehr über die wirtschaftlichen und politischen Entscheidungen, auch nicht darüber, dass die damalige Bundeskanzlerin zum Ausdruck brachte, sie mache keine Politik für die Arbeitnehmer, sondern für die Arbeitgeber. Wenn in den Medien davon gesprochen wurde, dass es in jeder Gesellschaft einen „Bodensatz" gegeben habe, man Verluste nie völlig vermeiden könne, störte dies anscheinend niemanden wirklich, als dass er seine Stimme erhoben hätte. Die Oberen brauchten sich ohnehin keine Gedanken zu machen. Der Bevölkerungsanteil mit guten Einkünften sorgte sich auch nicht um seine Zukunft. Nur in den weniger gut bezahlten Bereichen, da versuchte sich jeder gegen seinen Nachbarn zu behaupten, um nicht Gefahr zu laufen, selbst zum „Bodensatz" der Gesellschaft zu werden. Für den sogenannten „Bodensatz" aber konnte leider nur noch ein Wunder für eine spürbare Verbesserung sorgen. Viele waren nicht mehr in der Lage, sich selbst aus dieser aussichtslosen Situation herauszuarbeiten. Die einen konnten aus gesundheitlichen Gründen nicht viel tun und andere hatten einfach aufgegeben. Die Menschlichkeit wurde immer mehr aus dem Leben verdrängt. Jeder war sich selbst der Nächste und als Lebensziel galt für die meisten fast ausschließlich, nur noch Geld und materielle Dinge anzuhäufen und nach Möglichkeit eine Machtposition einzunehmen. Ja, es war eine grausige Entwicklung, der auch ich nur hilflos zuschauen konnte.

Wenn ich versuchte, mit meinen Mitmenschen darüber zu sprechen, dann hörte ich entweder etwas wie „Ach, es ist doch gar nicht so schlecht, wie du es immer darstellst" oder aber „Ich will davon nichts mehr hören". Es machte mich unglaublich traurig und meine persönlichen Zukunftsaussichten sah ich als sehr trübe bis schwarz vor mir liegen.

So geschah es denn, dass ich eines Tages wieder einmal meine Mietkostenabrechnung erhielt. Die erneute Erhöhung machte mir sehr deutlich, diese Wohnung würde ich nicht mehr lange halten können. Schließlich bekam ich nur eine kleine Rente, da ich aus gesundheitlichen Gründen nicht mehr in der Lage war, einer geregelten Tätigkeit nachzugehen. So musste ich mich auf die Suche nach einer günstigeren Unterkunft machen. Für mich bedeutete dies auch, mich wahrscheinlich von vielen Dingen trennen zu müssen. Ich wollte mein Leben völlig neu einrichten, um nicht gnadenlos unterzugehen.

Eines schönen Tages nahm ich mein Fahrrad und machte mich auf den Weg in den Wald. Dort wollte ich mich vom Zwitschern der Vögel und dem waldeigenen Geruch ablenken lassen, um dann mit neuer Kraft und Zuversicht die unangenehme Aufgabe der Wohnungssuche erneut in Angriff zu nehmen.

Der Tag schien zu wissen, wie sehr ich eine Aufmunterung brauchen konnte. Die Sonne schien uneingeschränkt auf die Erde und der Gesang der Vögel schallte laut durch den Wald. Ein wunderschöner Sommertag, der mich beim Radfahren meine Sorgen zeitweise vergessen ließ. Ich konnte gar den Eindruck gewinnen, dass mich die Natur aufmuntern wollte. Dort kreuzte ein Hase meinen Weg, da flog lautlos ein Bussard zwischen den Bäumen herum. An einer kleinen Lichtung hielt ich und setzte mich in den Schatten einer vermutlich sehr alten Eiche. Mein Blick wanderte über die bunte Waldwiese. Der Behaarte Ginster leuchtete ebenso freundlich mit seinen gelben Blüten aus der Wiese wie auch der Scharfe Hahnenfuß. Ebenso konnte ich die weißen Blüten vom Giersch und vom Hecken-Kälberkropf ausmachen. Im üppigen Bewuchs der Wiese entdeckte ich die Schwarze Königskerze in voller Blüte stehend. Die Kuckuckslichtnelke, die Kartäusernelke, das Rote Waldvögelein und auch der Rote Fingerhut brachten in ihren rötlichen Farben Abwechslung in das märchenhafte Bild dieser wunderschönen Waldwiese. Als ich plötzlich ein Knistern vernahm, suchten meine Augen neugierig nach dem Verursacher. Ein Reh trat aus dem Dickicht heraus, dem ein kleines Kitz folgte. Aufmerksam wachte die Rehmutter über ihr Kleines. Bei diesem Anblick vergaß ich alles, was mich noch eben so sehr beschäftigt hatte. Als hätte ich alle Zeit der Welt, beobachtete ich das Treiben von Mutter und Kind. Gerade war ich froh, dass mich kein Eichelhäher verraten hatte, da reckte die Rehmutter ihren Kopf in die Höhe und drehte ihre Ohren in alle Richtungen, vermutlich hatte sie ein Geräusch aufgeschreckt. Etwas musste sich nähern, das für mich aber noch nicht wahrnehmbar war. Dann vernahm ich etwas, das ich nicht sofort deuten konnte. Plötzlich glaubte ich zu spüren, wie sich ein Trampeln näherte. Links von mir, etwa 30 Meter entfernt, tauchte eine Bache auf, der acht junge Schweinchen folgten. Diese Jungtiere waren vermutlich etwa ein halbes Jahr alt. Mir wurde mulmig zumute und ich traute mich kaum zu atmen. Die Rehmutter beobachtete genau, was sich dort tat, aber sie flüchtete nicht. Die Bache entfernte sich auf ihrem Weg immer mehr von mir, ehe sie plötzlich im Boden zu versinken schien. Ja, es war, als würde sie mit ihren Jungen in die Erde hineinlaufen. Diese Überraschung war ihr gelungen, dachte ich so bei mir. Doch meine Neugier war groß, und so kletterte ich vorsichtig auf die alte Eiche, um aus ihrer Krone heraus dieses geheimnisvolle Verschwinden der Schweinefamilie zu ergründen. Tatsächlich konnte ich von dort oben den winzigen Tümpel sehen, in welchem sich die Schweine jetzt tummelten. Leise und unbemerkt stieg ich wieder hinab und setzte meinen Weg fort.

Nach einer Weile kam ich zu einem alten Haus. Mitten im Wald gelegen, erschien es mir wie von einer anderen Welt zu sein. Hier, wo kein Auto brummte, kein Motorrad blubberte und keine Menschen eifrig hin- und herliefen, wo die Stille nur vom Singen der Vögel und dem emsigen Zirpen der Grillen durchbrochen wurde, hier stand ein Fachwerkhaus. Das Grundstück umgab ein Zaun aus halbierten Kieferstangen. Der kleine Garten, aus dem mich bunte Blumen begrüßten, in dem Obstbäume standen und Gemüse heranwuchs, war links auf dem Gelände angelegt worden. Hinter dem Haus lag sehr viel Holz in Mieten aufgestapelt, wohl, um genügend Brennholz für den Winter zu haben. Einige alte Schuppen standen dort, in denen sicher dieses oder jenes kleine Geheimnis versteckt war. Umgeben wurde das Grundstück von einer Hügelkette, die sich in einem Halbkreis um dieses mich etwas befremdende kleine Fleckchen Erde zog.

Da bemerkte ich, dass mir zwei ältere Leute entgegenkamen. Sie zogen einen vermutlich ebenso alten Handwagen hinter sich her, der mit Bruchholz beladen war. Sie schienen sich mächtig anzustrengen. So stellte ich mein Fahrrad ab und eilte ihnen zu Hilfe. Sie lehnten höflich ab und meinten, dass sie diese Arbeit schon so lange machten, ihr ganzes Leben lang, sodass es für sie keine Belastung wäre. Doch ich ließ mich nicht abwimmeln und zog ihren Wagen durch das Tor, das sich rechts vom Haus befand, auf den Hof ihres vermutlich kleinen Paradieses. Ich hatte Zeit und der Tag verlief so wunderbar, dass ich mich noch bereit erklärte, beim Zerkleinern und Wegstapeln des Holzes behilflich zu sein. Bis heute kann ich nicht sagen, warum ich damals so gehandelt habe, aber ich hatte ein gutes Gefühl dabei.

Nachdem das Holz eingelagert war, lud mich die Frau, deren Alter ich nicht zu schätzen wagte, zu einem Glas Tee ein. Ich bedankte mich, meinte, dass dies nicht notwendig wäre, und wollte gerade aus dem kleinen hölzernen Tor wieder verschwinden, als sie mich am Ärmel zupfte. Sie bestand darauf, dass ich blieb. An einem schattigen Platz im Garten standen ein Holztisch und Stühle, die aus Baumstämmen gesägt waren. Die Frau tischte Kuchen und Tee auf und Plätzchen, die einfach superlecker schmeckten. Wir redeten locker über ganz viele Dinge. Ich war versucht, meine Neugier zu befriedigen, wie die beiden wohl hierhergekommen seien. Sie dagegen fragten mir schier Löcher in den Bauch, was meine Geschichte betraf.

So erfuhren sie auch von meinem Problem, eine neue Unterkunft finden zu müssen. Plötzlich forderten sie mich auf, mir doch ihr kleines, bescheidenes Häuschen anzuschauen.

Ich trat durch die Eingangstür und hatte das Gefühl, in eine andere, fremde, alte Welt einzutauchen. Nichts in dem Häuschen deutete auf die Welt hin, aus der ich mit meinem Fahrrad gekommen war. Die Zimmer waren klein und irre gemütlich. Jeder Raum beherbergte einen kleinen Ofen, der im Winter sicher kuschelige Wärme ausstrahlen würde.

Die Möbel, gefertigt aus naturgewachsenem Holz, machten einen sehr beruhigenden Eindruck auf mich und ließen allen Stress von mir abfallen, der trotz dieser wundersamen Begegnung immer noch in mir festklemmte. Die Ruhe, die Einfachheit der Dinge dieses Ortes, an dem nichts perfekt zu sein brauchte, wo Geld und Macht scheinbar der Einfluss versagt geblieben war, zog mich immer tiefer in seinen Bann. Was von außen betrachtet noch ein klein wenig an meine Welt erinnern konnte, das machte mich in seinem Innern glauben, mich dort in einer Märchenwelt zu befinden. Dann zeigten mir die alten Leute noch den Anbau ihres Häuschens. Er bestand aus zwei kleinen Zimmern und einem Flur. Eines der Zimmer sollte, wie auch im anderen Gebäude, als eine Art Wohnküche dienen. Ungewöhnlich war für mich sofort, dass es in diesem Raum eine Wasserpumpe gab. Ich selber hatte in meinen Kindertagen noch das Wasser aus einer Pumpe auf dem Hof meiner Großmutter holen müssen. Eine Pumpe in der Wohnküche erlebte ich deshalb als etwas Außergewöhnliches. Der Anbau hatte keinen Zugang zum Wohnhaus, was mich sehr verwunderte. Doch gerade der separate Eingang machte diesen kleinen Wohnbereich zu etwas überaus Besonderem. Den Rest des Grundstückes hatte ich bereits beim Holzzerkleinern in Augenschein genommen.

Nachdem ich mich bei den beiden Alten für Tee und Kuchen bedankt und mich sehr fasziniert über ihr kleines, märchenhaftes Zuhause geäußert hatte, wollte ich mich wieder auf den Weg machen. Schon hatte ich das Tor wieder geschlossen, da bemerkte ich, wie sich die beiden anschauten. Dann blickten sie zu mir herüber und die Frau kam dichter heran und bot mir offen den Anbau als zukünftigen Wohnraum an. Ich bedankte mich für ihr freundliches Angebot, versprach darüber nachzudenken und fuhr davon.

Zu Hause angekommen, ließ mich diese Begegnung nicht wieder los. Einige Tage und Nächte ging mir das Erlebnis nicht mehr aus dem Kopf. Immerzu musste ich darüber grübeln, ob ihr Angebot nicht doch das Richtige für mich war. Ich versuchte abzuwägen, was dafür und was dagegen sprechen würde. Dann erst fiel mir auf, dass wir nicht über eine Miete gesprochen hatten. Auch war mir kein Telefon oder sonstige technische Einrichtung in Erinnerung geblieben. Jetzt stellte ich sehr deutlich fest, wie sehr ich mich in unsere technisierte Welt bereits eingelebt hatte. Viele Fragen, die mich beschäftigten, betrafen technische Dinge. Da ich nicht in der Lage war, mir das Angebot aus dem Kopf zu schlagen, entschloss ich mich, noch einmal dorthin zu fahren, um Antworten auf meine Fragen zu finden.

Wieder schien die Natur mir wohlwollend beizustehen. Sehr früh hatte ich mich auf den Weg gemacht, um ihnen möglicherweise erneut hilfreich sein zu können, sofern dies sich anbieten würde. Dieses Mal fuhr ich nicht mehr durch irgendeinen Wald, nein, es war für mich ein richtiger Märchenwald. An dem Häuschen angekommen, welches mich irgendwie an das Haus der sieben Zwerge aus dem Märchen „Schneewittchen" erinnerte, stellte ich mein Fahrrad am Zaun ab. Dann beobachtete ich das Gelände, ob ich jemanden erblicken könnte. Wie in einem Märchen kamen die beiden mir erneut auf dem Weg entgegen, genau wie beim ersten Mal. Doch in ihrem Handwagen lagen viel stärkere Äste und Teile von Baumstämmen. Kurzerhand sperrte ich mich, nachdem ich sie höflich begrüßt hatte, vor den Wagen und zog ihn zu den Holzmieten im Hof. Ich brauchte einige Minuten, ehe ich mich wieder soweit erholt hatte, dass ich mit den beiden Alten ins Gespräch kommen konnte. Schnell wurden wir uns über das Thema Miete einig. Für meine Unterkunft sollte ich nicht mehr als ein Viertel meiner bisherigen Miete bezahlen. Dafür gab es keinen Strom und auch sonst keine technischen Spielereien. Außerdem musste ich mich verpflichten, ihnen bei den notwendigen Erledigungen, wie Holz aus dem Wald holen, Holz klein machen, Gartenarbeit, einkaufen, der Instandhaltung des Häuschens und anderen Dingen, zu helfen. Und nachdem ich noch den Empfang meines Handys überprüft hatte, auf das ich nun wirklich nicht verzichten wollte, wurden wir uns einig.

Ich brauchte noch etwa sechs Wochen, ehe ich endlich alles so geordnet hatte, dass ich einziehen konnte. Als ich den ersten Abend in meiner neuen Wohnung saß, fehlte mir nichts. Die Ruhe empfand ich als etwas ganz Besonderes und der Ausblick in die Natur ersetzte mir Radio und Fernseher. Ich bemühte mich, schnell den Tagesablauf meiner Vermieter zu verinnerlichen. So konnte ich bald meinen Verpflichtungen nachkommen. Dabei stellte ich fest, dass ich nur wenige Schwierigkeiten hatte, was meine körperlichen und psychischen Probleme anging, die mich schließlich ein Rentnerdasein erleben ließen. Vermutlich spielten diese unendliche Ruhe, die Natur pur und die liebenswürdige Art der merkwürdigen beiden Alten eine wesentliche Rolle dabei.

Um meinem Hobby, dem Schreiben, weiter treu bleiben zu können, hatte ich mir eine Schreibmaschine zugelegt. Für meinen alten Computer fehlten mir hier die technischen Voraussetzungen. Zugegeben, es fiel mir schwer, mich von dem Rechner zu verabschieden. Vieles ging leichter und viel schneller als mit dieser für mich etwas antiquierten Methode. Jedoch konnte ich bald feststellen, dass ich viel besser schrieb als früher. Ich war aufmerksamer und machte im Laufe der Zeit wesentlich weniger Fehler. Geschichten und Gedichte versuchte ich weiterhin zu verfassen. Außerdem beschäftigte ich mich seit kurzer Zeit mit meiner Familie und ihrer Herkunft. Leider hatte ich erst sehr spät etwas über meine Herkunft erfahren. Scheinbar wollte keiner mit irgendjemandem darüber reden. Dennoch erreichten mich, wohl mehr durch Zufall, einige Informationen und Briefe. Leider fehlte mir dafür nun der Rechner. Ich versuchte meinen Verlust durch gelegentliche Besuche bei Bekannten, bei denen ich das Internet nutzen konnte, auszugleichen. Zugegeben, ich kam nicht wirklich voran dabei. Entweder suchte ich mit falschen Suchbegriffen oder es gab da einfach nichts zu finden. Wenn mich die Alten auf meine Familie ansprachen, so versuchte ich mich irgendwie aus der Affäre zu ziehen. Das eine Mal hatte ich gerade keine Zeit und ein anderes Mal wusste ich einfach nichts, hatte viel vergessen, natürlich aus gesundheitlichen Gründen.

Geschichten aber gab es reichlich zu schreiben. Allein, was ich in der Natur erlebte und mit diesen beiden wundersamen Menschen, reichte aus, um in sehr vielen neuen Texten meine Erlebnisse, meine Gefühle festzuhalten.

So vergingen die Jahre und die Jahreszeiten wechselten in gleichmäßigem Rhythmus. Ich tat, was ich konnte, um mir meine Unterkunft zu verdienen und den beiden etwas Gutes zu tun. Oft saßen wir im Garten zusammen und tranken Tee. Im Winter, besonders zur Weihnachtszeit, drängten wir uns um den schönen warmen Ofen in ihrem Wohnzimmer. Dann und wann las ich ihnen eine meiner Geschichten vor, von denen sie immer wieder begeistert waren.

Hin und wieder bekam ich auch Besuch. Kaum einer konnte verstehen, warum ich in diese Abgeschiedenheit gezogen war. Manchmal fragte ich mich dies selber, denn es gab immer wieder Tage, da fehlte mir die Welt, in der ich groß geworden war, sehr. Dann schnappte ich mir mein Fahrrad und fuhr geradewegs in die Stadt hinein. Und doch wollte ich auch nicht mehr zurück. Nirgends war es so friedlich wie in dem kleinen Häuschen mitten im Wald. Leider blieb mir auch nicht verborgen, dass meine liebevollen Vermieter, von denen ich noch immer fast nichts wusste, älter wurden. Eines Tages luden sie mich wieder einmal zum Tee ein. In Ruhe erklärten sie mir, dass nun bald ihre Zeit kommen würde und wir dann nicht mehr gemeinsam in dieser Welt leben dürften. Sie bedankten sich für meine Unterstützung und die schönen Stunden, die ich ihnen bereitet hatte. Auch ich äußerte mich überaus zufrieden und dankbar für das wundervolle Leben in ihrem Hause. Am Ende dieses

Nachmittags zeigten sie mir ein kleines Schränkchen, indem ich all das finden würde, was notwendig sei, wenn der unabwendbare Zeitpunkt einmal gekommen sein sollte.

Der Sommer war verflogen und der Herbst zeigte sich von einer besonders schönen Seite. Als ich an jenem Morgen erwachte, hörte ich nichts. Dieses Mal war es eine beunruhigende Stille, die mir der Wald aufdrängte. Ich schaute zuerst aus dem Fenster, doch konnte ich nicht erkennen, warum die Vögel an dem Tag nicht sangen. Die Sonne hatte sich hinter dünnen Wolken versteckt und der Wind schien eingeschlafen zu sein, denn es bewegte sich kein einziges Blatt. Sehr verwundert zog ich mich an und wollte zu meinen Vermietern, wie immer, aber voller Fragen zum Frühstück gehen. Die kleinen Fenster waren noch geschlossen. Ich öffnete die Tür, die wie alle hier immer unverschlossen war, und trat ein.

Kein Laut war zu hören. Die Stille wurde immer unangenehmer und so langsam machte ich mir ernsthafte Sorgen. Da ich die beiden nicht finden konnte, klopfte ich an ihre Schlafzimmertür. Doch kein Geräusch ließ mich erahnen, was geschehen war. Dann öffnete ich die Tür, der Anblick machte mich unendlich traurig. Die beiden alten Menschen lagen friedlich lächelnd in ihren Betten, sie waren gemeinsam in der Nacht für immer eingeschlafen.

Nachdem ich mich wieder gefangen hatte, folgte ich den Anweisungen, die mir das kleine Schränkchen offenbarte, welches mir die beiden vor einiger Zeit gezeigt hatten. So wurden sie schließlich auf dem altehrwürdigen Friedhof unseres Ortes begraben. Zur Beerdigung erschien nur ich allein. Es tat mir in der Seele weh, dass es niemanden außer mir gegeben haben sollte, den ihr Verlust berührt hätte.

Ich legte jedem einen großen bunten Blumenstrauß auf den Sarg. So bunt, wie ihr Leben nach meiner Ansicht verlaufen sein musste. Ein Abschied für immer, wurde mir in diesem Augenblick noch einmal schmerzlich bewusst. Da wurde mir aber auch noch einmal klar, dass ich nicht viel über sie in Erfahrung bringen konnte in den vielen Jahren, in denen wir Tür an Tür miteinander gelebt hatten. Die beiden hatten sich irgendwann einmal gefunden, hatten zusammen ihr Leben gelebt, waren gemeinsam gestorben und lagen hier nun gleich nebeneinander in der Erde. Ich stand eine lange Zeit vor den beiden Särgen, ehe sie sich in die Tiefe senkten.

Mit der Post kam die Einladung zur Testamentseröffnung. Der Notar verlas die Nachlassanweisungen in dem Haus, in welchem die liebevollen Alten gelebt hatten. Zu meiner Verwunderung erbte ich alles, was sie besessen hatten. Warum sie mich so bedachten, wurde in dem Testament nicht erklärt. Plötzlich war ich der Besitzer des Grundstücks, auf dem ich mit ihnen die letzten Jahre eng beieinander gelebt hatte. Doch auch das Haus, mit allem, was darin war, gehörte ab jetzt mir. Die größte Überraschung aber erfuhr ich erst zum Ende seines Besuches. Der Notar hatte mir noch ein paar Papiere übergeben, die mir einiges erklären sollten. In diesen Unterlagen stand geschrieben, dass ich ab sofort Besitzer eines Grundstückes war, dessen Größe weit über das hinausging, auf dem ich seit einigen Jahren gewohnt hatte. Die Wiesen und Wälder rings um das Haus gehörten nun alle mir. Die wirkliche Größe meines Besitzes habe ich bis heute noch nicht richtig erfassen können. Weiter fand ich in den Papieren Hinweise auf eine alte Truhe, deren Inhalt für mich sehr aufschlussreich sein sollte.

Ich hatte diese Truhe schon oft gesehen, wenn ich zum Beispiel bei den netten Alten zum Tee eingeladen war. Doch immer bedeckte sie ein großes Tuch und ich wurde auch nie wirklich neugierig. Es war nur ein Gegenstand in ihrem Haus, der irgendwie dahin gehörte und zu ihrer Einrichtung passte. Jetzt aber sollte ich in diese Truhe schauen. Ich nahm die bunte, bestickte Decke herunter und betrachtete das gute Stück. Eine massive Eichentruhe, die sich in einem sehr guten Zustand befand. Die Verschlüsse waren wohl seit ihrer Herstellung nicht gewechselt worden. Ich versuchte, den Deckel anzuheben, doch es gelang mir nicht. Das uralte Schloss hielt die Truhe fest verschlossen. Da ich keinen Schlüssel finden konnte, suchte ich nach Hinweisen in den Papieren. Meine Neugier, die sich nun ganz klar eingestellt hatte und ständig größer wurde, trieb mich voran. Dabei hatte ich wohl nicht richtig nachgeschaut. Erst als ich die Hoffnung schon fast verloren glaubte, fiel ein kleiner Umschlag aus den Papieren heraus. Es waren schließlich nicht mehr nur die wenigen Unterlagen, die der Notar mir gegeben hatte, sondern alles, was ich im Haus bisher finden konnte. Ich suchte nach Informationen, die mir helfen würden, mich in dem Nachlass zurechtzufinden. In diesem Umschlag verbarg sich ein Zettel mit dem Hinweis auf den Verbleib des Schlüssels. Ein freistehender Balken im Wohnzimmer, von dem ich glaubte, er würde eine tragende Funktion besitzen, sollte mir nun helfen, den verborgenen Schlüssel zu finden. Ich musste einen alten Holznagel bis zum Ende durch den Balken zurückschieben, dann den Balken nach rechts drehen, bis es ein leises Geräusch gab. Plötzlich klappte ein Stück einer Diele nach oben und gab ein kleines Versteck frei. Darin befand sich ein kleines Kästchen. Dieses nahm ich heraus und untersuchte das Versteck nach weiteren interessanten Dingen. Doch fand sich dort nichts weiter. So wie ich dieses Versteck öffnete, verschloss ich es auch wieder. Dann setzte ich mich hin und hoffte nun auf den Schlüssel. In dem kleinen Kästchen befanden sich außer diesem noch einige Münzen, deren Herkunft und Wert ich noch nicht bestimmen konnte. Also nahm ich zunächst den Schlüssel heraus und öffnete das Schloss der Truhe.

Langsam hob ich den Deckel an, bis er von zwei metallenen Bändern gehalten wurde. In den Deckel war der Name meiner Familie eingeschnitzt worden und die Jahreszahl 1484.

Endlich erfuhr ich etwas über die Herkunft meiner Familie. In einem großen Buch, auf dem der Name meiner Familie stand, fand ich die Geschichte meiner Herkunft. Es stellte sich heraus, dass ich eine recht große Familie hatte. Bis zu diesem Tage wusste ich nur von sehr wenigen Leuten, die irgendwie mit mir verwandt waren. In der versteckten Geborgenheit dieses alten Holzes tauchten plötzlich Verwandte auf, wie Großtanten und Onkel, von denen ich noch nie etwas gehört oder geahnt hatte. Nur eines wurde mir klar: Es würde noch sehr viel Zeit in Anspruch nehmen, bis ich meine Familie neu geordnet hatte. Mit großer Sicherheit konnte ich davon ausgehen, dass diese einmal sehr vermögend gewesen sein musste. Doch ich legte das Buch erst einmal beiseite und schaute nach den anderen Dingen, die sich in der Truhe verbargen.

Ganz unten fand ich einen großen Spiegel. Ich war sehr erstaunt, denn so etwas hatte ich dort nicht erwartet. Was sollte ein Spiegel in dieser alten Holzkiste zu bedeuten haben? Ich ging davon aus, dass die beiden Alten ihn nicht ohne Grund dort eingeschlossen hatten. Nach dem Reinigen betrachtete ich dieses seltsame Teil genauer. Doch mir fiel nichts auf, was daran so besonders sein sollte. Der alte Holzrahmen war an verschiedenen Stellen gerissen und die Gehrungen hatten sich etwas gelöst. Der Spiegel selbst jedoch zeigte keine Beschädigungen. Ich schaute hinein und sah nichts Ungewöhnliches. Da ging mir die Frage durch den Kopf, „Was wollt ihr mir bloß damit sagen?", und hatte dabei die beiden Alten vor Augen. Plötzlich sah ich im Spiegel das Antlitz der beiden. Ich glaubte zu träumen, doch was ich im Spiegel erblickte, waren genau ihre Gesichter. Sie schienen mir etwas zu sagen, doch ich konnte keinen Laut vernehmen. Erschrocken legte ich den Spiegel beiseite. Dann sortierte ich den restlichen Inhalt der Truhe auf dem Tisch. So durcheinander, wie ich nun war, wollte ich mich nicht weiter mit diesen Dingen beschäftigen, jedenfalls an dem Tag nicht mehr.

Ich hatte eine Nacht versucht darüber zu schlafen, doch dies gelang mir nur sehr unzureichend. Ein starker Kaffee und ein kleines Frühstück sollten mich wieder aufbauen. Erneut wollte ich mich den wundersamen Dingen zuwenden, als ich einen kalten Schauer verspürte, der über meinen Rücken lief. Ein Gefühl von Angst machte sich in mir breit, als ich die Tür zum Wohnzimmer öffnete. Schnell schloss ich diese wieder und verließ das Haus. Ein ausgedehnter Spaziergang sollte mir helfen, mich wieder einzukriegen und, es war ja nur ein Gefühl, den vermeintlichen Unsinn zu vergessen. Es tat richtig gut, durch den Wald zu laufen und seinen Duft und das Singen der Vögel in mich aufzunehmen. Mein Wald, mein Land, mein Frieden, ging es mir durch den Kopf. Dann setzte ich mich auf die Wiese einer kleinen Lichtung und ließ die Wärme der Sonne in mich eindringen. Ruhe, eine friedliche Stille, die nur durch den Gesang der Vögel und das Summen der vielen kleinen Insekten durchbrochen wurde, und ein Gefühl der Geborgenheit ließen mich die Zeit vergessen. Ich legte mich ins Gras, schloss die Augen und ließ mir meine Erlebnisse der letzten Tage noch einmal durch den Kopf gehen.

Die Dinge erschienen mir so unglaublich, so, als hätte ich mir alles nur eingebildet. Je mehr ich darüber nachdachte, umso klarer wurde mir, dass die Sache mit dem Spiegel nur eine Sinnestäuschung gewesen sein konnte. Beruhigt und entspannt übermannte mich der Schlaf und entführte mich in die Welt der Träume.

Mit der Gewissheit, dass ich nun alles verstanden hatte, kehrte ich in mein Heim zurück. Dort öffnete ich die Wohnzimmertür und ging zum Tisch, auf dem all die Dinge ausgebreitet lagen, die sich in der Truhe befunden hatten. Ich nahm den Spiegel in die Hand und schaute hinein. Mein Spiegelbild lachte mir erleichtert entgegen. Es war also doch alles nur eine Täuschung und ich brauchte mir keine Sorgen zu machen. Dennoch blieb meine Frage nach dem Sinn des Spiegels in der Truhe unbeantwortet.

Es dauerte noch einige Wochen, ehe ich mir meiner Erbschaft richtig bewusst wurde. Einige Grundstücke durfte ich nun mein Eigen nennen und auch eine nicht unbeträchtliche Summe an Bargeld, die sich im Haus, auf einem Konto der Bank und in Wertpapieren finden ließ. Es ging mir gut und ich brauchte mir keine Sorgen mehr um meine Zukunft zu machen. Ich räumte einige Einrichtungsgegenstände um und versuchte mich in diesem Haus richtig wohlzufühlen. Um mich mit den Büchern aus der Truhe zu beschäftigen, hatte ich den Tisch bis an das Fenster herangeschoben, um mehr Licht zum Lesen zu haben. Den Spiegel mit der offenen Frage lehnte ich so gegen die Wand, dass ich zu jeder Zeit hineinschauen konnte.

Dann lag das große Buch vor mir, in dem ich etwas über meine Familie erfahren sollte. Wieder schaute ich in den Spiegel und wieder lachte mich mein Spiegelbild an. Auf der ersten Seite stand ein Name. Ich konnte herauslesen, dass es der älteste Vorfahre meiner Familie gewesen sein musste, mit dem dieses Buch seinen Anfang nahm, in dem er alles Wichtige aufgeschrieben hatte. Was vor dieser Zeit geschehen war, bleibt für immer unbekannte Vergangenheit. Über dem Namen konnte ich die Jahreszahl 1484 lesen. Dann las ich laut den Namen, mit dem die nachweisliche Geschichte meiner Familie begann. Ich weiß nicht warum, aber kaum hatte ich den Namen ausgesprochen, da fiel mein Blick abermals auf den Spiegel und ich erschrak fast zu Tode. Ein mir fremdes Gesicht schaute mich an. Prüfend und schweigend betrachtete es mich. Zögernd und voller Unruhe ließ ich dann aber doch meinen Blick auf diesem Gesicht im Spiegel verharren. Nach einer Weile hatte ich sogar das Gefühl, ich würde es kennen. Dann wendete ich mich wieder dem Buch zu. Schon auf der nächsten Seite fand ich ein Bildnis einer schönen Frau. Sie war die Gemahlin meines ältesten Vorfahren, der mir auf diese wundersame Weise bekannt wurde. Vorsichtig, fast ängstlich, führte ich meinen Blick erneut gen Spiegel. Er zeigte mir jetzt das Gesicht der Frau, deren Bildnis ich in dem Buch gefunden hatte. Sie lächelte mich freundlich an und schien etwas zu sagen, doch der Spiegel gab keinen Laut von sich. Ich weiß nicht, ob es das Lächeln dieser Frau war, aber meine Angst verflog langsam. Neugier ließ mich das Spiegelbild und das Bildnis im Buch vergleichen. Es war dieselbe Person, ohne Zweifel.

Durcheinander und voller Fragen schloss ich das Buch wieder, um mich erneut zu sammeln und die Realität wiederzufinden. All das konnte doch nur eine Sinnestäuschung, eine Halluzination sein. Zweifel kamen auf, würde ich denn jetzt meinen Verstand verlieren? Der Spiegel zeigte mir wieder nur mein lächelndes Spiegelbild. Allerdings der Neugier wegen öffnete ich das Buch noch einmal. Dieses Mal aber von hinten, um zu schauen, welches Familienmitglied als letztes darin festgehalten wurde. Ich staunte nicht schlecht, denn es war meine Großmutter, die erst vor einigen Jahren verstorben war. In Gedanken vertieft, schloss ich das Buch erneut.

Ich war gerade in der Küche, um mir einen Kaffee zu kochen, als mir ein Gedanke in den Sinn kam. Was, wenn der Spiegel mir immer die jeweiligen Ahnen zeigte, deren Namen ich gerade las oder mit welchen ich mich in meinen Gedanken beschäftigte? Als ich im Buch etwas über meine Großmutter fand, hatte ich nicht in den Spiegel geschaut. Sofort ging ich zurück, um den Gedanken zu überprüfen. Ein Blick in den Spiegel, nur ich, alles in Ordnung. Dann öffnete ich das Buch an irgendeiner Stelle und las laut den Namen, der dort stand. Im Spiegel erschien diese Person, von der ich noch nicht mehr wusste als den Namen. Wie zufällig schlug ich die Seiten um. Dann glaubte ich, die beiden Alten in dem Buch gesehen zu haben. Tatsächlich fand ich diese liebenswürdigen Menschen im Buch meiner Familie. Ich schaute in den Spiegel und spürte etwas Befreiendes in mir. Die Gesichter der Alten lachten mich an und sprachen zu mir.

„Jetzt hast du also begriffen, welchen Sinn der Spiegel für dich hat. Deshalb kannst du nun auch mit deinen Vorfahren sprechen und dir all die Fragen beantworten lassen, die dich beschäftigen. Den Spiegel haben wir vor langer Zeit von einer guten Fee bekommen. Auch wir haben in dieses Buch geschaut und unendlich viele Fragen gehabt. Doch dann kam dieses wundersame Geschöpf und erklärte uns den Spiegel. Seither konnten wir die Vorfahren sehen, mit ihnen sprechen und uns alle Fragen beantworten lassen. Aber der Spiegel offenbart sich nur dem, der reinen Herzens ist. Wir hatten dich geprüft und waren zu dem Schluss gekommen, dass du dieses Geheimnis erfahren durftest. Es ist das Geschenk einer guten Zauberin, bewahre alles sorgfältig und gib nur etwas davon weiter, wenn du dir ganz sicher bist, es einem reinen Herzen zu schenken."

Ich habe seit dem Tag noch viel in dem Buch gelesen und mit meinen Ahnen gesprochen.

Hoffentlich finde ich ein reines Herz in meiner Familie, um dieses Geschenk weitergeben zu können oder eine Partnerin, die mir Kinder schenken könnte.

Doch woran erkenne ich ein reines Herz?

Wer hätte das geahnt

Ich weiß nicht genau, wo ich anfangen soll, aber eines ist klar, es kann nur eine sehr kurze Fassung sein. Ich stehe gerade vor einer Richterin und erwarte in Kürze ihre Entscheidung.

Nur wenige Menschen sind zu dieser Verhandlung gekommen. Da sind unsere Kinder und einige Bekannte. Mich begleitet eine sehr liebe Freundin auf diesem schweren Weg.

Die Richterin hat mir meine Bitte gewährt, vor meiner so entscheidend wichtigen Antwort auf ihre Frage und dem später folgenden Urteil noch einige Worte sprechen zu dürfen.

Ich wende mich meiner Frau zu und die Nervosität zerfetzt mich beinahe. Der Schweiß steht mir auf der Stirn und läuft an meinem Gesicht herunter. Mein Herz rast und droht sich dabei zu überschlagen. Der Hals ist zugeschnürt, trocken und ich kann nur mit aller Mühe die ersten Worte herausbringen.

„Liebe Natalie, ich weiß nicht genau, wie ich das jetzt sagen soll. Doch ich will dir noch als dein Ehemann etwas mit auf den Weg geben. Du weißt genau, dass ich schon immer voller Probleme gewesen bin. Ja, ich war und bin ein ungeheuer schwieriger Typ. Deshalb möchte ich dir diese Worte sagen.

Als ich dich vor 27 Jahren zum Traualtar führte und dir die Ehe versprach, tat ich dies aus tiefster Ehrlichkeit und der Gewissheit, dass ich dich liebe. Ich gab dir mein Jawort, weil ich mir sicher war, dass ich mit dir zusammenleben wollte. Mein Traum schien sich zu erfüllen und ich spürte in meinem tiefsten Herzen, ich habe genau die Frau gefunden, mit der ich bis zum Lebensende gemeinsam gehen will. Nun, ich war sehr stolz, eine wunderschöne Braut zum Standesamt führen zu dürfen. Damals gab es Probleme mit den Fotoapparaten und wir haben daher fast keine Bilder von unserer Eheschließung und der anschließenden Hochzeitsfeier bekommen. Auch schien die Standesbeamte es ziemlich eilig zu haben, sodass wir kaum etwas verstanden haben von dem, was sie uns vorgetragen hat. Heute könnte ich denken, es war bereits ein Zeichen für das, was auf uns zukommen sollte. Doch wir haben alles gemeinsam gelöst. Wir waren uns einig über das, was wir wollten, und so haben wir uns ein gemeinsames Leben aufgebaut. Dennoch, schon von Anfang an gab es etwas in unserer Beziehung, das nicht stimmte. Wir aber konnten es nur spüren, jedoch nicht greifen. Dieses Unbekannte, das zwischen uns eine Mauer errichtet hatte, blieb nur spürbar. Vor der Außenwelt und selbst vor unseren Kindern hielten wir es verborgen. Doch es war ständig da und forderte von uns immer mehr Kraft, mit diesem Etwas umzugehen.

Ich fürchte, ich habe dabei mehr Probleme bekommen, als ich es verkraften konnte. Daraus lud ich dir noch weitere Belastungen auf. Du aber hast immer zu mir gestanden. Was ich auch an Dummheiten und Kränkungen verzapfte, du warst immer für mich da. Eines aber konnten wir beide nicht, über Gefühle reden. Ja, ich habe sie nicht einmal richtig wahrgenommen. Mir war nicht bewusst, was da wirklich ablief, und doch bemühte ich mich, hatte immer die schier unerschöpfliche Hoffnung in mir, dass wir es eines Tages schaffen könnten, dieses belastende Etwas loszuwerden. Ich denke, wir haben uns, jeder auf seine Weise, um dieses Etwas versucht zu kümmern. Überbrückt haben wir die meiste Zeit damit, es zu verdrängen. So wie wir es gelernt hatten, so versuchten wir zu leben. Daran änderten auch die verschiedenen Psychotherapien nichts, die ich Hilfe suchend absolvierte.

Doch immer wieder tauchte diese innere Belastung auf und wirbelte unsere Lebensweise durcheinander. All unsere Bemühungen brachten nicht den Erfolg, den wir so sehr herbeisehnten. In dieser Zeit verlor ich mich dann völlig aus den Augen und suchte nur noch eine Lösung für unser, vielleicht auch nur für mein Problem. Ja, oft fühlte ich mich sehr einsam, denn ich hatte immer mehr das Gefühl, nur ich habe ein Problem, hätte eine große Schuld auf mich geladen. Manchmal glaubte ich, du schautest zu, wie ich verzweifelt um etwas kämpfte, das für dich gar kein Problem war. Leider konnte ich es auch nicht richtig in Worte fassen.

Dann kam die letzte Therapie, in der sich doch etwas in mir bewegte und veränderte. Es war mir damals noch nicht klar, aber ich fühlte. Ich fühlte aber auch, wie sich meine innere Welt langsam veränderte. Plötzlich empfand ich wundervolle Gefühle für dich, wie ich sie bis dahin nicht kannte. Aber da tauchten auch Emotionen auf, die mich verunsicherten und die unsere Beziehung auf eine harte Probe stellten.

Heute beschreibe ich es so: Einen langen Weg sind wir gemeinsam gegangen und haben dabei die gleichen oder doch sehr ähnliche Lebenseinstellungen gehabt. Nun jedoch wurde mir bewusster, was mir fehlte, was mir so ungeheuer wichtig erschien und wonach ich schon mein ganzes Leben gesucht zu haben schien. Plötzlich konnte ich es spüren. Ich konnte jetzt deutlich meine Liebe zu dir spüren. Jetzt erst verstand ich, was mir andere Menschen gesagt hatten und warum sie nicht empfinden konnten, was ich versuchte auszudrücken. Ich wusste von Anfang an, dass ich dich liebe, und doch konnte ich diese Liebe erst jetzt auch wirklich spüren, sie dich spüren lassen.

Mit aller Macht versuchte ich dir meine Liebe zu zeigen und dir klarzumachen, dass ich mit dir leben will. Vielleicht habe ich dich damit auch erdrückt, aber das Gefühl zu lieben ist so fantastisch und schön, dass ich nicht anders konnte.

Allerdings kamen mit diesen Gefühlen der Liebe zu dir auch meine Bedürfnisse immer stärker mit ins Spiel. Dieses Etwas, das ich bislang nicht in Worte fassen konnte, wurde mir nun schmerzlicher als je zuvor immer bewusster. Je intensiver ich für dich empfand, umso deutlicher spürte ich das Bedürfnis, ebenso geliebt werden zu wollen. Ich glaube, dass ich alle mir zur Verfügung stehenden Mittel ausgenutzt habe, um dieses Bedürfnis zu stillen. Dabei übersah ich wohl, dass du dich nicht verändert hattest. Für dich wurde die Situation vermutlich immer unverständlicher und unerträglicher. Alles in allem jedoch suchten wir in vielen Gesprächen nach einer Lösung. Bis eines Tages der Entschluss feststand, wir müssen uns trennen. Es ist mir unglaublich schwergefallen und in meinen Gedanken überprüfte ich diese Entscheidung immer und immer und immer wieder. Doch ich fand keine andere Möglichkeit, keine Lösung, die ich dir hätte präsentieren können.

Erstaunlich gut brachten wir die räumliche Trennung über die Bühne. Die innerliche, die zwischenmenschliche Trennung war wesentlich schwieriger. Ich gebe zu, ich habe so gehofft, dass du durch diese Situation einen Punkt erreichen könntest, an welchem sich in dir etwas bewegen und verändern würde, dass so unsere Beziehung zu retten gewesen wäre. Doch die Wochen vergingen und ich spürte keine Veränderung. Natürlich konnte ich dich auch verstehen, nur konnte ich nicht erklären, weshalb ich so nach Liebe lechzte. Trotzdem blieb die Hoffnung in mir bestehen, es würde der Tag kommen, an dem wir wieder eine gemeinsame Zukunft hätten planen können.

Da tauchte Karoline in meinem Leben wieder auf. Nach fast 30 Jahren, wir waren damals ein Paar, stand sie vor mir. Wir redeten kurz miteinander und dann drückten wir uns zum Abschied. Ich spürte etwas Wunderschönes, was mir zu dem Zeitpunkt noch ein Rätsel blieb. Ja, sie tat mir gut, auch wenn ich nicht sagen konnte, was genau sie an sich hatte.

Karoline setzte sich sogar stark dafür ein, dass wir uns nicht trennen sollten. Doch es war zu spät. Meine Hoffnung aber ließ mich nicht los, und so wollte ich mich auch nicht auf Karoline einlassen. Nein, sie hat niemals zwischen uns gestanden. Allerdings erfuhr ich mit Karoline etwas, das mich bestärkte, auf dem richtigen Weg zu sein. Wir konnten reden, ich meine, wir redeten miteinander. Es war anders als mit dir und es tat mir gut. Ich hatte nicht das Gefühl, etwas tun oder mich um sie kümmern zu müssen. Es war irgendwie freier, mit ihr zusammen zu sein.

Nach etwa einem halben Jahr, als meine Hoffnung auf eine Veränderung zugunsten unserer Ehe wesentlich nachließ, begann ich mich auf Karoline langsam einzulassen. Ich wollte mich öffnen für neue Gefühle. In der Zeit, in welcher ich nun mit Karoline Erfahrungen machte, versuchte ich immer noch die Fehler bei mir zu suchen, die für das Scheitern unserer Ehe verantwortlich waren und sind. Doch ich habe gelernt, dass ich mich meinen Bedürfnissen und Wünschen stellen muss. Immer wieder tauchte der Gedanke auf, dass es ein Zurück geben müsste. Doch dann wurde mir klar, dass ich mich immer noch in der Hoffnung wog, dass du dich zu meinen Gunsten verändern würdest. Je mehr Zeit verging, umso sicherer wurde ich mir über das, was geschehen war. Dabei fühlte und fühle ich mich nicht gut. Ich kann bei aller Vernunft und dem besten Verstand das Gefühl nicht loswerden, dass ich deine und meine Welt zerstört habe. Ich musste dich verletzen, weil ich leben wollte und will. Oft werfe ich mir Egoismus vor und Rücksichtslosigkeit, aber ich bin ein Mensch mit Gefühlen und Bedürfnissen. So konnte ich nur diesen einen, nach meinem Empfinden, fairen Weg gehen."

„Wollen Sie mir nun auf meine Frage antworten oder gibt es noch etwas zu sagen, das für diese Sache ausschlaggebend sein könnte?" Die Richterin schlägt einen ernsten Ton an.

„Frau Richterin, ich bin gleich fertig. Ich bitte Sie nur noch um ein klein wenig Geduld." Ich bin einfach noch nicht am Ende und ich will Natalie doch noch etwas mitgeben. Vielleicht will ich mich auch nur rechtfertigen.

„Also bitte, aber wir haben nicht ewig Zeit."

„Danke, Frau Richterin." Ich wende mich erneut Natalie zu. „Weißt du, ich habe die Liebe gesucht und ich habe sie gefunden. Früher habe ich geglaubt, die Probleme wären nur eine Frage des Verständnisses für den Sex. Selbst meine anderen Problematiken konnten nicht darüber hinwegtäuschen, dass mir etwas fehlte, das mit all diesen Themen nur wenig oder gar nichts zu tun hatte. Die Liebe, was ist das eigentlich? Diese Frage habe ich mir immer wieder gestellt und doch keine ausreichende Antwort darauf gefunden. Karoline hat mir bei der Beantwortung dieser Frage geholfen. Sie war einfach da und sie hörte sich meine Probleme an, die ich relativ frei offenbaren konnte. Doch sie wandte sich nicht, wie auch du nicht, damals vor deiner Haustür, von mir ab, wie schwer auch das Thema sein mochte. Aber auch Karoline sprach über ihre Konflikte und ich hörte zu. Es ist ganz anders, als es zwischen uns war und ist.

Immer wieder kamen wir uns dann auch körperlich näher und ich dachte, es wäre das Paradies. Trotzdem fühlte ich mich noch nicht so recht verstanden. Ich bemerkte an mir Wünsche, die anders waren als ich sie erwartet hatte. Denn nicht der Sex war so wichtig, als dass er für eine Trennung ausgereicht hätte. Nein, es war etwas anderes. Liebe verbindet sicher jeder mit etwas ganz Persönlichem. Ich hatte für mich noch immer nicht die richtige Antwort gefunden.

Doch heute glaube ich, bin ich der Antwort endlich so nahe gekommen, dass ich sagen kann, ich habe sie gefunden. Für mich ist die Liebe nicht einfach der Sex und nicht die Anwesenheit von jemandem, sondern das Gefühl, begehrt zu werden, seelisch wie körperlich. Das Gefühl zu haben, das der andere nichts sehnlicher wünscht, als mit mir zusammen zu sein. Das Gefühl, von dem anderen alles zu bekommen und nichts dafür geben zu müssen. Das Gefühl, alles für den anderen tun zu wollen, ohne eine Erwartung in mir zu spüren. Das Gefühl, der andere ist der schönste und begehrenswerteste Mensch auf der Erde. Das Gefühl, sich dem anderen anvertrauen zu können, ohne Angst zu haben, dass er mich ablehnen könnte. Das Gefühl, der Mensch sein zu dürfen, der ich eigentlich bin. Die Liebe ist für mich die Aufhebung aller Ansprüche und Erwartungen an den anderen. Die Liebe ist ein Selbstlauf der Gefühle und braucht keine Anleitung und Steuerung.

Die Liebe ist vermutlich das Gefühl der absoluten Freiheit der Seele. Dies zu spüren und das Begehren, unabhängig von gesellschaftlichen Regeln, Gesetzen und Meinungen, das ist das Wunder. Die Seele wird nur um ihrer selbst willen geliebt, wenn sie klar und rein zu spüren ist."

Ich gehe zu Karoline hinüber und hole einen Strauß roter Rosen, den ich eigens für heute gekauft hatte. Tränen laufen mir über das Gesicht. Ich reiche Natalie die Blumen und füge noch hinzu: „Sicher bin ich noch nicht an meinem Ziel angekommen, doch ich bin auf dem Weg. Liebe Natalie, ich wünsche dir von ganzem Herzen, dass du deine Liebe findest und dass du gesund bleibst und in Frieden ein glückliches Leben führen kannst, bis zum Ende deiner Tage. Ich aber muss meinen Weg gehen und meine eigene Liebe finden und leben.

Mit Rosen habe ich dir bei unserer Trauung gesagt, ich liebe dich, und mit Rosen sage ich dir heute, ich liebe dich immer noch, doch anders, als es für eine Partnerschaft notwendig wäre. Ich danke dir für die vielen Jahre und die vielen tollen Stunden, die ich mit dir gemeinsam erleben durfte. Ich danke dir für die supertollen Kinder und für deine Liebe, die, da bin ich mir ganz sicher, in dir für mich brennt oder doch brannte.

Jetzt ist es für mich an der Zeit, einen meiner größten Träume zu beenden, einen Kampf aufzugeben und der Realität ins Auge zu sehen. Für dich, unsere Kinder und selbstverständlich auch für mich ist es wichtig, meine Energie auf die Dinge zu lenken, die mich zu einem glücklichen Menschen machen könnten. Ich hoffe für unsere Zukunft, dass wir alle glücklich werden und unseren gemeinsamen

Weg als eine positive Erinnerung in uns behalten werden. Ich bitte dich, mich von meinem Eheversprechen zu entbinden."

Ich schaue Natalie an, blicke zu den Kindern und zu Karoline hinüber, dann wende ich mich und setze mich auf meinen Platz.

„Und Sie sind sich ganz sicher, dass ich Ihre Ehe heute und jetzt scheiden soll?" Die Richterin hat dabei einen Blick, der Bände spricht.

Ich schaue sie an und wir antworten wie immer gemeinsam: „Ja, wir möchten die Scheidung."

Es kann nicht sein, was nicht sein darf!

Ich stehe hier vor meinem Kleiderschrank und öffne seine Türen. Der Blick auf den Inhalt wirft Fragen auf. Ist das noch normal? Bin das wirklich ich? Wie fühlt es sich an und will ich das tatsächlich? Ja, ich bin das und ich will das und ich fühle mich so unglaublich wohl dabei. Das, was ich fühle, ist real und kein Traum.

Ich stehe einem Ehepaar so nahe, dass ich sie als meine Freunde bezeichne. Seit vielen Jahren kennen wir uns schon und sind gemeinsam durch manche Untiefe gelaufen. Immer konnten wir uns aufeinander verlassen, was heute ja im Allgemeinen schon eine Seltenheit ist. Klar, wir sind auch nicht mehr so ganz jung, obwohl zwischen 45 und 50 Jahren ja auch noch nicht richtig alt, oder?

Neulich saßen wir wieder einmal zusammen und redeten über dieses und jenes. Ganz nebenbei studierte Gisela, Georgs Frau, einen Katalog. Besonders lange verweilte sie auf den Seiten, die sehr heiße Wäsche zeigten. Georg schaute genauso interessiert hinein und ich musste folglich auch einen Blick auf diese Sachen werfen. Da fingen die beiden an, sich zu unterhalten. Ihr gefielen viele dieser Kleidungsstücke und ihm wohl noch mehr, denn er starrte förmlich auf die Seiten. Als sie meine fragenden Blicke bemerkten, erklärten sie sich mir.

Ich bin erneut zu Gast bei Gisela und Georg. Im Wohnzimmer stehen mehrere leere Kartons auf dem Tisch. Natürlich bin ich neugierig und schaue nach dem Absender. Das Versandhaus, das ihnen diesen Katalog von neulich zugesendet hatte, lieferte bereits die Bestellungen. Ich finde es ja super, wie die beiden sich gegenseitig austauschen, beraten und unterstützen.

„Na, was habt ihr euch denn Schönes bestellt? Etwa was aus dem Katalog, in den ihr letztens so gierig geschaut habt?" Gisela wirft mir einen seltsamen Blick zu und lächelt.

„Ja klar, willst du auch mal schauen? Aber nur, wenn du ehrlich deine Meinung sagst."

„Klar, wieso nicht. Es wird dir sicher gut stehen, ich meine diese Sachen da aus dem Versandhaus."

„Warte einen Augenblick, wir kommen gleich zu dir."

„Wieso wir?" Dann verschwinden beide im Schlafzimmer. Ich schlürfe genüsslich den Tee, den ich hier immer trinke. Immer deshalb, weil ich ja beinahe ein Dauergast bin. Manchmal denke ich, ich bin öfter hier als bei mir zu Hause. Da geht die Tür auf und Gisela kommt herein. Sie trägt ein weinrotes Wäscheset mit Strapsen und Strümpfen. Da Georg nicht anwesend ist, empfinde ich es schon als sehr mutig, werde unsicher und frage sofort nach ihrem Ehemann.

„Der kommt gleich, aber erst muss ich dir etwas sagen. Gefalle ich dir so? Wir mögen es gern so und dazu habe ich noch eine Art Morgenmantel. Der ist total transparent und reicht bis auf den Boden. Die langen Trompetenärmel liebe ich. Georg mag das auch, daher kaufen wir gerne gemeinsam ein. Vor einiger Zeit habe ich ihn einmal gefragt, ob er nicht auch mal solche Wäsche anziehen möchte, er hat es abgelehnt. Erst nach einigen Gesprächen probierte er dann doch mal etwas an, und siehe da, es gefiel ihm doch. Ich argumentierte damals so, dass er gerne mag, wenn ich diese Sachen trage, und dass er sie doch auch immer sehr gerne gestreichelt hat. Oft blieben seine Hand oder seine Lippen an meiner Wäsche kleben, als wollte er sie nie mehr loslassen. Dann zog er sich zum ersten Mal eine Miederhose an, nur so zum Anprobieren, streichelte sich selbst, was ihm sichtlich gefiel. Ich fand, dass es superschön aussah, und streichelte ihn ebenfalls. Zum Miederhöschen kamen Strumpfhose oder Strümpfe dazu und bald auch ein BH oder ein BH-Hemdchen. Das fühlte sich toll an und seither kaufen wir immer für uns beide ein." Gisela schaut mich prüfend an. „Wie geht es dir mit dieser Nachricht?"

„Na ja, ich bin schon ganz schön überfordert. Kann mir das gar nicht vorstellen, er ist doch ein richtiger Kerl. Der und solche Klamotten, das ist schon ein Knaller. Aber dass du darauf stehen könntest, damit habe ich nicht gerechnet." Plötzlich fällt mir etwas ein, was ich als junger Mann erlebt hatte. Die erste Frau, mit der ich im Bett gelandet war, fragte mich eines Tages, ob ich nicht ihre Strumpfhosen anziehen wollte. Das lehnte ich natürlich kategorisch ab. Ich hatte nicht damit gerechnet und fühlte mich irgendwie unter starkem Druck. Auch deshalb, weil ich nicht verstehen konnte, wie andere Männer so etwas tun könnten, was mir diese Frau immer wieder suggerierte. Damals konnte ich es nicht fassen, obwohl mir diese Sachen immer schon sehr gefallen hatten und ich innerlich doch danach gierte.

Und jetzt bin ich erneut in einer Situation, in der ich mich mit einem solchen Fakt konfrontiert sehe. Allerdings kenne auch ich diesen Wunsch, habe mich immer mal wieder dabei ertappt. Dieses Gefühl ist unbeschreiblich, wenn ich über so zauberhafte Kleidungsstücke einer Frau streiche.

„Und wo bleibt Georg? Nach dem, was du mir gerade erzählt hast, denke ich mir, er hat sich auch umgezogen und wartet auf dein Okay, damit er sich zeigen kann. Oder liege ich jetzt falsch?" Gisela schüttelt den Kopf und öffnet die Schlafzimmertür. Ihr Ehemann sieht sehr aufgeregt aus und schreitet langsam in das Wohnzimmer. „Mensch, Georg, das ist ja ein Anblick, der mich umhaut. Unerwartet und fremd sieht es aus, aber auch sehr reizvoll, wenn ich das so sagen darf."

„Weißt du, anfangs kam ich mir auch so fremd und eigenartig vor, aber dann empfand ich immer mehr Vergnügen dabei. Es fühlt sich toll an und das Gefühl auf der Haut ist unbeschreiblich. Gisela mag es so und ich muss zugeben, seit einigen Wochen kann ich es auch genießen. Ich, der Mann, nein, ein Mann in wunderschönen Frauensachen, herrlich, einfach nur herrlich."

Gisela geht zu ihm und legt ihre Hände auf seine Schultern. Dann küsst sie ihn auf diese und lässt ihre Hände wandern. „Na, magst du auch mal?"

„Was meinst du?"

„Na, ob du auch mal streicheln möchtest, mich oder vielleicht auch Georg."

„Nein! Na ja, ich meine …"

„Da ist doch nichts dabei. Wir würden uns freuen, wenn du es versuchst. Sollte es dich nicht reizen, dann lassen wir es und gut ist es."

„Also ich gebe zu, es sieht schon hinreißend aus. Klar würde ich diese heiße Frau streicheln, aber du bist verheiratet."

„Klar sind wir verheiratet, aber wir fragen doch auch nicht irgendjemanden, sondern dich. Du bist unser bester Freund und wir dachten, wir könnten dich mit unseren Wünschen belasten."

„Das ist nett von euch, ich bedanke mich für dieses Vertrauen."

Georg schaut mich ganz sonderbar an. „Du brauchst keine Sorgen haben, wir sind uns einig und würden uns beide freuen, wenn du mit uns gemeinsam solche Sachen genießen könntest."

Da ich mich nicht negativ geäußert habe und vermutlich auch nicht den Anschein erwecke, flüchten zu wollen, setzen sich beide neben mich. Ganz locker lassen sie sich fallen und ich fühle mich ein wenig unwohl. Dabei gebe ich gern zu, diese tolle Frau ist ein unglaublich heißer Anblick. Die Wäsche, die Georg trägt, sieht wirklich total schön aus. Ich lasse mich einfach ein und versuche so entspannt wie möglich zu sein. Da steigt mir ein wundervoller Duft in die Nase. Beide benutzen scheinbar das gleiche Parfüm. Verlegen greife ich zum Tee und trinke langsam und ruhig. Da spüre ich, wie sich zwei Hände auf meinem Rücken platzieren. Auch wenn ich mehr als überrascht bin, ich kann nicht sagen, es würde mir nicht gefallen. Langsam lehne ich mich wieder zurück. Gisela nimmt meine Hände und legt eine auf ihren Schenkel, die andere auf den Schenkel ihres Ehemanns.

„Und? Sei ehrlich, wie fühlt sich das an?"

Ich spüre die reizvollen Strümpfe, dieses unglaublich schöne Material. Da ist auch diese Wärme, der Duft, ich lasse meine Hände liegen, drücke sie etwas auf die beiden Beine. Schon wandern sie ein klein wenig hin und her. Zu meiner Überraschung muss ich auch feststellen, es gefällt mir, ich meine auf beiden Schenkeln, mehr, als ich mir eingestehen möchte. Klar bin ich mir bewusst, dass ich meine Hände auf Schenkeln liegen habe, die einer Frau und einem Mann gehören. In diesem Augenblick erscheint es mir so, als würde es keinen Unterschied geben.

„Also, ich will es zwar selber noch nicht glauben, aber es ist schön, himmlisch schön."

„Ist es schön genug, weiterzumachen? Ich meine, würdest du uns noch ein wenig mehr vertrauen und die Streicheleinheiten ausdehnen?" Gisela schaut mir tief in die Augen. Georg sitzt neben mir und wartet auf meine Antwort. Ich hingegen bin überrascht und doch auch neugierig. Alles, was ich heute bisher erfahren habe, war unerwartet und fremd, aber auch schön, traumhaft schön. In meinen Träumen war es immer schon in Ordnung, nur jetzt müsste ich mit meinen innersten, so behüteten Wünschen rausrücken. Will ich das wirklich? Ich spüre einen wachsenden Druck.

„Also gut, ich lasse mich auf euch ein und werde noch weiter mitmachen. Versprechen kann ich aber nichts. Nur jetzt gerade ist es toll, etwas Neues, aber einfach irre schön."

„Du könntest ja auch mal ein Stück Wäsche probieren."

„Ja, ich würde gern eine Strumpfhose ...", platzt es einfach heraus. Die Erinnerung an meine Jugendzeit hat mich eingeholt und völlig übertölpelt. Auf einem Mal ist eine Neugier in mir, wie ich sie nicht von mir kenne, nicht auf diesem Gebiet. Ich weiß auch nicht, was ich eigentlich erwarte, nur, dass ich es jetzt tun will oder nie.

„Dann komm mit, ich gebe dir eine. Möchtest du eine mit Muster oder ganz einfach, in hell oder dunkel, mit Höschenteil oder ganz schlicht?"

„Eine mit Muster und nicht zu hell, also in einem Farbton wie Hasel wäre zauberhaft."

Gisela schaut mich verwundert an. „Woher kennst du dich mit den Farbtönen der Strumpfhosen aus? Schön, hier ist eine für dich und dazu weiße Handschuhe."

„Handschuhe?"

„Ja, Handschuhe, damit kannst du die Strumpfhose anziehen, ohne sie zu schädigen. Irgendwo ist immer ein Haken an den Fingern, der dann zur Zerstörung führen könnte, was schade wäre um die Sachen. Probiere es aus und du wirst sehen, es ist ganz einfach und geht schnell."

„Danke, ich komme gleich zu euch."

„Du könntest ein Miederhöschen drunterziehen. Vielleicht sogar eines Ouvert."

„Jetzt übertreibe es nicht, ich bin auch so schon total nervös."

Ich betrete das Wohnzimmer erneut. In Miederhöschen und Strumpfhose, ein irre schönes Gefühl, das muss ich schon zugeben. Dennoch ist mir irgendwie schlecht. Gisela und Georg sitzen da und schauen mich erwartungsvoll an. Ihr Gesichtsausdruck lässt darauf schließen, sie sind positiv überrascht. „Mensch Alter, das steht dir wirklich super!"

„Ja, wirklich, du siehst hinreißend in dieser Wäsche aus. Da fällt mir doch noch einiges ein, was du dazu tragen könntest", wirft Gisela ein.

Meine Neugier weicht auf einen Schlag meiner Angst, es geht mir zu schnell, zu öffentlich bin ich geworden. Ich, als Mann, als Mensch, werde gesehen und spürbar, das ist neu und noch unerträglich für mich, sodass ich für den Moment den Rückzug bevorzuge.

„Okay, ich denke, es ist schön so, ein wirklich tolles Gefühl, aber es reicht auch für heute. Ich muss mich wieder umziehen."

Das war vor sechs Wochen. In der Zwischenzeit habe ich mich mit schönen Kleidungsstücken aus dem Repertoire der Damenwelt eingedeckt und verwöhnt. Da wird das Internet zu einer wundervollen Fundgrube. Immerhin besitze ich jetzt schon zwei Paar Strümpfe, halterlos und für Strapse. Dazu kommen natürlich der Strapsgürtel und mehrere Höschen sowie zwei Miederhosen. Ein seidiges Unterhemd musste sein und auch ein transparentes Nachthemd durfte nicht fehlen. Und weil ich Röcke gerne mag, die aus den Fünfzigern, habe ich mir auch noch einen davon angeschafft und ein entsprechendes Top. Meinen Kleiderschrank habe ich etwas umgeräumt und lasse meiner anderen Seite, die ich jetzt besser zulassen kann, mehr Platz. Nur hin und wieder kommen Zweifel, ob ich wirklich das Richtige tue. Klar, die Offenheit meiner Freunde war anfangs überraschend und völlig befremdend, doch ich habe mich auch ertappt gefühlt. Unglaublich, dass da etwas in mir ist, das sich so irre toll anfühlt. Ich frage mich aber auch, bin ich ein Mann oder eine Tunte oder was? Ich hatte noch nie den Gedanken daran, einen Mann zu berühren und seine sexuelle Erregtheit sehen zu wollen, geschweige denn, sie zu spüren. Seit dem Tag, an dem mir meine Freunde reinen Wein eingeschenkt haben, ist alles ins Wanken geraten. Es ist aber auch dieses Vertrauen in meine Freunde, das mir gerade jetzt hilft, mich neu zu erkennen. Meine langjährigen Einstellungen und Erfahrungen werden durch neue und scheinbar gesellschaftsunfähige Gefühle durcheinandergeworfen. Dass ich nicht allein damit bin, konnte ich ausreichend im

Internet nachlesen. Es gibt Hunderte, wenn nicht Tausende Seiten über dieses Thema: Mann in Frauensachen. Natürlich soll ich das nicht als die Wahrheit ansehen, aber wenn es so viele Seiten gibt, dann doch nur deshalb, weil es eine unglaublich große Nachfrage geben muss. Erstaunlich ist für mich auch, es sind etliche Frauen dabei und Paare, die so ihre Leidenschaft ausleben. Ich verweigerte mich meinen Gefühlen, als mich diese Frau aus meiner Jugendzeit damals auf genau diese Gefühle und Wünsche angesprochen hatte. Ein Mann tut so etwas nicht! Damals dachte ich so, und wenn ich jetzt darüber nachdenke, dann kommt mir der Verdacht, ich hätte es schon in dem Moment ganz anders leben wollen. Es kann nicht sein, was nicht sein darf!

Ich betrete die Wohnung meiner Freunde. Gisela fällt mir um den Hals und Georg zieht mich an sich, als ich ihm meine Hand zum Gruß reiche. Ungewohnt, aber nicht unangenehm. Ich drücke beide und lasse sie so wissen, es ist in Ordnung. „Magst du dich umziehen?" Gisela geht sofort aufs Ganze. „Du weißt ja, wo das Schlafzimmer ist. Brauchst du Hilfe?"
Ich höre den Unterton und gehe stumm in die „Garderobe". In Miederhose und halterlosen Strümpfen sowie einem seidigen Unterhemd komme ich zurück. „Ist es so recht?"
„Du siehst reizend aus, einfach schön", platzt es aus Georg heraus. Beide beginnen sich zu entkleiden. Georg trägt unter der Jeans und dem Hemd zauberhafte Reizwäsche, die mich sofort in Wallung versetzt. Gisela hat ein Babydoll an und eine Miederhose Ouvert, dazu einen schönen Strapsgürtel und entsprechende Strümpfe. Erst jetzt bemerke ich ihre Handschuhe aus Satin. Beide haben sich ein Tuch um den Hals gebunden, Partnerlook. Sie sehen reizvoll aus und ich kann bereits eine heftige Wirkung in mir spüren.
„Komm, setz dich, sei ganz locker." Gisela hat gut reden. Ich nehme auf dem Sofa Platz, jede Seite wird sofort von den beiden in Beschlag genommen. Es ist ein schönes Gefühl, wenn ich spüren kann, wie mich diese Freunde begehren. Ihre Wärme tut unglaublich gut und der Duft ist berauschend, der in meine Nase zieht und mir die Sinne raubt. Jede Berührung lädt zum Kuscheln ein und fühlt sich irre toll an. Es ist noch mehr, die Situation macht mich

wundervoll geil. Jetzt sind mir all die Fragen, Zweifel und Selbstvorwürfe egal. In diesem Moment will ich dieses Kribbeln, diese berauschende Nähe einfach nur noch genießen.

Sechs Hände suchen sich ihren Weg auf den reizenden Stoffen und den heißen Körpern. Da rutscht Gisela nach unten und ihre Hände finden meine hilflos zauberhafte und extrem heftige Erregung. Dann spüre ich, wie sie mir ein Kondom überrollt und dieses kleine Stück von mir verschlingen will, es ist betörend schön. Ich lege eine Hand auf ihren Kopf und fahre durch ihre schönen Haare. Mit der anderen Hand erkunde ich Georg. Als ich unterhalb der Gürtellinie etwas spüre, schaue ich hin und sehe diesen Gummi, in dem sich etwas befindet, was mich unglaublich reizt und irre Sehnsucht aufkommen lässt. Für einen kurzen Augenblick denke ich darüber nach, ob ich richtig im Kopf bin. Ja ... ja, ich bin es, ich bin richtig, denn es fühlt sich so irre schön an. Gisela zieht mich etwas nach vorn, und so rutsche ich ein Stück tiefer. Georg erhebt sich, auf den Knien sitzend, und schiebt mir diesen Gummi immer dichter an mein Gesicht. Plötzlich erlebe ich mich zum ersten Mal dabei, wie ich gierig nach seiner Erregtheit schaue. Ich möchte sie küssen und in meinem Mund spüren. Gisela verwöhnt mich oral und ich versuche es ihr gleich zu tun, nur an Georg. Die Streicheleinheiten, die dabei vergeben werden, machen diese Zeit zu etwas Zauberhaftem, etwas, das ich so noch nie erlebt habe, aber das ich jetzt auch nicht mehr missen möchte.

Es kann nicht sein, was nicht sein darf, was also mache ich hier? Ich bin nicht frei! Noch immer halten mich meine alten Einstellungen und Vorschriften gefangen und platzen mit ihren Zweifeln und Vorwürfen in solche schönen Augenblicke.

Wir sind drei Menschen, die nicht mehr ganz jung sind und doch Gefühle in sich tragen, die bislang unzulässig waren oder als solche empfunden wurden. Althergebrachte Einstellungen und die Intoleranz der Leute lassen solche Übertretungen von „Kranken" eigentlich nicht zu. Niemand will es zugeben, aber die unendlich vielen Internetseiten lassen einen ganz anderen Eindruck aufkommen. Wir sind nur drei Menschen, die ihre Gefühle ausleben, die sie sich über so viele Jahre verboten hatten. Sie tun niemandem weh und sind überaus glücklich mit dieser Art des Zusammenseins.

Jedem steht es frei zu gehen oder einfach nur „Stopp" zu sagen. Niemand ist gezwungen, sich so erleben zu müssen, aber jeder darf sich so entfalten und über seine innersten Gefühle und Wünsche reden. Ganz viele Probleme könnten so verschwinden, weil sich verbiegen, das kann nicht gesund sein. Wenn andere an alten und hirnrissigen Einstellungen festhalten, quälen sie ihre Seele und lassen sich die Wunder ihrer eigenen Gefühlswelt entgehen. Einige werden aus Angst vor ihren Gefühlen zu Verbrechern und missbrauchen und vergewaltigen andere. Könnten mehr Offenheit, mehr Toleranz und mehr Respekt solche Taten vermeiden? Nicht alle, aber doch sicher einige.

Meine Ansicht muss natürlich nicht richtig sein!

Was mache ich hier? Ich lebe und ich spüre deutlich, wie schön mein Leben in diesem Augenblick ist. Und was ich als Besonderheit empfinde, meinen Freunden ergeht es nicht anders. Es ist so zauberhaft schön, ich fühle mich so überraschend frei in dieser Runde und mir wird klar, ich will das immer wieder und möglichst oft erleben.

Ich bemerke eine Veränderung in meinem Mund und ein leichtes Zucken kündigt mir etwas an, auf das ich schon gewartet habe. Die leisen Laute von Georg melden den himmlischen Moment an und dann passiert es. Er drückt mein Gesicht an sich und stöhnt vor Vergnügen. Gisela schaut nach oben und ist sichtlich zufrieden. Ihre Lippen und ihre Zunge tun sich gütlich an meiner erregten Männlichkeit, die heute von reizender Damenwäsche eingerahmt wird. Ich möchte noch nicht kommen, so ziehe ich Gisela hoch und drücke ihr meine Lippen auf den Mund. Dabei umarme ich sie und drücke sie sanft aber deutlich an mich. Sie scheint es zu mögen und schiebt sich so über mich, dass sie meinen „Kleinen" in sich eindringen lässt. Für wenige Momente ist die Welt nicht mehr vorhanden. Ich lasse mich ganz auf diese zarte und so weibliche Frau ein und den Augenblick, in dem ich alles nachzuholen glaube, was ich über die Jahre versäumt hatte. Georg schaut uns genüsslich zu und scheint sogar erfreut von unserem Anblick. Da bemerke ich, wie Gisela heftiger wird in ihren Bewegungen, und auch sie beginnt leise zu stöhnen. Ich kann mich dem Moment nicht entziehen und spüre, wie mich ein unglaubliches Gefühl erfüllt. Ich lasse mich fallen und wir kommen beide zusammen zu einem herrlichen Orgasmus.

Der Kaffee tat gut und gerade dieses gemeinsame Hinterher, das macht die Situationen so wundervoll und besonders. Wenn ich aber aus der Tür gehe, dann erscheint alles so, als hätte ich gerade einen Film gesehen. Der Verdrängungsmechanismus läuft auf Hochtouren. Niemals darf das öffentlich werden, dies könnte zu schwerwiegenden Problemen führen. Die Welt da draußen mag ähnlich fühlen, aber wird es nicht offen zugeben und somit ein besseres Leben gestatten, weder für sich selbst noch für andere. Doch es gibt die Tatsachen, die Internetseiten, die Erotikläden. Beate Uhse, Orion oder andere Namen sind doch beinahe jedem bekannt. Auch Olivia Jones oder Mary und Gordy, alle sind Menschen, die sich dieser althergebrachten Einstellungen und Normen entziehen und dafür sogar bewundert werden. Warum ist der Andrang so extrem groß? Nur ein winziger Teil der Menschheit wird sie vermutlich wirklich verurteilen.

Leben wir wirklich so, wie wir fühlen? Verbiegen wir uns nicht viel zu oft und bemerken es gar nicht, weil wir die Augen und die Ohren schließen, uns selbst nicht mehr wahrnehmen wollen? Könnte nicht auch ihr Leben viel schöner sein, wenn sie sich ihrer Gefühle bewusst werden und sie wenigstens versuchen auszuleben? Sind die Menschen krank, die das ausleben und genießen, oder sind die anderen die Kranken? Das muss ja nicht wie in diesem Text aussehen, aber vielleicht auf anderen Gebieten ähnlich liegen. Solange ein Stopp respektiert wird, niemand Schaden nimmt, solange kann beinahe nicht mehr geschehen als ein irre schönes Lebensgefühl!

Es kann nicht sein, was nicht sein darf! Das gilt auch hier. Niemand sollte sich aus Angst, entdeckt zu werden, in sich selbst einsperren und verkrüppeln. Unterdrückte Gefühle machen über kurz oder lang krank, das ist sicher und überaus ungesund. Es kann nicht sein, dass Menschen nicht frei leben und nicht lieben, so nur ein qualvolles Leben führen. Mit Toleranz, Verständnis, Mitgefühl und Sensibilität, etwas Vertrauen in sich und andere könnte diese Welt schon als das Paradies empfunden werden. Wäre das wirklich so schlimm?

Der Kuss

Wenn Blicke sich verbinden,
die Umwelt wird verschwinden,
sich näherkommen allein,
wird Ziel der beiden sein.

Mit magischen Kräften dann,
ziehen sich die Lippen an.
Erste zarte Berührung,
eine schöne Verführung.

Sie sich aneinanderschmiegen,
ihre Liebespfeile fliegen.
Die Körper eng umschlungen,
streicheln sich die Zungen.

Wenn Herzen miteinander reden,
beginnen sie zu schweben.
An den Anfang und den Schluss
gehört ein leidenschaftlicher Kuss.

Eine überaus unangenehme Frage!

Wenn wir heranwachsen, bemerken wir Veränderungen, die wir nicht immer gleich verstehen können. Dabei gibt es Gefühle, die wir lieber vermeiden, aber auch welche, die wir ungern wieder aufgeben wollen. Gerade die Pubertät bringt uns neue und zum Teil wundervolle Gefühle. In der Zeit erklären wir den Heranwachsenden, dass solche Gefühle ganz normal seien und zur Entwicklung dazugehören. Im Zuge der sexuellen Reifung erkunden wir unseren Körper und bemerken so Stellen, auf die wir besonders gut und heftig reagieren. Aus dem Guttun wird eine erogene Zone, die wir uns dann immer wieder bewusst machen. Oft tauschen sich junge Menschen aus und erfahren so, dass es möglicherweise auch noch Stellen gibt, die noch nicht erkundet wurden oder die als Tabuzone gelten. Doch wie kann es in der normalen Entwicklung Tabuzonen geben? In jener Zeit wird auch sehr viel an sich und mit anderen ausprobiert. Da kann es passieren, dass Gefühle gelebt werden, die später als unzulässig angesehen werden, die Zweifel aufwerfen können. Die Prägung durch das Umfeld wird viel darüber entscheiden, was in Zukunft gelebt und gefühlt werden darf.

Es treffen sich schon länger immer wieder zwei Paare. Sie wissen, dass sie sich vornehmlich aus einem bestimmten Grund zusammenfinden. Sie haben sich im Internet kennengelernt und dort festgestellt, dass es gemeinsame Bedürfnisse gibt. In der vorausgehenden Kommunikation tauschten sie bereits einige Wünsche aus und kamen zu dem Schluss, sie müssten sich einmal treffen. Das Gespräch wurde, weil als notwendig und reizvoll erachtet, von allen gewünscht. Das Thema war allen klar, es ging um sexuelle Wünsche und Neigungen. Diese lebten sie dann auch intensiv aus, bis eine Frage auftauchte.

Steffi und Rüdiger sitzen Carla und Rolf in ihrer Wohnung gegenüber.

„Ich habe eine unangenehme Frage", beginnt Steffi dieses Mal die Gesprächsrunde.

„Was möchtest du wissen, du kannst doch alles fragen und wir werden wie immer ganz offen antworten." Carla scheint erleichtert, dass jemand das unangenehme Schweigen, das immer wieder am Anfang steht, gebrochen hat.

„Ja, es ist nicht so leicht wie im Internet. Wir hatten ja schon über einige Vorlieben und Wünsche gesprochen und einiges ausprobiert, was für mich neu war und irgendwie noch ist, und das in schönen Stunden ausgelebt. Nun sitzen wir hier und ich muss euch in die Augen sehen. Das ist nicht schlimm, es gefällt mir sogar, denn ihr seht wirklich reizend aus. Wir wissen voneinander, dass wir gerne mal Sex vor anderen haben. Auch haben wir unsere Neugier ausgedrückt, einen Partnertausch zu erleben. Ich war von mir selber überrascht, als ich mich völlig überrumpelt fühlte und zugab, dass ich es gerne mal mit einer Frau erfahren möchte. Dann habe ich natürlich viel mit Rüdiger gesprochen, und dabei stellte sich heraus, dass auch er gerne mal eine Bi-Erfahrung machen wollte. Ich spürte in mir eine ungeheure Lust und suchte im Internet nach Informationen über Homosexualität und Bisexualität. Wir haben das ja schon alles getan und es fühlte sich toll an, aber ist dieser Wunsch von uns nur eine krankhafte Vorstellung oder doch etwas ganz Normales?"

In den Augen von Carla und Rolf ist ein gewisses Blitzen zu sehen. Ein Stein scheint von ihren Herzen gefallen zu sein.

„Das ist ja toll, auch wir hatten dieses Thema in unseren Gesprächen. Wir sind uns einig darüber, dass es ein ganz normales Bedürfnis ist. Zumindest ist die Neugier groß, und somit sollte es nicht mehr sein, als ein schöner Wunsch. Ob es tatsächlich dazu kommt oder nicht, ist immer wieder eine ganz andere Sache."

„Ich habe mich dabei ertappt", klinkt sich Rolf ein, „dass ich im Internet immer häufiger Bilder suchte, die mir Möglichkeiten gleichgeschlechtlicher Liebe zeigten. Dabei spürte ich öfter einen Reiz, der mich ganz heftig in Beschlag nahm. Zunächst konnte ich auch nicht darüber reden, aber Carla eröffnete mir eines Tages, dass auch sie einen solchen Wunsch in sich trägt und gerne mal eine Frau auf diese besondere Weise verwöhnen wolle. Daraufhin beichtete ich ihr von meinen Gefühlen und wie sehr ich mich doch verunsichert fühlte. Als wir uns zum ersten Treffen verabredeten, da war für uns klar, auch dieses Thema würde irgendwann auf den Tisch gehören. Natürlich bildlich gesprochen, doch es war noch nicht der Zeitpunkt." Seine Stimme wird schwächer.

Rüdiger scheint noch etwas in sich gekehrt.

„Warum ist es eine unangenehme Frage, wenn du nach der Normalität deiner Wünsche fragst?" Carla schaut Steffi dabei mit einem sehnsuchtsvollen Blick an.

„Na ja, bisher war es irre toll mit euch, aber wir hatten in unseren Diskussionen auch nach sexuellen Praktiken gefragt. Männer könnten ja, wenn ich das richtig gelesen habe, Wünsche haben, die einen Bereich betreffen, der bislang für mich tabu war. Dies gilt scheinbar auch für Frauen. Dennoch konnte ich lesen, dass es viele gibt, die sich diese Praktik, analen Sex, wünschen und diese als wundervolle Erweiterung beschreiben. Am Anfang war das eine unannehmbare Vorstellung. Doch dann erinnerte ich mich an meine Jugendzeit und wie oft ich da meinen Körper erkundete, dabei auch am Po streichelte. Klar war es immer im Bad oder nach dem Baden, wegen der Reinlichkeit, aber es war auch immer wieder wunderschön. Ich habe diesen Gedanken seit damals nicht mehr zugelassen, jetzt wurde ich erneut damit konfrontiert. Ich bin älter geworden und erwachsener, da stelle ich mir die Frage, ob ich noch so neugierig und so frei sein darf, mich diesen Wünschen hingeben zu dürfen?"

„Ich habe solche Gedanken nie gehabt und auch nicht solche Erfahrungen gemacht. Dennoch habe ich in der letzten Zeit Gefühle entwickelt, die mir neu sind und mich in einem ganz anderen Licht erscheinen lassen. Meine Frau ist meine Frau, daran gibt es nichts zu rütteln, aber es gibt eben noch etwas, das ich gerne ausprobieren und erleben möchte. Nur mal so! Ob es mir gefallen wird oder nicht, das steht auf einem anderen Blatt. Dies gilt übrigens ebenso für diese Art Sex mit einer Frau", bringt sich Rüdiger mit ein.

„Also ich denke", meldet sich Carla, „wir sollten es einfach darauf ankommen lassen."

„Wie meinst du das, Carla?", Steffi wirkt etwas verwirrt.

„Na, wir sind hier und wir reden über etwas, von dem wir nicht genug wissen, also sollten wir uns daran machen, Erfahrungen zu sammeln."

„Das klingt ja beinahe wie eine Aufforderung zur Arbeit!"

Rolf ist etwas mürrisch. Rüdiger scheint der Gedanke zu gefallen. Alle schauen sich an und niemand weiß, wie jetzt weiter.

„Ich denke, ein Glas Wein würde uns jetzt guttun und die Stimmung etwas lösen, was meint ihr?" Carla steht bereits, um alles zu organisieren. „Weißen oder lieber Roten, trocken oder lieblich?" Unsicher warten alle auf die erste Antwort.

„Ich würde heute den lieblichen Weißen bevorzugen." Rüdiger ist relativ entspannt und freut sich auf das, was vermutlich kommen wird.

Die Flasche steht auf dem Tisch, die Gläser sind gefüllt. Dem Thema entsprechend haben sich die Männer auf die Couch gesetzt und die Damen haben sich den Zweiersitz genommen. Sie stoßen an und warten auf die leicht berauschende Wirkung. Es dauert ein wenig, aber dann spüren alle die steigende Wärme und eine erregende Spannung in der Luft. Da sie sich auch schon darüber einig waren, dass sie alle vier gerne Frauensachen tragen, ist es beinahe völlig normal, dass sie unter ihrer öffentlichen Kleidung dem Treffen entsprechend angezogen sind. Die Damen sind offener und fordern die Männer auf, sich zu zeigen und sich der Alltagsklamotten zu entledigen. Vorsichtig folgen die Herren der Ansage. Kaum sind die Hüllen gefallen, kann man bereits sehr deutlich sehen, wie gut es den männlichen Forschern geht. Die Frauen tun es ihnen gleich, und schon sitzen vier erwachsene Leute da und zeigen sich in zauberhafter Reizwäsche.

Die weibliche Neugier ist deutlich stärker und schneller, die Damen sind bereits dabei sich zu streicheln. Rüdiger legt seine Hand auf den Oberschenkel von Rolf. „Das fühlt sich gut an, gefällt mir wirklich super." Rolf hingegen legt seinen Arm um die Schultern von Rüdiger. Der lehnt sich schön an und genießt die Wärme. Seine Hand streichelt immer weiter, und so sucht sie sich den Weg nach oben. Die Frauen sind freier und schon längst im Rausch ihrer Sinne gefangen. Rüdiger schaut genauer auf Rolfs Mitte. Dabei beugt er sich etwas nach vorne und Rolf nutzt die Gelegenheit, schiebt sofort seine Hand über den Rücken herunter bis zum Höschen. Ein wundervolles Gefühl macht sich in Rüdiger breit. Er ist schon sehr gereizt und will sich der Erregung nähern, da fällt ihm ein, sie sollten etwas mehr Sicherheit walten lassen und Kondome benutzen.

„Nur mal so ganz nebenbei, wir wollten uns doch nur mit Gummi einlassen."

„Du bist beinahe ein Spielverderber, aber du hast natürlich recht", unterstützt ihn Carla. Die Spezialanzüge sind schnell übergerollt und dann gibt es keinen Halt mehr.

Rüdiger genießt Rolf im Mund und dieser streichelt seinen Po immer intensiver. Schon spürt man die immer deutlicher werdenden Bewegungen, die Rüdigers sehr starke Erregung sichtbar werden lassen.

„Rüdiger, warte mal, ich möchte es gern versuchen. Ich will dich jetzt! Wenn du es auch möchtest, dann würde ich es gern probieren." Gleitmittel aufgetragen und schon setzt Rolf an. Ganz sanft schiebt er sich gegen die Enge und ist endlich eine Erfahrung reicher.

„Oh man, das ist viel besser als ich es erwartet hatte. Rolf, du machst das nicht zum ersten Mal. Hast wohl schon mit Carla geübt?" Genüsslich nimmt Rüdiger die sexuellen Bewegungen von Rolf wahr und findet in dem Augenblick nichts Anstößiges daran.

Die Damen haben sich neugierig aufgesetzt und schauen zu. „Carla, stimmt das, du hast das schon mit Rolf gemacht? Warum hast du nichts gesagt?"

„Wir dachten, es würde euch helfen, wenn ihr glaubt, alle wären unerfahren."

„Und? Wie war es? War es schön oder unangenehm, hat es doch wehgetan?"

„Es war anfangs etwas gewöhnungsbedürftig, aber dann ging es irre geil zu. Rolf war so sanft und zärtlich und hat alles dafür getan, dass es mir dabei gut geht. Ich war so positiv überrascht und habe es genossen, seine heftige Erregung in mir zu spüren. Allerdings haben auch wir noch sehr wenig Übung darin. Was ich aber jetzt schon sagen kann, mit reichlich Gleitmittel und der totalen Einlassung war es traumhaft schön."

Die Männer sind heftig dabei und scheinen gerade genau diese Erfahrung zu machen. Da wird unüberhörbar allen klar, Rolf kommt.

Nachdem sich die Männer getrennt haben, bleibt die Erregung bei Rüdiger bestehen. Steffi schaut ihn an und er versteht. Schon haben sie die Plätze getauscht und jedes Paar küsst sich leidenschaftlich. Dann fordert Steffi ihren Mann auf, es mit ihr zu tun. Der ist noch ungeübt und lässt sich Zeit. Jetzt darf es keine Fehler geben und schon gar keine Hektik. Dann spürt Steffi zum ersten Mal, wie sich Sex auf diese ganz neue Weise anfühlt.

Als alle sich gereinigt und beruhigt haben, sitzen sie erneut gemeinsam am Tisch und genießen den Wein. Steffi sitzt bei Rüdiger und Carla bei ihrem Rolf, alle sehen zufrieden und glücklich aus. Die Reizwäsche ist immer noch reizvoll, aber der stärkste Trieb ist für kurze Zeit vorbei. Dann setzt eine Ruhe ein, die allen zu gefallen scheint.

„Na, Steffi, wie ist es mit der unangenehmen Frage? Wie unangenehm war es denn für dich?", will Carla wissen.

„Also ich denke, ich habe die Antwort gefunden, dennoch bleibt in mir ein Gefühl, ich hätte etwas Unrechtes getan. Es war wirklich schön, ich habe mich eingelassen und Rüdiger hat sich von einer sanften und zärtlichen Art gezeigt, die mich diesen Moment in sehr positiver Erinnerung behalten lässt. Ich bin sicher, es war nur ein Anfang."

„Ich bin selbst überrascht", meldet sich auch Rüdiger zu Wort. „Es war einfach unerwartet schön und ich kann sagen, ich habe Rolf und ich habe Steffi als unglaublich geil empfunden. Auch wenn ich mich gewisser unangenehmer Gedanken nicht vollständig entziehen konnte, es wird mit Sicherheit nicht das einzige Mal bleiben. Wir könnten sofort einen neuen Termin festlegen, ich würde da gerne weitermachen, wo wir uns heute trennen. Es gibt noch einiges, was ich erleben möchte und ich empfinde es in dieser vertrauensvollen Runde einfach als superschön."

„Dennoch steht die Frage, ob das, was wir hier gerade getan haben, Unrecht war und ist? Die unangenehme Frage bleibt bestehen, nur für uns selbst haben wir, so scheint es mir, eine gute, sehr persönliche Antwort gefunden. Für mich ist es schon beinahe ganz normal, wenn wir uns auch auf diese Weise befriedigen. Ich finde, in einer Woche könnten wir uns ruhig wieder aufeinander einlassen und schauen, was uns heißmacht und gefällt." Carla scheint immer noch ein wenig erregt zu sein.

Wer diese Praktik nicht ausüben möchte, der muss es nicht tun, aber wer es mag und niemanden dazu zwingt, der sollte nicht daran gehindert werden, auch nicht unterschwellig, auch nicht mit Angriffen verbaler oder gar körperlicher Art! Es sind Gefühle, nur Gefühle, Wünsche, die mit Vertrauen und Einfühlungsvermögen erfüllt werden können. Unangenehm ist vermutlich nur das Denken selbst, die Verbindung, die man sofort damit herstellt. Aber wenn dem so ist, warum gibt es dann so viele Menschen, die das immer wieder praktizieren?

Warum Suizid?

Es klingelte an meiner Tür. Draußen standen zwei Leute, die ich nicht kannte. Es waren die Eltern einer Bekannten, die auf der Suche danach waren, warum sich ihre Tochter umgebracht hatte. Ein heftiger Schlag mitten ins Gesicht. Diese Frau und der Herr suchten nicht Gründe, sie suchten Schuldige.

Ich ließ sie herein. „Bitte setzen Sie sich doch." Ich wies mit der Hand auf die Couch. Als sie Platz genommen hatten, holten sie einige Papiere heraus und begannen unsicher, damit herumzuwedeln. Meinem Blick entging nicht, dass unter anderem Texte von mir dabei waren. Die Tochter hatte, wie ich selber auch, geschrieben. Da wir uns in gewisser Weise sehr ähnlich gewesen waren, tauschten wir diese Texte teilweise aus. Jemand, der eine schwierige Situation in seinem Leben zu bewältigen hat, der schreibt sicher leichter etwas auf als jemand, der ganz happy drauf ist. So lesen sich die Worte oft schwer und unverständlich. Besonders dann, wenn man den Kontakt zu diesem Menschen sehr vernachlässigt oder aus sehr persönlichen Gründen den Kontakt nicht mehr wünscht. Die Sicht auf die Dinge ist leider oft sehr verschieden, und so schien es auch in jener Familie unüberwindliche Grenzen zu geben. Natürlich hatte niemand einen solchen Vorfall erwartet oder gar gewünscht. Deshalb kam dieser Suizid unerwartet und schlagartig. Jetzt aber brauchten die Eltern einen Schuldigen, dem sie die Verantwortung aufdrücken konnten, um nicht selbst in die Schusslinie zu geraten. Meine Texte boten da den besten Ansatz, und da die junge Frau auch meine Adresse aufgeschrieben hatte, konnten sie mich ausfindig machen und saßen nun überraschenderweise in meinem Wohnzimmer. Für mich eine extrem bedrückende Lage, denn ich musste den Tod der jungen Frau verkraften und gleichzeitig die Vorwürfe ihrer Eltern erdulden. Es war an der Zeit, mich zu rechtfertigen und zu erklären. Dazu musste ich aber den Menschen hier erklären, wer ihre Tochter war.

„Sehen Sie, Ihr Kind hatte bereits viele Jahre psychische Probleme und hat es auf allen ihr zur Verfügung stehenden Wegen versucht zu bessern. Sich mit 23 Jahren in den Tod zu flüchten, das spricht doch von einer tiefen Verzweiflung. Ich selbst hatte sie vor etwa einem Dreivierteljahr getroffen, da berichtete sie mir davon, dass sie mit einer Frau zusammenleben würde. Ihr Gesichtsausdruck sprach Bände. Ich spürte, wie unsicher sie war und dass sie mit allem Negativen rechnen würde. Meine Antwort ließ sie lächeln und ihre Augen leuchteten, denn ich freute mich für sie und umarmte dieses warmherzige Geschöpf. Auch erklärte ich ihr, dass es für mich völlig in Ordnung sei und ich mich gerne mit beiden einmal treffen möchte. Als wir uns verabschiedeten, gab ich ihr mit auf den Weg, sie möge sich melden, wenn sie Probleme bekommen sollte. Da sie aber weggezogen ist, riss der Kontakt leider ab. Dennoch hoffte ich auf eine gute Zukunft für dieses tolle Mädchen, auch weil sie insgesamt recht stabil wirkte." Die Eltern schauten mich an, als wollten sie das nicht hören.

„Ja, und diese Texte, die tauschten wir aus. Wir hatten beide schwere psychische Probleme und konnten uns auf diese unglaublich tiefe Weise ausdrücken und verstehen. Es kann manchmal helfen, wenn man auf Leute trifft, die verstehen, was man selber fühlt. Ich kann nicht sagen, wie sich Ihr Miteinander abgespielt, nur wie sie es empfunden, wie es ihr Herz aufgenommen hat. Das sind leider nur allzu oft sehr verschiedene Sicht- und Empfindungsweisen. Sie haben nicht mit Ihrer Tochter gesprochen, sie nicht verstehen wollen, sondern nur von ihr erwartet, dass sie genau das tut, was Sie als richtig vorgaben. Haben Sie Ihre Tochter mal gefragt, wie sie sich fühlt, was sie möchte und wie sie sich ihr Leben vorstellen könnte? Leider nein. Mit Ihrer Unzugänglichkeit haben Sie sie immer weiter weggestoßen und sich distanziert. Ja, und wenn Sie dann auch noch etwas so unglaublich Falsches tun, wie das, was Sie taten, kurz bevor sie sich zu diesem Schritt entschlossen hatte, dann kann ich das auch noch akzeptieren. Sie war in einer stationären Therapie und ihre beste Freundin, der Fixpunkt in ihrem Leben, war in jener Zeit verstorben und niemand hielt es für notwendig, ihr darüber Auskunft zu geben. In der Klinik hätte man vielleicht noch helfend eingreifen können, aber so wurde sie entlassen und ging fröhlich nach Hause. Dort bekam sie den Schock ihres Lebens, denn der einzige Mensch, der ihr Liebe und Vertrauen schenkte, war nicht mehr da. All ihre Hoffnungen auf die Sicherheit dieser Frau, sie zerplatzten in einem Bruchteil einer Sekunde. Leider war ich nicht da, um ihr helfen zu können, was mich schwer belastet, aber es war ihre Entscheidung. Sie hatte, wenn vielleicht auch aus einer sehr speziellen Situation heraus, den Suizid als einzige Lösung in Betracht gezogen. Das ist schlimm und unsagbar traurig, aber wenn Sie mich als schuldig anklagen, dann schauen Sie mal in Ihr eigenes Herz. War die Liebe so groß, dass Sie ihr beistehen und ihr helfen konnten oder auch wollten? Nein, ich werde Sie nicht mit Schuldvorwürfen belasten, ich habe nicht das Recht dazu. Meine Informationen sind nur sehr einseitig und deshalb kann und will ich mich auch nicht zum Richter aufspielen."

Die beiden saßen da und schauten mich völlig entsetzt an. Wie konnte ich als Fremder ihnen so etwas an den Kopf werfen? Das war meine Interpretation ihrer Blicke. Allein die Mutter fragte das eine oder andere Mal nach, ansonsten redete nur ich. Klar war ich daran interessiert, dass ich mich rechtfertigen und ihnen erklären konnte, wie sich ihre Tochter ungefähr gefühlt haben könnte. Auch ich war und bin nicht in der Lage, all das zu wissen. Nur aus dem, was ich hörte und fühlte, was ich spürte und mit den Informationen, die ich hatte, konnte ich eine Vorstellung davon herausarbeiten und ein möglichst gutes Bild entwerfen von einem beinahe unbekannten Menschen, der sich selbst getötet hatte.

Warum Suizid? Diese Frage stellen sich wohl viele Menschen, wenn sie mit einer solchen Tatsache konfrontiert werden. Plötzlich stellen sie fest, dass sie nur sehr wenig über den jeweiligen Menschen, das Opfer, wissen. Laute und dumme Sprüche sollen dann über die eigenen Schwächen hinweghelfen.

So denke auch ich immer wieder mal daran, wie gut ich selber meine Kinder kenne. Grob besehen ist alles gut und ich glaube, ich verstehe sie. In die Tiefen ihrer Seelen kann ich aber leider nicht schauen. Und dann wird mir bewusst, ich selber habe auch nie das gesagt, was ich hatte sagen wollen. Wir leben in den Tag hinein und zeigen dabei eine Erscheinung, die in dieses Umfeld passt. Doch ist es auch die Person, die Seele, die sich im Innern befindet? Für mich kann ich sagen, ich empfinde es als sehr traurig, wenn sich jemand so in der Not fühlt, dass er sich einem Suizid anvertraut, aber keinem Menschen. Außerdem kommt hinzu, dass es sehr verschiedene Formen eines solchen gibt. Die vermutlich traurigsten Kandidaten sind wohl die, die sich ganz in der Stille umbringen. Aber es gibt auch andere, die aus ihrer Situation heraus andere mitschädigen oder gar vernichten wollen, wie zum Beispiel einige Amokläufer oder Geisterfahrer. Hilfeschreie?

Diesen Eltern konnte ich ihr Kind näherbringen, es ihnen verständlicher machen, weshalb es sich so entschieden hatte. Und auch das war nur ein Versuch, mich und die Geschichte zu rechtfertigen. Als sie gingen, glaubte ich zumindest, dass ich ihnen ein klein wenig die Augen geöffnet hatte und sie ihre Tochter ganz anders in Erinnerung behalten würden. Vielleicht sind sie auch mit einem unerwarteten Schuldgefühl nach Hause gefahren, ich kann es nicht sagen. Wenn Menschen in ihrer Einsamkeit und ihren Ängsten keine Hilfe, keine Lösung finden, dann tritt der Tod an ihre Seite und wird der beste Freund. Mir sind viele Suizide bekannt und einige der Opfer habe ich gut gekannt. Die Gründe sind immer wieder sehr verschieden, aber die emotionale Wahrnehmung ist grausam und unerträglich. Ich fürchte, ich kann nicht genug tun, um die Menschen zu schützen, ihnen den Halt zu geben, den sie vermutlich suchen und brauchen. Leider kann ich nicht einmal für meine eigenen Kinder ausschließen, dass sie sich irgendwann einmal in eine solche Situation gedrängt fühlen könnten. Warum Suizid? Diese Frage können nur die beantworten, die sich dafür entscheiden. Wir anderen sind nur Randfiguren und nur vielleicht auf die eine oder andere Weise mitschuldig. Bin ich noch Mensch genug, um zu spüren, ob es jemandem gut geht oder ob er Hilfe braucht? Ich denke, eine solche Fragestellung braucht Mut und Offenheit. Ist der Mensch neben mir wirklich noch wichtiger als die Zeit, das Geld, der Job? Ist das Leben für mich noch so wichtig oder bin ich nur eine Marionette der Gegebenheiten meines Daseins? Ich bin sicher, ich werde in Zukunft noch achtsamer mit meinem Umfeld umgehen.

Laudatio für einen Menschen

Man hat mich gebeten, hier und heute etwas über diese Person zu sagen.

Ich glaube, ich weiß gar nicht viel über dieses Wesen, welches ich doch schon viele Jahre meine zu kennen. Kennen ist in seiner Bedeutung nur unzureichend begründet. Ich habe seine Anwesenheit immer auf meine Weise und mit meinen Fähigkeiten erfahren. Meine Gefühle und Gedanken werden dabei immer durch eine Umwelt beeinflusst, die uns beide sehr unterschiedlich erreicht und geprägt hat. Und plötzlich fragt man mich, wer dieser Mensch ist. Meine Gewohnheit muss ich jetzt beiseiteschieben, denn sie ist nur ein winziger Teil dessen, was diesen Menschen ausmacht. Und dazu kommt noch, dass ich ihn ja nur zeitweise sehen, hören oder spüren konnte. Die Oberfläche, die mir gezeigt wird, ist eine von vielen. Vermutlich bekommt jeder, der mit ihm in Kontakt tritt, seine eigene Sichtfläche gestellt. Das geschieht nicht bewusst, aber unbewusst treten wir immer anderen Menschen ein wenig anders gegenüber. Dabei muss ich feststellen, dass wir bisher Gespräche führten, die sich auf bestimmte Themen bezogen und begrenzt hatten. Wir haben noch nie richtig heiß debattiert, warum eigentlich? Es gab und gibt so viele Bereiche, die uns verbinden und die wir doch nur informativ diskutiert haben. Liegen wir immer so dicht beieinander? Ist unsere Nähe daher so intensiv, weil wir intuitiv festgestellt haben, wir passen ganz gut zusammen? Einstellungen scheinen sich auf magische Weise gefunden und verbunden zu haben. Daher muss ich mich hinterfragen, wie haben wir uns kennengelernt? Was hat uns eigentlich damals verbunden, dass wir uns angenähert haben? Waren es Gegensätze oder doch Gemeinsamkeiten?

Ich soll etwas sagen und weiß jetzt nicht genau, was. Vielmehr wird mir jetzt bewusst, ich kenne diesen Menschen nicht, nicht so, wie ich meinte ihn zu kennen über die vielen Jahre hinweg. In diesem Augenblick erscheint es mir angebracht, mich mit Vorwürfen zu belegen. Nie war mir dieser Mensch so fremd wie in dieser Situation, in der mir solch eine Aufgabe gestellt wurde und in der ich nicht einmal sicher sagen kann, ob es eine Freundschaft gewesen ist oder etwas anderes, was uns verband. Eine Herausforderung, die mich an meine Grenzen bringt und die mehr von mir fordert als ich zu erbringen in der Lage bin. Jetzt werde ich konfrontiert mit Menschen, von denen ich nur ganz entfernt hörte. Menschen, die ich nie spüren konnte, deren Verbindung ich nur aus einer ganz bestimmten, persönlichen Sichtweise und Erklärung mitbekommen habe. Ich soll etwas über diesen Menschen sagen, von dem ich vermutlich so gut wie nichts weiß. Eine Feierstunde, für die man mich verpflichtet hat, diesen Menschen zu ehren, zu beschreiben. Ja, ich habe mich freiwillig bereiterklärt, doch ohne mir dieser Aufgabe tatsächlich im Klaren gewesen zu sein. In diesem Augenblick erscheint mir die Vergangenheit so leicht und unbeschwert. Ich habe gelebt, aber ohne zu wissen und tiefer zu schauen. Da ist ein Mensch und ich glaube sogar, ich lebte nur das, was mir am besten gefiel. Das klingt sicher egoistisch und das ist es auch. Aber so negativ es auch erscheinen mag, es ist das, was wir als Normalität bezeichnen. Relativ sicher kann ich sagen, der Mensch hatte immer Hürden im Kopf und im Herzen, über die er nicht so leicht hinwegtreten konnte. Immer war seine Familie extrem wichtig und nicht in jeder Situation konnte er sich so einbringen, wie er es eigentlich wollte. Es ist ein Mensch, der ebenso wie wir selbst aus seiner Zeit gewachsen ist. Aus seinen Fehlern hat er gelernt und mit den Jahren auch eine Veränderung seiner Einstellungen möglich gemacht.

Seine Seele aber, die wage ich nicht zu beschreiben. Für mich ist die Tiefe seiner Seele nicht erfassbar und somit ein großes Geheimnis geblieben. Ich stehe heute hier und kann lediglich über einen Menschen reden, den ich erfahren habe, aber den ich nur ansatzweise kenne. Bruchstücke sind mir bekannt, aber was er ganz in seinem Innersten dachte und träumte, das blieb mir und anderen verborgen. Ich fürchte, das ist das reale Leben, in dem wir uns immer wieder in Träume flüchten und über das wir nachdenken und mit dem wir oft nicht so einverstanden sind, wie wir es sein sollten. Gibt es für uns einen einzigen Menschen, dem wir uns wirklich anvertraut haben? Leider nein, auch wir leben nur das offen, von dem wir relativ sicher sein können, dass es uns nicht schaden wird. Alles andere bleibt tief in uns eingesperrt und verborgen. Es ist spürbar, es ist wie ein zweites Leben, ein Parallelleben, von dem nur wir ganz persönlich etwas wissen. Ein unglaublich langes Schauspiel, das wir von Beginn an zeigen und das erst mit unserem Tod endet. Eine Meisterleistung menschlicher Darstellung. Daher konnten wir auch nur das Schauspiel dieser Person erleben und beurteilen oder uns Gedanken darüber machen. Den Menschen hinter der Maske, den kannte ich nicht.

Der Grund, weshalb wir heute hier versammelt sind, liegt klar auf der Hand und jeder von uns wird irgendwann einen solchen Grund an seine Umwelt tragen. Wenn wir diesen Ort verlassen, dann in dem Bewusstsein, dass jeder Mensch ein Eigenleben hat, über das wir nichts oder nicht genug wissen, um uns darüber zu äußern oder es gar zu bewerten. Hypothesen sind an dieser Stelle nicht hilfreich. Vielleicht sollten wir einfach nur damit zufrieden sein, dass dieser Mensch, dieses Wesen sein Leben gelebt und nun seine Reise in dieser Welt beendet hat. Er wird uns fehlen und wir werden trauern, aber wir sollten uns auch freuen. Jemand musste eine Entscheidung fällen und dafür die Verantwortung tragen. Nach bestem Wissen und Gewissen wurde eine Entscheidung herbeigeführt, und die konnte nur nach den Kenntnissen eines Menschen entwickelt werden, der das Vertrauen des Betroffenen hatte. Vermutlich fragt sich der Endscheidungsträger, ob er richtig gehandelt hat. Das Schlimme daran ist, dass nur ein Mensch uns diese Frage beantworten hätte können, aber der kann sich nicht mehr äußern. Im Leben treffen wir öfter Entscheidungen, allein diese, die für ein Lebewesen von so immenser Bedeutung ist, die kennt keine Zukunft. Es gibt kein Zurück, es gibt keine andere Lösungsmöglichkeit, alle Fakten sprachen für diese eine Variante und jetzt soll sie auch als eine gute in uns haften bleiben. Niemand sollte sich das vorwerfen, der einmal in eine solch extrem schwierige Situation gerät. Lebenserhaltende Maßnahmen zu beenden, das kann nur nach dem entschieden werden, was die Informationen hergeben. Niemand, ich meine wirklich niemand kann sagen, ob das aus der Sicht des Betroffenen als positiv oder negativ empfunden oder eingeschätzt wird oder wurde. Wir wissen, dass unser Leben eines Tages zu Ende gehen wird. Ich wünschte, jeder würde eines natürlichen Todes diese Welt verlassen, aber nicht jedem ist das vergönnt. Einige müssen einen langen Weg gehen und einen schwierigen und qualvollen dazu. Heute können wir mit Sicherheit sagen, seine Reise ist beendet und wir werden ihn nicht vergessen. Er hat seinen Frieden gefunden, was immer auch nach dem Tod kommen mag.

Gleich wird sich dein Sarg in die Tiefe begeben und Mutter Erde wird dich aufnehmen. Wir hatten eine gute Zeit, tolle Gespräche und wir konnten uns über das eine oder andere austauschen. Ich durfte von dir lernen, du hast mir ein Stück meines Lebens leichter gemacht. Deine Kritik hat mich angespornt und weiterentwickelt. In gewisser Weise gehört dir ein Stück meines Lebens. Ein letztes Mal sage ich dir Tschüss, denn ich denke, es könnte ja möglich sein, dass wir uns wiedersehen. Ich bedanke mich bei dir und verneige mich in Demut. Bis irgendwann!

Ein wahrer, natürlicher Freund

Es geschah im Urlaub. Die Familie wollte an die Ostsee und deshalb fuhren wir auch bei bestem Wetter los. Als wir von Schwerin durch Dorf Mecklenburg rollten, fiel mir ein kleines unscheinbares Schild auf, darauf stand: Tierheim. Der Ostseebesuch verlief toll und alle waren zufrieden.

Am Abend berichtete ich davon, dass ich dieses Hinweisschild entdeckt hatte und neugierig sein würde. Also machten wir uns spontan am nächsten Tag auf den Weg.

Wir gelangten auf dem Parkplatz an, der etwas höher als das Tierheim selbst lag. Ein kleines Tor öffnete uns das Gelände. Es gab viele Hunde in allen Größen und verschiedenen Rassen. Reichlich sogenannte Kampfhunde gab es zu sehen. Und dann kam eine ältere Dame auf uns zu und fragte, ob wir nicht einmal mit einem Hund spazieren gehen wollten. Ich weigerte mich sofort, denn ich wollte uns keinen Hund besorgen. Sie erklärte uns, dass dieser Schäferhund erst seit zwei Wochen bei ihnen wäre und sie ihn nicht mit den jungen Mädchen laufen lassen könnten. Ich wehrte mich vehement, aber die Familie wollte es unbedingt. Also gut, ich ließ mich darauf ein. Kaum hatte ich ihn an der Leine aus dem Zwinger geholt, wurde aus dem ruhigen Vertreter ein angriffslustiges Tier. Zwei Zwinger weiter saß ein anderer Schäfermixrüde und beide gaben sich alle Mühe, dem anderen klarzumachen, wer hier wohl das Sagen hätte. Mein rechtes Knie blutete, noch ehe wir überhaupt das Gelände verlassen hatten.

Auf der Straße verhielt er sich allerdings nicht wie ein Hund und schon gar nicht wie einer, der aus dem Tierheim kam. Kein Schnüffeln, kein Ziehen, keine Reaktionen auf andere Tiere und auch nicht auf die riesengroßen Gülletransporte, die dort häufig vorbeikamen. Das war schon sehr seltsam. Es machte mich und die Familie aber auch neugierig. Als wir dann einen Feldweg entlangliefen, ließ er sich deutlich hinterherziehen. Ungewöhnlich erschien es uns schon und noch mehr Fragen warf er auf, als wir umdrehten und er ganz vorn zog, um schnell wieder von diesem Weg abzukommen.

Am Abend saßen wir zusammen und konnten das Erlebte nicht so richtig begreifen. Der große, stattliche Schäferhundmixrüde verhielt sich ganz anders als wir es erwartet hatten. Nach einer langen und sehr intensiven Diskussion beschlossen wir, am nächsten Tag erneut dort aufzuschlagen und noch einmal eine Runde mit ihm zu laufen. Vielleicht hatten wir ja nur einen schlechten Tag erwischt. Beschlossen und getan.

Doch in den folgenden Tagen gab es keine Veränderungen. Erst am vierten Tag legte er sich auf den Rücken und ließ sich streicheln. Wir nahmen dies als ein Vertrauensangebot und taten, was wir konnten, damit er es nicht bereuen müsste. An jenem Tag kamen wir zurück und in dem Tierheim war es voll, richtig voll. Wir hatten keine Ahnung, woher die vielen Leute gekommen waren, nur bemerkten wir schnell, die Hunde hatten den totalen Stress. Der Abend wurde entscheidend für viele Jahre. Unser Interesse und die Notwendigkeit brachten uns dazu, diesen Hund, den das Tierheim Arko genannt hatte, bei uns aufzunehmen und ihm für den Rest seines Lebens ein Zuhause zu bieten.

Es war ein Donnerstag, als wir ihn abholten und auf die ersten Probleme stießen. Auto fahren gehörte nicht zu seinen Wünschen. Mit etwas Geduld und ein wenig Einfallsreichtum konnten wir ihn einladen und nach Hause bringen. Leider kotzte er immer wieder ins Auto, was uns nicht gerade viel Freude bereitete. Die Reinigung bleibt meistens an mir hängen. Dennoch wollte ich mit einer Konfrontationstherapie das Problem lösen. Ich setzte ihn ins Auto und fuhr los. Nach jedem Übergeben reinigte ich alles und fuhr weiter. Nach wenigen Tagen hatte er aufgehört, sich zu erbrechen. Als er das Autofahren auch noch mit schönen Waldspaziergängen verbinden konnte, kippte die Sache ins Gute und er sprang ganz von allein ins Auto. Damit waren etliche Stunden fahren möglich, ohne weitere Einschränkungen. So oft ich konnte nutzte ich den Wald als Betätigungsfeld.

Was wir aber auch taten, wir hatten ihn an einem Donnerstag abgeholt und standen am Samstag darauf auf dem Hundesportplatz. Da wir keine Ahnung hatten, brauchten wir unbedingt Hilfe, und die fanden wir dort. Es fiel mir sehr schwer, mich auf das zu konzentrieren, was von mir verlangt wurde, denn es schaute mir eine Reihe von Wissenden zu. Dennoch lernte ich ständig dazu, auch weil ich tolle Lehrer hatte. Eines Tages arbeiteten wir in der Gruppe. Alle Hunde sollten nebeneinander abgelegt werden und die Besitzer mussten sich entfernen. Ich stand neben meinem Arko, neben dem ein großer Rüde lag. Ein Dobermann, ich befürchtete das Schlimmste. Da kam ein Diensthundeführer zu mir, den ich als meinen besten Lehrer bezeichnen möchte. Er fragte mich, was denn los sei, und ich antwortete ihm, dass ich unsicher wäre, weil mein Hund noch so frisch in dieser Arbeit sein würde. Da fragte er mich, ob ich möchte, dass mein Hund mir vertraut.

„Selbstverständlich", antwortete ich wie aus der Pistole geschossen.

„Dann bitte vertraue du deinem Hund."

Ich begriff damals nicht sofort, was er meinte, aber ich wusste, er würde wissen, was zu tun sei. Das Vertrauen auf die wissenden Hundebesitzer geschoben ging ich weg und stellte mich wie gefordert auf. Da lagen so acht bis zehn Hunde, große Hunde, nebeneinander in einem Abstand von etwa zwei Metern und es passierte nichts, einfach gar nichts. Für mich eine unglaubliche Geschichte. Es war der Beginn meiner Schule, was die Hundeerziehung anging. Ein guter Anfang, der sich dann auch immer weiterentwickelte und ich musste dabei feststellen, nicht Arko musste erzogen werden, sondern ich selbst. Ich verstand nicht, was der Hund brauchte, und so habe ich immer wieder völlig falsch reagiert. Durch meine guten Lehrer aber konnte ich mich so weit bessern, dass wir ein richtig tolles Team geworden sind.

Leider kam es immer wieder zu Auseinandersetzungen innerhalb des Vereins. Eines Tages verließ ich diese Schule und machte mein Ding. Ich merkte mir, worauf es ankam und wie ich mich verhalten musste, um beste Ergebnisse zu erzielen. Für die meisten Leute schienen wir ein besonderes Paar zu sein, bei dem immer alles so ablief, wie man es erwartete. Dabei habe ich versucht anderen zu helfen und ihnen das Wissen, welches ich mitbekommen hatte, weiterzureichen. Arko konnte viel toben und lernte ganz viele Hunde kennen. Als mich ein Cocker anbrummte, bewachte er mich und saß mit einem großen Satz auf diesem kleinen, aber eben auch frechen Streithammel. Er tat ihm nichts, was mich immer wieder verwunderte. Wie man schon beim Hundesport festgestellt hatte, er konnte alle Fehler trennen und wusste genau, wo und wie weit er eingreifen musste.

Als er unseren Garten dann als sein Territorium angenommen hatte, mussten wir allerdings gut aufpassen, denn er ließ niemanden mehr hinein. Nur wenn ich als Oberster es gestattete, durften die Menschen eintreten. Das wollten manche aber nicht wirklich glauben, und so kam es beinahe auch zu einem Zwischenfall. Jemand kam angetrunken und meinte, dieser Hund tut doch nichts. Ein fataler Irrtum, denn Arko schoss sofort auf ihn los, als er das Gartentor öffnete. Im letzten Moment konnte ich noch ins Fell greifen und den Verteidiger stoppen. Seither wollten viele Leute gar nicht mehr in den Garten kommen. Sie hatten mehr Angst als Vaterlandsliebe und vertrauten auch nicht meinem Führungsstil.

Es lief fantastisch und ich kann nur sagen, so einen tollen und ausgeglichenen Hund kann man nicht alle Tage sehen oder treffen. Er vertraute mir und ich ihm, und das in jeder Situation.

Doch bei allem was recht ist, ich gebe zu, er war stur wie ein Maulesel. Fährten verfolgen konnte er supergut, aber nur wenn er es wollte. Sehr oft habe ich ihn in dieser Beziehung getestet und trainiert. Daher weiß ich, er konnte es gut, aber wenn er keinen Bock hatte, kürzte er das Ganze einfach ab. Nur wenn ich mich versteckt hatte, dann wusste er genau, wie er mich finden würde, und das dauerte nie lange.

Eines Tages gingen wir gerade nach Hause. Vor uns liefen zwei Hunde an der Leine, aber extrem aufgeregt und aggressiv. Fast schon an der Haustür, überholten wir sie in einem angebrachten Abstand. Nachdem wir etwa fünf oder sechs Meter entfernt waren, riss sich eine der beiden kleinen Fußhupen los und ging von hinten auf meinen Arko los. Ich bemerkte diesen Angriff zu spät, sodass ich das schlimme Ergebnis nicht verhindern konnte. Der kleine Superheld lief meinem Großen von hinten durch die Beine und versuchte ihn sodann in die Kehle zu beißen. Der schnellen Reaktion und dem Schnappen nach dem Kopf dieses vergleichsweise winzigen

Streithammels folgte ein Aufschrei und spritzendes Blut. Ich war geschockt und versuchte sofort die Kontrolle zu übernehmen, was mir auch gelang. Der Kleine lief weg und sein Kumpel riss sich samt Leine los und landete auf der Straße. Gott sei Dank kam kein Auto, und so blieb es bei diesem ohnehin schon schlimmen und traurigen Akt.

Es mag sich grausam anhören, aber ich lobte meinen Arko, denn er tat das, was Hunde nun einmal tun, wenn sie attackiert werden. Ich konnte diese Aktion, diese schwere Verletzung nicht verhindern, und auch wenn der Hundehalter mich eindeutig frei von Schuld erklärte, zahlte meine Versicherung anteilig dazu. Nein, ich verstehe es bis heute nicht, aber in Deutschland gibt es immer wieder seltsame Rechtsforderungen. Alles wird anders betrachtet, wenn es um Tiere geht. Hätte es Menschen betroffen, hätte mich niemand in Mithaftung genommen.

Im Großen und Ganzen sind wir gesundheitlich gut über die Jahre gekommen. Doch auch ein Hund wird älter und ich musste mich dementsprechend anpassen. Die Runden wurden langsamer und kürzer. Ich spürte, dass es auf das Ende zugehen würde. Solange er noch baden ging und spielte, konnte ich mich aber immer wieder beruhigen. Plötzlich hatte ich den Eindruck, die Runden würde gar keine mehr sein. Jeder Versuch, ihn zum schnelleren Laufen zu bewegen, blieb ohne Wirkung. Tief in mir wurde mir klar, die Zeit lief ab und ich konnte nichts tun. Lange Zeit hatte ich mich vor diesem natürlichen Werdegang gefürchtet. Dann aber war der Moment da und ich musste irgendwie damit zurechtkommen.

Es war ein Dienstag, als er nicht mehr fressen wollte. Der Schmerz in mir wurde zu einer grausamen Gewissheit. Ich rief die Familie zusammen und versuchte zu erklären, dass es an der Zeit wäre, sich zu verabschieden. Am Nachmittag dieses Dienstags trieb es ihn hinaus, unterwegs musste er sich übergeben. Es war nur noch eine braune, wässrige Flüssigkeit. Die Organe versagten und er wusste es. Dann legte er sich auf der Wiese hin und stand nicht mehr auf. Ich wusste genau, was das zu bedeuten hatte. Aber ich konnte nicht wissen, wie lange es dauern würde, und so konnte ich ihn doch nicht dort liegen lassen. Mein Sohn kam mit dem Auto und brachte meinen sterbenden Arko nach Hause. Dort legte ich ihn auf seine Decke und dann musste ich es aushalten.

Dieses Wissen um einen Fakt, der so natürlich ist und doch so extrem schmerzhaft, machte diese Nacht unerträglich schwer. Ständig horchte ich nach ihm und wollte um nichts in der Welt den Moment verpassen und bei ihm sein. Ich bekam kaum einen Bissen runter, als ich frühstückte. Er schaute mich immer wieder mal an und ich setzte mich zu ihm. Mehrmals sagte ich ihm, dass ich verstanden habe und ich ihn nicht zurückhalten würde, dass alles gut sei und er, wenn er soweit wäre, beruhigt gehen könne. Ich setzte mich zu ihm und wollte es so leichter machen. Seine Organe hatten schon aufgegeben und dann spürte ich, wie der Tod sich seiner bemächtigte. Ich kniete neben ihm, meine Hand auf seiner Schulter, und verabschiedete mich von ihm. Ich bedankte mich für eine supertolle Zeit und versprach ihm, dass ich ihn niemals vergessen würde. Ein letztes Mal trafen sich unsere Blicke, ich weinte so heftig wie noch nie in meinem Leben und der Schmerz war so entsetzlich groß, als würde ein Teil von mir herausgerissen und mit ihm gehen. Am Mittwoch, dem 24.07.2013, im gesunden, biblischen Alter von 16 Jahren, um 12:02 Uhr schlug sein Herz zum letzten Mal.

Was dann passierte, war für mich überraschend und völlig unerwartet. Es war plötzlich eine Ruhe in mir, ein Frieden, als wollte er mir sagen: Jetzt ist es gut.

Ich habe mich bis heute nicht von diesem Verlust erholt und werde es vermutlich nie tun.

Der Autor

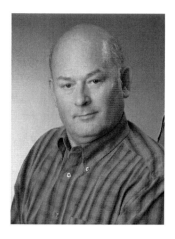

Thorsten Redlin wurde 1957 in Schwerin (Mecklenburg) geboren, wo er auch aufwuchs. Seit 2002 schreibt er Verse und Gedichte, später kamen Kurzgeschichten hinzu. In Anthologien wurden unter anderem die Texte „Birkengeplauder"; „Stille auf dem See" und „Die Trauung" veröffentlicht.

Vom Autor außerdem erschienen:

Thorsten Redlin
Das Leben ist bunt, grausam und schön, Bd. 1
ISBN: 978-3-86196-417-9
Taschenbuch, 284 Seiten

Wir reden immer über das Leben, als würde es uns nicht betreffen. Vieles ist tabu und wird nicht von uns angesprochen, weil wir ja selber auch eine Rolle in diesem Leben spielen.

Die hier vorliegenden Texte sollen helfen, sich zu trauen und über sich und sein Leben oder seine Lebensweise nachzudenken. Was brauchen wir tatsächlich, um glücklich zu sein? Der Alltag macht uns etwas vor und versucht uns zu manipulieren, aber tief in unseren Herzen sieht es oft ganz anders aus.

In diesem Buch könnten Sie sich selbst wiederfinden und ganz neu entdecken. Wer sich das traut und es dann auch noch lebt, der hat wirklich Mut. Wahre Liebe können wir nicht kaufen, erarbeiten oder gar erzwingen, sie ist einfach da, wir müssen sie nur zulassen.